教材项目规划小组
Grupo de Planificación del Material de Enseñanza

严美华　　姜明宝　　王立峰
田小刚　　崔邦焱　　俞晓敏
赵国成　　宋永波　　郭　鹏

加拿大方咨询小组
Grupo de Consulta Canadiense

Dr. Robert Shanmu Chen
Mr. Zheng Zhining
University of British Columbia

Dr. Helen Wu
University of Toronto

Mr. Wang Renzhong
McGill University

中国国家汉办规划教材
Proyecto de la Oficina Nacional para la Enseñanza de Chino como Lengua Extranjera de la República Popular China

EL NUEVO LIBRO DE CHINO PRÁCTICO

Libro de Texto

新实用汉语课本

1

主编：刘 珣
编者：张 凯　刘社会
　　　陈 曦　左珊丹
　　　施家炜　刘 珣
西班牙文翻译：薛客卿

北京语言大学出版社
BEIJING LANGUAGE AND CULTURE
UNIVERSITY PRESS

图书在版编目(CIP)数据

新实用汉语课本：西班牙文注释．第1册/刘珣主编．
－北京：北京语言大学出版社，2012重印
ISBN 978-7-5619-2227-9

Ⅰ．新… Ⅱ．刘… Ⅲ．汉语－对外汉语教学－教材
Ⅳ．H195.4

中国版本图书馆CIP数据核字（2008）第176096号

版权所有　翻印必究

Todos los derechos reservados. No está permitida la reproducción total o parcial de este libro, ni su tratamiento informático, ni la transmisión de ninguna forma o por cualquier medio, sea electrónico, mecánico, por fotocopia, por registro y otros métodos, sin el permiso previo y por escrito de los titulares del copyright.

书　　名：	新实用汉语课本：西班牙文注释．第1册
中文编辑：	于晶
西班牙文编辑：	郑寰
封面设计：	张静
责任印制：	姜正周

出版发行：**北京语言大学出版社**
社　　址：北京市海淀区学院路15号　邮政编码：100083
网　　址：www.blcup.com
电　　话：发行部　82303650/3591/3648
　　　　　　编辑部　82303647
　　　　　　读者服务部　82303653/3908
　　　　　　网上订购电话　82303668
　　　　　　客户服务信箱　service@blcup.net
印　　刷：北京联兴盛业印刷股份有限公司
经　　销：全国新华书店

版　　次：2008年12月第1版　2012年12月第6次印刷
开　　本：889毫米×1194毫米　1/16　印张：17.5　插页：1
字　　数：416千字
书　　号：ISBN 978-7-5619-2227-9/H·08216
　　　　　05800

凡有印装质量问题，本社负责调换。电话：82303590
Printed in China

前　　言

　　《新实用汉语课本》是新世纪之初,我们为以英语为母语或媒介语的学习者学习汉语而编写的一套新教材。为了适应西班牙日益增多的汉语学习者的需求,我们决定适当修改,出版西班牙文注释本。本教材的目的是通过语言结构、语言功能与相关文化知识的学习和听说读写技能训练,逐步培养学习者运用汉语进行交际的能力。全书共六册70课,前四册为初级和中级以前阶段,共50课;后两册为中级阶段,共20课。海外专修或选修中文的学习者可用作一至三年级听说读写综合教学的汉语教材,基本上每周学一课,每学期用一册书;也可以作为学习者的自学教材。前四册每册均配有《综合练习册》、《教师手册》、录音CD及教学DVD光盘,后两册只配有《教师手册》。

为什么叫《新实用汉语课本》

　　本书之所以起名为《新实用汉语课本》,是因为我们希望能继承原《实用汉语课本》深受使用者欢迎、并经过时间考验的一些主要特点,但它又是一本全新的教材。《实用汉语课本》是从1981年开始陆续出版的。20年来这套教材一直得到世界各地的汉语教师和汉语学习者的支持与关爱。书中的主人公古波、帕兰卡和丁云等,伴随了一届又一届的各国汉语学习者度过了他们的汉语启蒙阶段。现在,古波、帕兰卡、丁云已经人到中年,该他们的孩子辈——《新实用汉语课本》的主人公丁力波(丁云与古波所生的孩子,加拿大学生)、马大为(美国学生)和林娜(英国学生)等学习汉语了。今天,汉语作为第二语言学习的环境、条件和基础比起20年前已有了很大的变化;不论在中国还是在海外都积累了更丰富的教学经验,取得了更多的研究成果。新的时代、新的形势,对汉语教材也提出了新的要求。我们希望《新实用汉语课本》在很多方面将有创新和突破。

新教材,新理念

　　正如愈来愈多的汉语教学领域的同行们所主张的那样,语言教学的根本目的在于培养学习者用目的语进行交际的能力。为达到这一目的,语言教材的编写首先要体现"以学习者为中心"的原则:即教学内容要适合学习者的需要,有利于学习者创造性地学习,使学习者不断增强学习动力并获得成就感。在教学方法上,需要汲取从语法翻译法到交际法的各种教学法流派的长处:既重视学习语言的交际功能,又要牢固地掌握语言结构;既要让学习者通过大量操练和练习培养四种基本技能,又要让学习者懂得必要的语法知识和组词造句的规则。语音、词汇、句型、语法和话语等语言结构的学习是语言交际的基础,要特别注意体现由简单到复杂、由易到难、循序渐进、不断重现的原则,才能使学习过程更为容易,更为顺利。语言教材还应该有助于学习者了解目的语的文化和社会,从而更好地运用目的语进行交际。这就是我们编写《新实用汉语课本》所主张的主要理念。

《新实用汉语课本》的新特色

　　1. 改变以往汉语教材线式编排的做法,本教材不论是语言结构、语言功能或是文化因素的教学均采取圆周式的编排,多次循环重现,螺旋式上升。以语言结构教学为例,六册中共进行四次大的循环。第一册前六课,在集中学习语音的同时,通过掌握简易的口语会话让学习者先接触多种基本句式,但暂不作语法的系统讲解;第一册的后八课及第二册全册12课共20课,是语

I

言结构教学的第二次循环,逐个介绍并练习主要句型结构。这样,学习者在学习汉语的第一年内就能初步掌握汉语基本句型。第三、四册共24课,为第三次循环,进一步巩固、扩大并深化语法句型教学和词语教学;第五、六册共20课,除了词语和语法教学外,更把重点放在以往教材不太强调的复句和语段教学方面。这种四次大循环以及课与课之间又有小循环和单元复习、环环相扣的安排,不仅可以通过多次重现加深学习者对语言结构和功能的掌握,更重要的是让学习者在学习的每一阶段——第一个月、第一学期、第一年都能在一定的水平上运用汉语进行交际,时时有成就感。

2. 改变以往教材重结构、轻功能的做法,本教材加强功能项目的教学。从第一课学习语音开始,就把功能放在突出的地位,结合各课的音素教学,练习学生急需的功能项目(如问候、介绍等)。前四册强调基本功能和话题的教学,着重培养学习者运用语言结构进行交际的能力。第五、六册强调培养理解和表达高一级的功能和话题的能力,特别是成段交际的能力。功能项目的教学贯穿全书,以保证学习者听说读写交际能力不断提高。书中附有一定的实物图片及原文材料,如时刻表、菜单、广告、启事、报刊、经典作品片段等。

3. 改变以往绝大多数汉语教材未突出汉字教学的缺陷。本教材考虑到非汉字文化圈学生的难点,第一、二册特别强调按汉字的规律,由易到难,从基本笔画、部件和独体字学起。为此,第一册前六课采用语、文适当分开的做法:先选学六十个常用、易学、组合能力强的基本汉字和一些部件,让学习者在先掌握汉字部件的情况下,再组合成合体字。

4. 改变基础阶段大多数教材内容局限于学校生活的做法,本教材扩大题材范围,加强教材的趣味性。本书前四册情节主线索围绕上述三个外国学生在中国的生活及与中国学生宋华、王小云、记者陆雨平、导游小燕子和几位中国教师的友情、恋情、师生情而展开一些风趣的故事。第一、二册结合校园及日常生活,介绍与汉语表达和理解有关的习俗文化;第三、四册围绕青年学生感兴趣的话题进行中西文化对比;第五、六册着重介绍中国社会的方方面面,体现中国传统文化和当代文化。

5. 克服以往教材的教学模式过于机械、单一、弹性不够的缺点,加强教材对不同起点和不同需求的学习者的适应性。本教材一方面适当加大输入的内容、词汇量和练习量,同时通过板块式的安排注意处理好核心内容和补充内容的关系。在保证学好核心内容的基础上,增加补充内容,有利于学习者根据自己的需要自由习得;也有利于教师根据本班学生的水平因材施教。

此外,为有助于学习者更好地掌握汉语的规律,培养交际能力,本教材在突出词语结构的教学、加强语素和话语的教学以及书面语教学等方面,也力图作一些新的尝试。

《新实用汉语课本》第一—四册体例

《课本》

课文 为各课提供一定的话题与情境,第一、二册课文基本上用对话体(每课两段),以利于基础阶段在听说读写全面要求的基础上,加强听说的训练。第一册1~6课语音阶段突出拼音课文,第7~14课转入以汉字课文为主,下注拼音;第二册课文不再注拼音,只留调号;从第三册起,不再有调号。由利用拼音到逐步摆脱对拼音的依赖。

生词 对组成生词的语素(汉字)进行分析,便于学习者理解和记忆,同时强调通过连词组的练习掌握生词的用法。补充生词由学习者量力吸取。

注释 主要内容为:解释词语的用法,补充已学过的语法点,介绍必要的文化背景知识。对课文中已出现但先不讲解语法点的句子,通过翻译让学习者弄懂意思。

练习与运用和会话练习 （除前六课）"重点句式"体现了本课所介绍的主要语言结构及主要功能,希望学习者熟练掌握。通过操练词组、句型替换、会话练习、交际练习等步骤,完成由机械操练到交际运用的过程。

阅读和复述 重现已学过的句型与词汇,着重培养口头与书面连贯表达的能力。从第二册开始,扩展阅读短文的内容,加强阅读能力的训练。

语音、语音练习 （前六课)针对汉语语音的特点和以西班牙语为母语学习者的难点,有重点地介绍汉语语音规律和发音、拼写的方法,并通过拼音、四声、辨音、辨调、变调、声调组合、双音节或多音节连读以及朗读课堂用语等步骤,逐步练好语音。

语法 针对汉语的特点和难点,对本课出现的主要语言结构进行必要的说明。着重介绍句子组装的规律,不求语法知识的全面系统。每册有两课复习课,帮助学习者对已学过的语法点进行小结。

汉字 先介绍部件,后组合成汉字。适当介绍汉字的结构规律和书写规律,帮助学习者认写汉字。

文化知识 开始多用西班牙文介绍,便于学习者了解与汉语有关的必要的文化知识。随着汉语水平的提高,文化知识将逐渐融合到课文中去。

《综合练习册》

主要供学习者课下练习用。除了汉字练习外,还有语音、句型、词汇的练习,以及听说读写全面的技能训练。

《教师手册》

《教师手册》就每课的教学目的、教学步骤和方法等提出建议,并对教材内容进行说明。对语音、语法、词汇的有关知识作较详细的介绍,供教师参考。前四册每册书有两套单元测试题,供教师选用,书后还附有测试题与练习的答案。

鸣谢

本教材为中国国家汉语国际推广领导小组办公室(简称"国家汉办")所主持的一项重点科研项目的一部分,委托北京语言大学承担编写。原国家汉办主任严美华、姜明宝教授、李桂苓女士进行了整个项目的策划与组织工作。北京语言大学前任校长曲德林教授、校务委员会主任王路江研究员对北语所承担的此项教材编写工作一直给予关注和大力支持,保证了我们编写工作的顺利进行。为了解海外汉语教学的现状,我们在开始编写教材前对加拿大六所大学的中文教学情况进行了考察。特别感谢我国驻温哥华总领馆许琳教育领事,她为我们与加拿大不列颠·哥伦比亚大学亚洲学系建立有关本教材的协作关系及实施协作计划提供了极其宝贵的帮助。国家汉办教学业务处宋永波先生在我们完成此项目的整个过程中给了我们很多具体的帮助,特此一并致谢。

感谢加拿大麦吉尔大学、蒙特利尔大学、多伦多大学、不列颠·哥伦比亚大学、西蒙菲莎大学及维多利亚大学在我们的考察访问中对我们的热情接待和各校中文教学同行们所提供的宝贵建议。感谢皇后大学、西安大略大学休伦学院、约克大学、兰格拉学院、道格拉斯学院、卡莫森学院等校的同行热心参加有关汉语教材的座谈讨论。要特别感谢不列颠·哥伦比亚大学陈山木博士、郑志宁先生,多伦多大学吴小燕博士和麦吉尔大学王仁忠先生同意担任我们教材的加方咨询委员。

作为我们这次编教工作的加拿大协作方的负责人,不列颠·哥伦比亚大学亚洲学系中国语文主任陈山木博士和郑志宁先生全程参与了协作活动的组织和协调工作,并进行了全书(原英文版)的中英文总校读,提出了很多宝贵的建议。陈山木博士、程茂荣博士、何冬晖博士、李天明博士、郑志宁先生和夏蔚女士承担了本书的英文翻译工作。郑志宁先生、吕鸣珠女士和夏蔚女士参加了第一、二册中文稿的校读,牟怀川博士、何冬晖博士、李天明博士参加了第三、四册中文稿的校读,程茂荣博士、林惠敏女士、杨丽琼女士参加了第五、六册中文稿的校读。该校 Mr. Allen Haaheim 和 Mr. Paul Crowe 编校了英文译文的初稿,施吉瑞教授进行了全书英文译文的总校读。郑志宁先生和夏蔚女士进行了本教材第一、二册的样课试教;何冬晖博士、杨丽琼女士进行了本教材第三、四册的样课试教;程茂荣博士、林惠敏女士进行了本教材第五、六册的样课试教。对他们为本书所作的努力,我们表示衷心的谢意。

西班牙文注释本能顺利出版,要特别感谢西班牙瓦伦西亚地区官方语言学校的薛客卿博士以及他的学生们。他们是:Bárbara Martínez Llenas, Richard & Jerome, Germán Berzosa Tamames, Lidia Samit Miravete, Juan José Mallol Sivera, Jorge Miralles García, Mercedes Blázquez Martínez, Belén Espada Benavent, Cesar Jiménez Doménech, David Cabrea Sánchez, María Teresa Navarro López, Guillermo Colon Serrano, María Teresa Gómez Ezquerra, Ricard Soler。感谢他们为本书的翻译、审订工作所付出的努力。

我们期待使用本教材的教师和学习者提出宝贵的意见,以便我们对本教材作进一步的修改。

编者
2008 年 10 月
于北京语言大学

Prólogo

El Nuevo Libro de Chino Práctico es una serie de libros de texto de chino, compilados a principios del nuevo milenio, con el propósito de enseñar chino a los hablantes de lengua iglesa. Atendiendo a la demanda del chino que cada vez se estudia más, hemos hecho las modificaciones pertinenentes en esta versión que publicamos en español. Pretende desarrollar las destrezas comunicativas del estudiante de chino, mediante el aprendizaje de las estructuras y funciones de la lengua y la cultura relacionada al mismo tiempo que le permite mejorar la comprensión y expresión oral y escrita. La serie consta de setenta lecciones distribuidas en seis volúmenes. Los primeros cuatro volúmenes, que constan de cincuenta lecciones, van dirigidos a estudiantes de nivel principiante y preintermedio. Los últimos dos volúmenes contienen veinte lecciones para los estudiantes de nivel intermedio. Esta colección de libros de texto está diseñada para los estudiantes extranjeros que optan por el idioma chino como asignatura opcional o de su especialidad. El estudio de esta serie se puede llevar a cabo en un periodo de tres años, aproximadamente una lección por semana, o un volumen por semestre. Asimismo, puede ser usado por los estudiantes que aprenden de manera autónoma. Cada volumen viene provisto de un libro de ejercicios, el manual del profesor, cintas de audio y DVDs.

¿Por qué reciben nuestros materiales didácticos el nombre de *El Nuevo Libro de Chino Práctico*?

Nuestros libros de texto reciben dicho nombre porque siguen los pasos de la obra, *El Libro de Chino Práctico*, tan aclamada y puesta a prueba a lo largo del tiempo (en adelante llamada PCR). Sin embargo, en todo este tiempo ha sido íntegramente una nueva serie de libros de texto. Desde 1981 se han publicado numerosas ediciones de PCR y ha sido el libro de texto elegido por los profesores y estudiantes de la lengua china de todo el mundo. Los personajes que aparecían en las lecciones de PCR (Palanca, Ding Yun y Gubo entre otros) han acompañado, en sus comienzos como estudiantes de chino, a dos generaciones de alumnos de diferentes nacionalidades. Ahora, estos personajes son de edad mediana y ya va siendo hora de que la generación de sus hijos aprenda chino y se conviertan en los personajes principales en *El Nuevo Libro de Chino Práctico*. Éstos incluyen Ding Libo, un estudiante canadiense, que es hijo de Bubo y Ding Yun; Ma Dawei, un estudiante americano; y Lin Na, una estudiante británica. La enseñanza del chino como segundo idioma ha cambiado profundamente durante los últimos veinte años como resultado de la experiencia acumulada por muchos profesores del idioma, tanto de dentro como de fuera de China. Esta nueva era en la que vivimos requiere que mejoremos nuestros enfoques y materiales didácticos. Esperamos que este nuevo material didáctico pueda hacer contribuciones originales a la enseñanza de la lengua china en un número importante de áreas.

Nuevo material de enseñanza, nuevos conceptos

Cada vez más profesores de la lengua china defienden la idea de que la finalidad principal de la enseñanza de idiomas es fomentar las habilidades comunicativas del estudiante en la lengua meta. Creemos que los nuevos materiales didácticos deberían estar centrados en el alumno. Lo que se enseñe debe quedar supeditado a las necesidades de los estudiantes y ello debe capacitarlos para aprender de manera creativa, cosa que incrementará poco a poco su motivación y la sensación de que hacen progresos. Debemos crear una síntesis de escuelas pedagógicas, que van del método basado en el aprendizaje de la gramática a través de la traducción al enfoque comunicativo. Deberíamos hacer hincapié tanto en la función comunicativa como en la obtención de una comprensión sólida de las estructuras de una lengua. Deberíamos lograr que los alumnos consoliden su dominio de las cuatro destrezas por medio de un amplio número de actividades y ejercicios a la par que permita adquirir los conocimientos gramaticales necesarios y las reglas respecto a la formación de palabras y de oraciones. El estudio de la pronunciación, el vocabulario, el orden de la oración, la gramática y el discurso constituyen las bases de la comunicación verbal. La única manera de que podamos allanar el camino y facilitar el proceso de aprendizaje consiste en hacer hincapié en el principio de pasar de lo sencillo a lo complejo, de lo fácil a lo difícil, lo que permite hacer progresos poco a poco a medida que revisamos de manera sistemática lo visto anteriormente. Por último, los materiales didácticos de la lengua deben ayudar a que los estudiantes entiendan la cultura y la sociedad de la lengua meta, de modo que puedan usar la lengua meta de manera más efectiva. Lo dicho más arriba viene a ser los conceptos básicos que nos guiaron a la hora de escribir *El Nuevo Libro de Chino Práctico*.

Características de *El Nuevo Libro de Chino Práctico*.

1. *El Nuevo Libro de Chino Práctico* no sigue una estructura lineal adoptada en anteriores materiales didácticos de chino. En vez de ello, adopta una disposición cíclica con constantes revisiones de la estructura y funciones de la lengua. Al mismo tiempo, aporta una importante información cultural. La enseñanza de las estructuras del idioma pasa por cuatro ciclos a lo largo de los seis volúmenes. En las primeras seis lecciones del Volumen Uno, se hace hincapié en el aprendizaje de la pronunciación. Los estudiantes, a través de sencillos diálogos, entran en contacto con varias pautas oracionales. No obstante, la gramática no se ve de manera sistemática en esta etapa. El segundo ciclo se halla en las veinte lecciones que engloba el Volumen Dos y las últimas ocho lecciones del Volumen Uno. En este período, los estudiantes aprenden y practican normas oracionales fundamentales. Como resultado, al final del primer año de estudio, deberían poseer un conocimiento elemental de las estructuras lingüísticas básicas del chino. Los volúmenes Tres y Cuatro contienen veinticuatro lecciones del tercer ciclo. Estos dos volúmenes intermedios siguen consolidando, ampliando y profundizando el conocimiento por parte del alumnado de los patrones que rigen la oración y el léxico. El cuarto ciclo aparece en las veinte lecciones de los últimos dos volúmenes. Además de introducir nuevos contenidos de vocabulario y gramática, estas lecciones se centran en la enseñanza de oraciones y párrafos complejos no vistos con detenimiento en anteriores materiales didácticos del chino. Estos cuatro grandes ciclos contienen ciclos más pequeños que están estrechamente relacionados con las revisiones de las unidades, no sólo

aumentando el conocimiento de las estructuras y funciones lingüísticas por parte de los alumnos, sino también (y lo que es más importante) proporcionándoles la sensación de haber hecho avances en las destrezas comunicativas en cada etapa del proceso de enseñanza.

2. *El Nuevo Libro de Chino Práctico* rompe con el énfasis en la estructura a costa de la función comunicativa de anteriores materiales didácticos. Esta nueva recopilación cede un mayor protagonismo a la función comunicativa, incluso en la presentación de la fonética, haciendo que los estudiantes trabajen las funciones más necesarias, como saber saludar y presentarse, al mismo tiempo que se enseña fonética. Los cuatro primeros volúmenes se centran en la enseñanza de funciones y temas de conversación básicos y capacitan a los estudiantes para usar las estructuras de la lengua con fines comunicativos. Los dos últimos volúmenes desarrollan las habilidades de éstos para entender y comunicarse en un nivel más elevado, especialmente en párrafos. Se incluyen contenidos funcionales a lo largo de los seis volúmenes a fin de mejorar constantemente, la comprensión oral y escrita, así como la expresión oral y escrita del alumno. Asimismo, se han utilizado algunas imágenes y materiales realistas desde un punto de vista cultural: una selección de horarios, menús, anuncios publicitarios, publicaciones oficiales, periódicos y obras literarias clásicas.

3. A diferencia de la mayoría de los libros de texto anteriores, *El Nuevo Libro de Chino Práctico* resalta el estudio sistemático de los caracteres. A raíz de las dificultades con las que toparon los estudiantes, sin conocimientos previos sobre los caracteres chinos. Los dos primeros volúmenes hacen hincapié en las reglas de aprendizaje de la escritura china, como trazos básicos, los componentes de los caracteres y los caracteres sencillos antes de pasar a los caracteres multicomponentes. Las seis primeras lecciones del Volumen Uno, separan el estudio de los caracteres del texto conversacional. La enseñanza de caracteres empieza con la presentación de sesenta caracteres comunes de fácil memorización y utilizados a menudo como elementos acompañantes de otros caracteres, junto con otros caracteres integrantes. El objetivo de este enfoque es que los estudiantes puedan aprender caracteres multicomponentes sólo después de conocer bien sus componentes.

4. Más allá de los límites de la vida en el campus universitario, *El Nuevo Libro de Chino Práctico* se distingue, incluso desde los primeros niveles de la mayoría de los anteriores libros de texto de chino al incluir un abanico más amplio de materiales interesantes. Los primeros cuatro volúmenes desarrollan una serie de historias amenas, que narran las vidas de los tres estudiantes internacionales antes mencionados, que incluyen historias de amistad, de amor y relaciones entre profesores y estudiantes con los estudiantes chinos Song Hua, Wang Xiaoyun, el periodista Lu Yuping, la guía turística Xiao Yanzi, así como varios profesores de chino. Los volúmenes Uno y Dos entrelazan la vida en el campus con las experiencias cotidianas e introducen normas y costumbres culturales estrechamente ligadas con la expresión y la comprensión oral. El tercer y cuarto volumen se centran en temas de interés para los estudiantes ilustrando las diferencias culturales entre China y Occidente. Los dos últimos volúmenes presentan varios aspectos de la

sociedad china haciendo hincapié en la vida cultural tradicional y contemporánea.

5. *El Nuevo Libro de Chino Práctico* abandona las fórmulas mecánicas, monótonas e inflexibles de anteriores materiales didácticos y puede adaptarse a las necesidades de estudiantes que empiezan en distintos niveles. Aumenta la cantidad de vocabulario y de ejercicios, a la par que adopta una estructura en forma de unidades que equilibra la relación entre el material principal y el secundario. Al garantizar la enseñanza de los contenidos principales, esto permite incrementar la cantidad de contenidos secundarios de forma que los estudiantes puedan aprender a su ritmo, y los profesores puedan utilizar el libro de texto para ajustarse a la disparidad de niveles de sus alumnos.

La distribución de los Volúmenes del Uno al Cuatro de *El Nuevo Libro de Chino Práctico*

■Libro de Texto

Texto   Esta sección proporciona los temas y las escenas de cada lección. En su mayor parte, los Volúmenes Uno y Dos utilizan la forma de diálogo (con dos párrafos en cada lección), lo cual facilita ejercicios sobre la lengua en audio y proporciona una base general en la comprensión oral y expresión escrita del chino elemental. La sección de pronunciación, en las lecciones una a seis, resalta el texto pinyin [sistema de transcripción oficial del chino mandarín]; mientras que las lecciones siete a catorce se centran en los caracteres chinos, que, no obstante, aparecen también escritos más abajo en pinyin. En el segundo volumen, el pinyin desaparece, y solamente hay marcas de tono. A partir del tercer volumen, se dejan de usar las marcas de tono. De esta manera, los estudiantes dependen cada vez menos del pinyin.

Palabras nuevas   En cada lección en esta parte se analizan los morfemas (caracteres) que forman nuevas palabras, con el objetivo de mejorar la comprensión y memoria de los alumnos. Al mismo tiempo, los estudiantes pueden dominar el uso de nuevas palabras practicando con ellas en frases. Estos irán conociendo nuevas palabras según la capacidad de cada uno de los alumnos.

Notas   En su mayoría, las notas contienen explicaciones de palabras nuevas, desarrollan puntos gramaticales impartidos anteriormente o introducen aspectos culturales necesarios. Aparecen traducciones al español para ayudar a los estudiantes a que entiendan oraciones que contienen gramática que será vista en lecciones posteriores.

Prácticas de conversación   (incluidas en las lecciones 1–6); ejercicios y prácticas (incluidos en las lecciones 7–14). A partir de las estructuras lingüísticas fundamentales y las funciones introducidas en el texto esperamos que los estudiantes adquieran un conocimiento profundo de las frases claves. A través de la práctica de frases, construyendo oraciones según el modelo y participando en diálogos y ejercicios comunicativos, los estudiantes pueden pasar sin dificultades de unos ejercicios mecánicos a una interacción muy competente.

Comprensión escrita y **reformulación oral**   Ejercicios de este tipo garantizarán la revisión de algunas de las reglas oracionales y de los contenidos léxicos ya vistos. Se desarrollan las capacidades discursivas de los estudiantes tanto de manera oral como escrita. A partir del segundo volumen el contenido de los textos de comprensión lectora es mayor, a fin de consolidar la comprensión lectora de los alumnos.

Actividades de fonética y **pronunciación** (incluidas en las lecciones 1- 6) A la vista de las peculiaridades de la pronunciación del chino y de las dificultades especiales que presenta para estudiantes extranjeros cuya lengua materna es el español, el texto se centra en los rasgos principales de las reglas de ortografía, fonética y del sistema de pronunciación de la lengua china. Los estudiantes pueden ir adquiriendo una buena base en la pronunciación realizando ejercicios de ortografía, los cuatro tonos, discriminación de sonidos, discriminación de tonos, la variación de tono, combinaciones de tonos, práctica con palabras bisilábicas y polisilábicas y la lectura de expresiones en el aula.

Gramática Las explicaciones gramaticales tienen en cuenta los rasgos especiales de la lengua china y las dificultades con que tropiezan los nativos hispanohablantes a la hora de aprenderlos. No intentan abordar la gramática china de forma exhaustiva sino reflejar las estructuras gramaticales y las reglas de formación de la oración más importantes. Cada volumen posee dos lecciones de revisión que ayudan a los estudiantes a revisar los aspectos gramaticales vistos con anterioridad.

Caracteres El texto introduce al principio los componentes de los caracteres, luego los combina para formar caracteres. Para facilitar el aprendizaje de la escritura china se dan las reglas para construir y escribir caracteres.

Notas culturales Al principio, se proporcionan notas culturales a fin de que los estudiantes puedan lograr un mayor entendimiento de la cultura relacionada con los estudios de su lengua. A medida que los estudiantes adquieren un nivel más competente, aparecerán cada vez más notas culturales en los textos en chino.

■ Libro de Ejercicios

El libro de ejercicios está pensado para que los estudiantes lo puedan usar fuera de clase. Además de haber ejercicios para estudiar caracteres, fonética, orden de oraciones y palabras, se incluye también ejercicios generales para la expresión oral, comprensión oral y escrita, así como la expresión escrita.

■Guía del Profesor

La Guía del Profesor presenta sugerencias relativas a los objetivos y los métodos de enseñanza y facilita explicaciones de los contenidos de cada lección. Asimismo, proporciona al profesor más conocimientos sobre fonética, gramática y vocabulario. Se proporcionan tests de unidades, el solucionario de los tests y ejercicios.

Agradecimientos

Patrocinado por la Oficina Nacional para la Enseñanza de Chino como Lengua Extranjera (en inglés National Office for Teaching Chinese as a Foreign Language en adelante con la abreviatura NOTCFL), esta recopilación de materiales didácticos forma parte de un proyecto de investigación clave emprendido por la Universidad de Cultura y Lengua de Beijing. Doña Yan Meihua, la directora antigua general de NOTCFL, el profesor universitario Jiang Mingbao y doña Li Guiling de la NOTCFL eran los encargados de planificar y organizar este proyecto. El presidente antiguo de la Universidad de Cultura y Lengua de Beijing, Profesor Qu Delin, y el presidente del Consejo de Asuntos Universitarios e investigadora Wang Lujiang, garantizaron una cómoda ejecución de dicho proyecto emprendido por nuestra universidad. A fin de hacer más fácil entender la enseñanza de chino en el extranjero, realizamos un viaje de estudios a seis universidades canadienses con programas de lengua china antes de recopilar este conjunto de materiales. En especial queremos dar las gracias a doña Xu Lin, Cónsul Educativa del Consulado General en Vancouver, cuyo trabajo nos ayudó a establecer vínculos de colaboración con el Departamento de Estudios Asiáticos de la Universidad de British Columbia. Queremos asimismo mostrar nuestro agradecimiento a don Song Yongbo, de la Oficina de Enseñanza de la NOTCFL, por la ayuda que prestó durante todo el proyecto.

Queremos expresar nuestro profundo agradecimiento a la Universidad McGill, la Universidad de Montreal, la Universidad de Toronto, la Universidad de British Columbia, la Universidad Simon Fraser y la Universidad de Victoria por la fantástica hospitalidad que nos brindaron durante nuestro viaje de estudios, así como por las valiosas sugerencias que nos proporcionaron nuestros colegas de dichos centros. Los profesores de chino de la Universidad Queens, *Huron College* de la Universidad de Western Ontario, *York University, Langara College, Douglas College*, y *Comosen College* también participaron de manera entusiasta en nuestro fórum sobre libros de texto chinos. Nos sentimos en especial en la grata obligación de dar las gracias al doctor Robert Shanmu Chen, Coordinador de chino del Departamento de Estudios Asiáticos de UBC, al señor Zheng Zhining del mismo departamento, a la doctora Helen Wu de la Universidad de Toronto, y al señor Wang Renzhong de la universidad *McGill University*, que aceptaron estar en el grupo *Canadian Consulting Group* para la elaboración de nuestros materiales didácticos.

El Dr. S. Chen y don Zheng Zhining estuvieron a cargo del grupo canadiense de este coproyecto, proyecto que jamás habría visto la luz sin su continua organización y coordinación. Igualmente se han responsabilizado de la revisión final tanto de los textos en chino como en inglés de los seis volúmenes. El Dr. Robert S. Chen Maorong, Dr. He Donghui, Dr. Li Tianming, don Zheng Zhining y doña Xia Wei, todos de U.B.C., dedicaron gran parte de su tiempo y esfuerzos a la traducción del texto original al inglés. Don Allen Haaheim y don Paul Crowe de U.B.C. corrigieron y revisaron la primera versión de todas las traducciones al inglés, mientras que el profesor de universidad Jerry D.

Schmidt hizo la revisión de la versión final de todas las traducciones al inglés. El Doctor Cheng Maorong, el doctor He Donghui, doña Lin Huimin, doña Xia Wei, doña Yang Liqiong y don Zheng Zhining realizaron pruebas en clase con las lecciones extraídas de los seis volúmenes en el Departamento de Estudios Asiáticos de U.B.C. Les damos las gracias a todos y cada uno de ellos por su gran profesionalidad.

La versión española del libro se ha publicado con éxito. Expresamos nuestro agradecimiento al traductor, el Doctor Keqing Xue (profesor de chino de a Escuela Oficial de Idiomas de la Comunidad Valenciana en España), y a sus alumnos por ayuda prestada en la traducción y en revisión de los textos. Ellos son: Bárbara Martínez Llenas, Richard & Jerome, Germán Berzosa Tamames, Lidia Samit Miravete, Juan José Mallol Sivera, Jorge Miralles García, Mercedes Blázquez Martínez, Belén Espada Benavent, Cesar Jiménez Doménech, David Cabrea Sánchez, María Teresa Navarro López, Guillermo Colon Serrano, María Teresa Gómez Ezquerra, Ricard Soler.

Agradeceríamos encarecidamente a los profesores y estudiantes que empleen nuestros materiales, que aportasen su granito de arena a través de una crítica constructiva de los mismos para futuras revisiones de estos libros de texto.

目 录
CONTENIDOS

前言　Prólogo ……………………………………………………………………（Ⅰ）

人物介绍　Introducción a los Personajes Principales del Texto ………………（2）

第一课　**Lección 1**　　你好 ……………………………………………………（3）
 一、课文　Texto
   生词　Palabras Nuevas
 二、注释　Notas
 三、语音练习　Ejercicios de Fonética
   声母　Iniciales: b p m n l h
   韵母　Finales: a o e i u ü ao en ie in ing uo
 四、会话练习　Práctica de Conversación
   打招呼　Decir hola
   问候　Saludar
 五、语音　Fonética
   1. 声母和韵母　Iniciales y finales
   2. 发音要领　Puntos claves de la pronunciación
   3. 声调　Tonos
   4. 三声变调　Variación del tercer tono
   5. 拼写规则　Normas ortográficas
 六、语法　Gramática
   汉语的语序　El orden de las palabras en la oración china
 七、汉字　Caracteres Chinos
   汉字基本笔画　Los trazos básicos de los caracteres chinos

第二课　**Lección 2**　　你忙吗 ……………………………………………（14）
 一、课文　Texto
   生词　Palabras Nuevas
 二、注释　Notas
 三、语音练习　Ejercicios de Fonética
   声母　Iniciales: d t g k f
   韵母　Finales: ei ou an ang eng iao iou(-iu)
 四、会话练习　Práctica de Conversación
   问候别人　Saludar

1

　　　　问需要　　Preguntar lo que quiere alguien
　　五、语音　　Fonética
　　　　1. 轻声　　El tono neutro
　　　　2. 发音要领　　Puntos claves de la pronunciación
　　　　3. 拼写规则　　Normas ortográficas
　　六、语法　　Gramática
　　　　1. 形容词谓语句　　Oraciones con predicado adjetival
　　　　2. 用"吗"的是非问句　　Preguntas de "sí-no" con "吗"
　　七、汉字　　Caracteres Chinos

第三课　Lección 3　她是哪国人 …………（24）

　　一、课文　　Texto
　　　　生词　　Palabras Nuevas
　　二、注释　　Notas
　　三、语音练习　　Ejercicios de Fonética
　　　　声母　　Iniciales: zh ch sh r
　　　　韵母　　Finales: -i[ʅ] ai uai ong
　　四、会话练习　　Práctica de Conversación
　　　　认指人　　Identificar a una persona
　　　　问国籍　　Preguntar a alguien su nacionalidad
　　　　介绍　　Presentar a las personas
　　五、语音　　Fonética
　　　　1. 三声变调　　Variación del tercer tono
　　　　2. "不"的变调　　Variación del tono "不"
　　　　3. 发音要领　　Puntos claves de la pronunciación
　　六、汉字　　Caracteres Chinos

第四课　Lección 4　认识你很高兴 …………（36）

　　一、课文　　Texto
　　　　生词　　Palabras Nuevas
　　二、注释　　Notas
　　三、语音练习　　Ejercicios de Fonética
　　　　声母　　Iniciales: j q x
　　　　韵母　　Finales: ia ian iang uei(-ui) uen(-un) üe üan
　　四、会话练习　　Práctica de Conversación
　　　　请求允许　　Pedir permiso
　　　　问姓名　　Preguntar a alguien su nombre
　　　　自我介绍　　Presentarse

2

五、语音　Fonética
　　1. 发音要领　Puntos claves de la pronunciación
　　2. 拼写规则　Normas ortográficas
六、语法　Gramática
　　"是"字句（1）　Oraciones con "是" de predicado(1)
七、汉字　Caracteres Chinos
　　笔顺规则　Reglas del orden de los trazos

第五课　Lección 5　餐厅在哪儿 ……………………………………（48）

一、课文　Texto
　　生词　Palabras Nuevas
二、注释　Notas
三、语音练习　Ejercicios de Fonética
　　声母　Iniciales: z　c　s
　　韵母　Finales: -i[ɿ]　er　iong　ua　uan　uang　ün
四、会话练习　Práctica de Conversación
　　问地点　Preguntar por direcciones
　　找人　Buscar a alguien
　　道歉　Pedir disculpas
　　问职业　Preguntar la profesión de alguien (en qué trabaja)
五、语音　Fonética
　　1. 儿化韵　Final retroflexo
　　2. 发音要领　Puntos claves de la pronunciación
六、语法　Gramática
　　用疑问代词的问句　Preguntas con pronombre interrogativo
七、汉字　Caracteres Chinos
　　汉字复合笔画(1)　Combinación de trazos de caracteres(1)

第六课　Lección 6 （复习 Repaso）　我们去游泳,好吗 …………………（62）

一、课文　Texto
　　生词　Palabras Nuevas
二、注释　Notas
三、语音复习　Ejercicios de Fonética
四、会话练习　Práctica de Conversación
　　建议　Hacer sugerencias
　　请求重复　Pedir a alguien que repita algo
　　评论　Hacer comentarios
五、语音　Fonética

1. "一"的变调　Variación del tono "一"
2. 普通话声母韵母拼合总表
　　Tabla de las combinaciones de las iniciales y finales en el habla común (Putonghua)

六、语法　Gramática
　　动词谓语句　Oraciones con predicado verbal

七、汉字　Caracteres Chinos
　　汉字复合笔画(2)　Combinación de trazos de caracteres(2)
　　笔画组合　Combinación de trazos

第七课　Lección 7　你认识不认识他 ……………………………… (77)

一、课文　Texto
　　生词　Palabras Nuevas

二、注释　Notas
　　"V +一下"　"V +一下" para indicar una acción de corta duración
　　叹词"啊"　La interjección "啊"
　　名词直接作定语　Sustantivos utilizados como complementos del nombre

三、练习与运用　Ejercicios y Práctica
　　初次见面　Conocer a gente por primera vez
　　谈专业　Hablar sobre las asignaturas principales de la carrera de alguien

四、阅读和复述　Comprensión Escrita y Reformulación Oral

五、语法　Gramática
　　1. 表领属关系的定语　Complementos del nombre
　　2. 正反疑问句　Preguntas "V-no-V"
　　3. 用"呢"构成的省略式问句　Preguntas abreviadas con "呢"
　　4. "也"和"都"的位置　Posición de los adverbios "也" y "都"

六、汉字　Caracteres Chinos
　　汉字的部件　Componentes de los caracteres chinos

第八课　Lección 8　你们家有几口人 ……………………………… (95)

一、课文　Texto
　　生词　Palabras Nuevas

二、注释　Notas
　　语气助词"啊"　La partícula modal "啊"
　　连词"和"　La conjunción "和"
　　"两"和"二"　"两" y "二"
　　"还"(1):表示有所补充　"还"(1): Ofrecer información adicional
　　副词"太"　El adverbio "太"

三、练习与运用　Ejercicios y Práctica

4

谈家庭　Hablar de la propia familia

谈学校　Hablar de la propia universidad

四、阅读和复述　Comprensión Escrita y Reformulación Oral

五、语法　Gramática

1. 11—100的称数法　Números del 11 al 100
2. 数量词作定语　Clasificador-numerales con función de complemento del nombre
3. "有"字句　Oraciones con "有"
4. 用"几"或"多少"提问　Preguntas con "几" o "多少"

六、汉字　Caracteres Chinos

汉字的结构(1)　Estructura de los caracteres chinos (1)

第九课　Lección 9　他今年二十岁 .... (111)

一、课文　Texto

生词　Palabras Nuevas

二、注释　Notas

"是吗？"　La expresión "是吗"

副词"多"　El adverbio "多"

"祝你……"　"祝你……" Desear a alguien que le vaya muy bien

动词或动词词组作宾语　Verbos o frases verbales utilizados como objetos

三、练习与运用　Ejercicios y Práctica

约会　Pedir una cita

问年龄和出生地　Preguntar la edad y el lugar de nacimiento de alguien

祝贺生日　Celebrar el cumpleaños de alguien

四、阅读和复述　Comprensión Escrita y Reformulación Oral

五、语法　Gramática

1. 年、月、日和星期　Expresar la fecha y los días de la semana
2. 表时间的词语作状语　Expresiones de tiempo usadas como modificador adverbial
3. 名词谓语句　Oraciones con predicado nominal
4. 用"……，好吗？"提问　Preguntas con "……，好吗？"

汉字的结构(2)　Estructura de los caracteres chinos(2)

第十课　Lección 10　我在这儿买光盘 .... (130)

一、课文　Texto

生词　Palabras Nuevas

二、注释　Notas

指示代词"这"、"那"作定语　Los pronombres demostrativos "这" o "那" usados como complementos del nombre

"……，是不是/是吗？"问句　Preguntas con "……，是不是/是吗？"

"一斤……多少钱？" "一斤……多少钱？" para preguntar el precio de algo

人民币的单位　Unidades monetarias de la moneda china

三、练习与运用　Ejercicios y Práctica

喜欢不喜欢　Expresar preferencias

买东西　De compras

解决语言困难　Resolver problemas del idioma

四、阅读和复述　Comprensión Escrita y Reformulación Oral

五、语法　Gramática

1. 介词词组　Sintagmas preposicionales

2. 双宾语动词谓语句(1)：给、送

   Oraciones con doble objeto (1)："给" y "送"

3. 形容词谓语句和副词"很"

   El adverbio "很" en las oraciones con un predicado adjectival

六、汉字　Caracteres Chinos

汉字的结构(3)　Estructura de los caracteres chinos(3)

第十一课　Lección 11　我会说一点儿汉语 ································ (150)

一、课文　Texto

生词　Palabras Nuevas

二、注释　Notas

"一点儿"　"一点儿" una palabra de medida indefinida

"哪里"表示否定　"哪里" tiene una connotación negativa

"还"(2)：表示现象或动作的继续

"还"(2)：expresar la continuación de un estado o una acción

三、练习与运用　Ejercicios y Práctica

问时间　Preguntar la hora

表示能力　Expresar la capacidad de uno mismo

表示允许或禁止　Expresar permiso o prohibición

四、阅读和复述　Comprensión Escrita y Reformulación Oral

五、语法　Gramática

1. 钟点　La hora

2. 能愿动词谓语句(1)：会、能、可以、应该

   Oraciones con verbos auxiliares (1)："会"，"能"，"可以" y "应该"

3. 连动句(1)：表示目的

   Oraciones con una serie de predicado verbal (1)：propósito

4. 双宾语动词谓语句(2)：教、问

   Oraciones con doble objeto (2)："教" y "问"

六、汉字　Caracteres Chinos

汉字的结构(4)　Estructura de los caracteres chinos(4)

第十二课　Lección 12　　我全身都不舒服 ·· (168)
 一、课文　Texto
  生词　Palabras Nuevas
 二、注释　Notas
  代词"每"　El pronombre "每"
  "怎么"问原因　"怎么" para preguntar la causa de algo
  语气助词"吧"（1）：缓和语气　La partícula modal "吧"（1）：para suavizar el tono del discurso
  "跟 + Pr / SN + 一起"　"跟 + Pr / SN + 一起" como un modificador adverbial
  介词"给"　La preposición "给"
  有(一)点儿　El modificador adverbial "有(一)点儿"
 三、练习与运用　Ejercicios y Práctica
  谈论身体状况　Hablar de tu salud con alguien
  表示意愿与必要　Expresar deseo o necesidad
 四、阅读和复述　Comprensión Escrita y Reformulación Oral
 五、语法　Gramática
  1. 主谓谓语句　Oraciones con un sujeto-predicado como predicado
  2. 选择疑问句　Preguntas alternativas
  3. 能愿动词谓语句(2)：要、想、愿意
   Oraciones con verbos auxiliares (2): "要", "想" y "愿意"
 六、汉字　Caracteres Chinos
  汉字的结构(5)　Estructura de los caracteres chinos(5)

第十三课　Lección 13　　我认识了一个漂亮的姑娘 ·························· (185)
 一、课文　Texto
  生词　Palabras Nuevas
 二、注释　Notas
  形容词"多"和"少"作定语　Los adjetivos "多" y "少" usados como complementos del nombre
  "Pr / N + 这儿 / 那儿"表示处所　"Pr / N + 这儿 / 那儿" para indicar posición
  "常常"和"常"　"常常" y "常"
  动词或动词词组作定语
  Verbos o sintagmas verbales usados como complementos del nombre
 三、练习与运用　Ejercicios y Práctica
  打电话　Llamar por teléfono
  租房　Alquilar una casa
  征求建议　Pedir sugerencias
  邀请　Invitar a alguien

四、阅读和复述　Comprensión Escrita y Reformulación Oral
　　五、语法　Gramática
　　　　1. 助词"了"（1）　La partícula "了"（1）
　　　　2. 兼语句　Construcciones pivotales
　　　　3. 能愿动词谓语句（3）：可能、会
　　　　　　Oraciones con verbos auxiliares（3）："可能" y "会"
　　六、汉字　Caracteres Chinos
　　　　部首查字法　Consultar un diccionario chino usando radicales

第十四课　Lección 14　（复习 Repaso）　祝你圣诞快乐 .... (206)

　　一、课文　Texto
　　　　生词　Palabras Nuevas
　　二、注释　Notas
　　　　"问……好"转达问候　"问……好" para enviar saludos
　　　　主谓结构作定语　Estructuras sujeto-predicado como complemento del nombre
　　三、练习与运用　Ejercicios y Práctica
　　　　抱怨与致歉　Formular una queja o una disculpa
　　　　转达问候　Dar recuerdos de parte de alguien
　　　　节日祝愿　Felicitaciones en festividades
　　　　建议与邀请　Proposiciones e invitaciones
　　四、阅读和复述　Comprensión Escrita y Reformulación Oral
　　五、语法　Gramática
　　　　1. 四种汉语句子　Cuatro tipos de oraciones simples
　　　　2. 六种提问方法　Seis tipos de pregunta
　　六、汉字　Caracteres Chinos
　　　　音序查字法
　　　　Consultar un diccionario de chino por el orden alfabético del Pinyin

附录　Apéndices

繁体字课文　Textos en caracteres tradicionales .... (224)
语法术语缩略形式一览表　Abreviaturas de los términos gramaticales .... (235)
生词索引（简繁对照）
Índice de vocablos (Comparación de los caracteres tradicionales con los caracteres simplificados) .... (236)
补充词汇　Palabras Suplementarias .... (247)
汉字索引　Índice de Caracteres .... (251)

¡Bienvenidos al *Nuevo Libro de Chino Práctico*!

En este libro de texto aparecen varios personajes imaginarios para hacer más divertida tu experiencia de estudiar chino: los estudiantes internacionales Ding Libo, Lin Na y Ma Dawei; los profesores de chino Don Yang, Dona Chen y el profesor Zhang; los estudiantes chinos Song Hua y Wang Xiaoyun; y el reportero chino Lu Yuping. Todos juntos con la ayuda de su instructor, actuarán como guías para tu aventura, ayudándote a ti y a tus compañeros de clase en el fascinante mundo del chino, el idioma más hablado del mundo. Ahora, vamos a conocer a nuestros compañeros de viaje:

人物介绍
Introducción a los Personajes Principales del Texto

丁力波 Dīng Lìbō
Estudiante canadiense,
21 años, Gubo es su padre;
Ding Yun es su madre.

马大为 Mǎ Dàwéi
Estudiante estadounidense,
22 años.

林娜 Lín Nà
Estudiante británica,
19 años.

宋华 Sòng Huá
Estudiante chino,
20 años.

王小云 Wáng Xiǎoyún
Estudiante china,
20 años.

陆雨平 Lù Yǔpíng
Periodista chino,
26 años.

陈老师 Chén lǎoshī
Profesora de chino,
30 años.

张教授 Zhāng jiàoshòu
Profesor catedrático de
chino, 48 años.

杨老师 Yáng lǎoshī
Profesor de chino,
32 años.

Esta lección empieza presentando algunos sonidos únicos de la lengua china, incluidos los tonos. El sistema de escritura chino tiene más de 4000 años de antigüedad, y es especialmente interesante la evolución de los caracteres chinos desde sus orígenes pictográficos en la antigua China. Al final de la lección, conocerás once caracteres chinos y serás capaz de expresar algunos saludos en chino.

第一课 Lección 1

Nǐ hǎo

你 好

一、课文　Texto

（一）

Lù Yǔpíng: Lìbō, nǐ hǎo.①
陆雨平: 力波，你好。

Lìbō: Nǐ hǎo, Lù Yǔpíng.
力波: 你好，陆雨平。

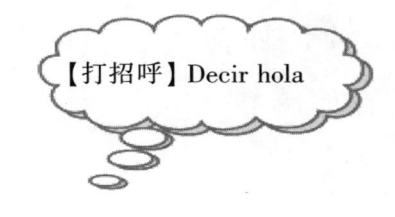

【打招呼】Decir hola

生词　Palabras Nuevas

1. nǐ	Pr.	你		tú
2. hǎo	A	好		bien, bueno, OK
3. Lù Yǔpíng	NP	陆雨平		(Nombre de un periodista chino)
4. Lìbō	NP	力波		(Nombre de un estudiante canadiense)

(二)

Lìbō: Lín Nà, nǐ hǎo ma?②
力波：林娜，你好吗？

【问候】Saludar

Lín Nà: Wǒ hěn hǎo, nǐ ne?③
林娜：我很好，你呢？

Lìbō: Yě hěn hǎo.④
力波：也很好。

生词　Palabras Nuevas

1. ma	PtI	吗	(partícula interrogativa para preguntas que esperan la respuesta sí/no)
2. wǒ	Pr.	我	yo, mi, me
3. hěn	Adv.	很	muy
4. ne	Pt.	呢	(partícula modal para preguntas elípticas)
5. yě	Adv.	也[1]	también, además
6. Lín Nà	NP	林娜	(nombre de una estudiante británica)

二、注释　Notas

① Nǐ hǎo.

"Hola!", "¿Cómo te va?"

Ésta es la fórmula para saludar más común en chino. Puede ser utilizada en cualquier momento del día, cuando nos reunimos con gente por primera vez o para personas que ya conocemos. La respuesta a esta forma de saludo es también "你好" ("Nǐ hǎo").

② Nǐ hǎo ma?

"¿Qué tal estás?"

Ésta es también una forma de saludar. Se suele utilizar cuando hace mucho tiempo que no ves a una persona, y la respuesta es normalmente "我很好" ("Wǒ hěn hǎo") u otra fórmula similar.

③ Nǐ ne?

"¿Y (cómo estás) tú?"

④ Yě hěn hǎo.

"(Yo estoy) bien (literalmente, muy bien) también"

Ésta es una oración elíptica, con el sujeto "我" (wǒ) omitido. En el chino hablado, cuando el contexto es explícito y no hay ambigüedad, el sujeto se suele omitir. Se puede decir "很好" ("Hěn hǎo") para responder a la pregunta "你好吗?" ("Nǐ hǎo ma?")

三、语音练习　Ejercicios de Fonética

声母 Iniciales:	b	p	m	n	l	h
韵母 Finales:	a	o	e	i	u	ü
	ao	en	ie	in	ing	uo

---

[1] A los estudiantes se les exige dominar los carateres de las palabras en los recuadros en esta lección.

1. 拼音 Deletrear

bā	bō	bī	bū	bīn	bīng
pā	pō	pī	pū	pīn	pīng
mā	mō	mī	mū		

nē	nāo	niē		
lē	lāo	liē	luō	
hē	hāo		huō	

2. 四声 Los cuatro tonos

ā	á	ǎ	à	
nī	ní	nǐ	nì	
hāo	háo	hǎo	hào	nǐ hǎo
lī	lí	lǐ	lì	
bō	bó	bǒ	bò	Lìbō
līn	lín	lǐn	lìn	
nā	ná	nǎ	nà	Lín Nà
lū	lú	lǔ	lù	
yū	yú	yǔ	yù	
pīng	píng			Lù Yǔpíng
wō		wǒ	wò	
	hén	hěn	hèn	wǒ hěn hǎo
yē	yé	yě	yè	yě hěn hǎo

3. 辨音 Diferenciación de sonidos

bā —— pā   nǚ —— nǔ   wǔ —— hǔ
(ocho)   (mujer)   (cinco)   (tigre)

bīng —— bīn   piě —— biě   huǒ —— wǒ
(hielo)   (trazo que desciende hacia la izquierda)   (fuego)   (yo)

4. 辨调 Diferenciación de tonos

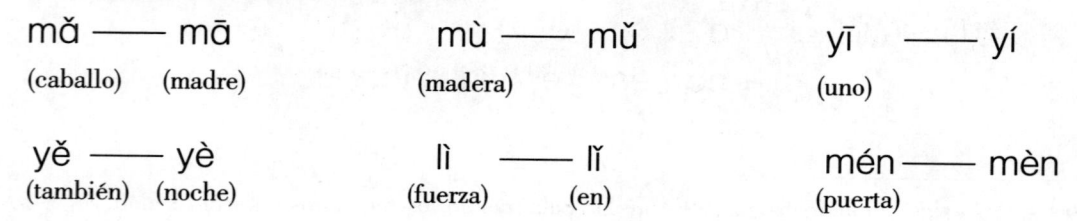

mǎ —— mā   mù —— mǔ   yī —— yí
(caballo) (madre)   (madera)   (uno)

yě —— yè   lì —— lǐ   mén —— mèn
(también) (noche)   (fuerza) (en)   (puerta)

5. 三声变调 Variación del tercer tono

nǐ hǎo   hěn hǎo   yě hǎo   yě hěn hǎo

6. 朗读下列课堂用语 Leer en voz alta las siguientes expresiones

Nǐ hǎo.

Nǐmen hǎo.

四、会话练习　Práctica de Conversación

> **重点句式　EXPRESIONES CLAVE**
>
> 1. Nǐ hǎo.
> 2. Nǐ hǎo ma?
> 3. Wǒ hěn hǎo, nǐ ne?
> 4. Yě hěn hǎo.

（一）【打招呼 Decir hola】

1. 完成下列会话 Completar el siguiente diálogo

   Lín Nà：Lìbō, nǐ hǎo!

   Lìbō：_____.

2. 看图会话 Hacer un diálogo basado en el dibujo

   （1）A：_____.

   　　　B：_____.

   （2）A：_____.

   　　　B：_____.

（二）【问候 Saludar】
1. 完成下列会话 Completar el siguiente diálogo

   Mǎ Lì：Nǐ hǎo ma?

   Lù Yì：_____，_____?

   Mǎ Lì：Wǒ yě hěn hǎo.

2. 情景会话 Diálogo situacional

   Te encuentras con un amigo chino al que no has visto en mucho tiempo. ¿Qué le dirías a él/ella?

（三）听述 Escuchar y repetir

你好吗？

我很好，你呢？

我也很好。

五、语音　Fonética

1. 声母和韵母 Iniciales y finales

En el chino moderno una sílaba generalmente está compuesta por una parte inicial, que es una consonante con la que comienza la sílaba, y una parte final, que forma el resto de la sílaba. Por ejemplo, en la sílaba "píng", "p" es la parte inicial y "ing", la final. Una sílaba puede formarse sin la parte inicial, como en "yě", pero todas las sílabas deben tener un final. En el chino moderno hay en total 21 partes iniciales y 38 finales.

2. 发音要领 Puntos claves de la pronunciación

Iniciales： m, n, l, h se pronuncian de modo similar a sus correspondientes en la lengua española.

b como "b" de "Barcelona" (no aspirada, sorda)

p como "p" de "Pamplona" (aspirada, sorda)

Nota： Se debe prestar especial atención a la pronunciación de las consonantes aspiradas y no aspiradas: b-p.

Finales： e como "e" en "her" de la palabra inglesa

ie como "ye" en "yeso" de la palabra española

-ng (final) un sonido nasal como "ng" en "bang" de la palabra inglesa sin pronunciar la "g"

Nota： la pronunciación de la "e" en una final compuesta es diferente de la final simple "e".

3. 声调 Tonos

La lengua china es una lengua tonal en la que los tonos expresan diferencias en el significado.

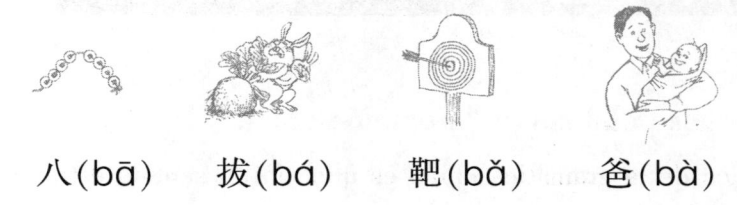

八(bā)   拔(bá)   靶(bǎ)   爸(bà)

En la pronunciación hay 4 tonos básicos, representados respectivamente por las siguientes marcas de tono:

" ˉ " para el primer tono

" ´ " para el segundo tono

" ˇ " para el tercer tono

" ` " para el cuarto tono.

Cuando una sílaba contiene una única vocal, la marca de tono se coloca directamente sobre la vocal como en "lù" y "hěn". El punto de la vocal "i" se tiene que quitar si la marca de tono se coloca sobre ella, como en "nǐ", "nín" y "píng". Cuando el final de la sílaba está compuesto por dos o más vocales, la marca de tono se debe colocar sobre la vocal pronunciada con la boca más abierta (ejemplo: hǎo).

La abertura de la boca en las vocales, de más a menos abierta es como sigue:

a o e i u ü

4. 三声变调 Variación del tercer tono

Un tercer tono, cuando va seguido por otro tercer tono, debería ser pronunciado en segundo tono, pero la marca de tono " ˇ " permanece inalterada. Por ejemplo:

nǐ hǎo → ní hǎo   Wǒ hěn hǎo. → Wó hén hǎo.

hěn hǎo → hén hǎo   Yě hěn hǎo. → Yé hén hǎo.

5. 拼写规则 Normas ortográficas

Al principio de una sílaba, "i" se escribe "y" (ejemplo: iě → yě). "i" se escribe "yi" cuando forma una sílaba por sí misma (ejemplo: ī → yī).

Al principio de una sílaba, "u" se escribe "w" (ejemplo: uǒ → wǒ). "u" se escribe "wu" cuando forma una sílaba por sí sola (ejemplo: ǔ → wǔ).

Cuando "ü" se coloca a principio de sílaba o forma una sílaba por sí sola, se añade una "y" delante y los dos puntos sobre ella se omiten (ejemplo: ǔ → yǔ).

六、语法　Gramática

汉语的语序 El orden de las palabras en la oración china

La principal característica de la gramática china es que, en un sentido estricto, carece de cambios morfológicos en persona, tiempo, género, número y caso. Sin embargo, el orden de las palabras es muy importante para transmitir diferentes significados gramaticales. El sujeto de una frase se coloca generalmente delante del predicado. Por ejemplo:

Sujeto	*Predicado*
你 Nǐ	好。 hǎo.
我 Wǒ	很　好。 hěn hǎo.
力波 Lìbō	也　很　好。 yě hěn hǎo.

七、汉字　Caracteres Chinos

Los caracteres chinos provienen de dibujos. La historia de su formación es muy larga, y sus orígenes se remontan a la antigüedad. Los caracteres de hoy en día, que evolucionaron de los antiguos caracteres chinos, tienen formas cuadradas. Aquí tenemos algunos ejemplos que ilustran su larga evolución:

Dibujo	Hueso Oracular	Escritura de Sello Pequeño	Escritura Administrativa	Caracteres Tradicionales en Escritura Regular	Caracteres Simplificados en Escritura Regular
(caballo)	𢒏	馬	馬	馬	马

1. 汉字基本笔画 Los trazos básicos de los caracteres chinos

Los caracteres chinos se escriben por combinación de varios tipos de "trazos". Estos trazos pueden ser divididos en trazos "básicos" y trazos "combinados".

Trazos básicos de los caracteres chinos

Trazos	Nombre	Ejemplo	Forma para Escribir
丶 ↘	diǎn	门	El punto se escribe desde arriba hacia abajo derecha, como en el primer trazo de "门".
一 →	héng	一	El trazo horizontal se escribe de izquierda a derecha.
丨 ↓	shù	木	El trazo vertical se escribe desde arriba hacia abajo, como en el segundo trazo de "木".
丿 ↙	piě	力	El trazo se escribe desde arriba hacia abajo y hacia la izquierda, como el segundo trazo de "力".
╲ ↘	nà	八	El trazo se escribe desde arriba hacia abajo y hacia la derecha, como el segundo trazo de "八".
╱ ↗	tí	我	El trazo se escribe desde abajo izquierda hacia arriba derecha, como en el cuarto trazo de "我".

2. 认写基本汉字 Aprender y escribir caracteres chinos básicos

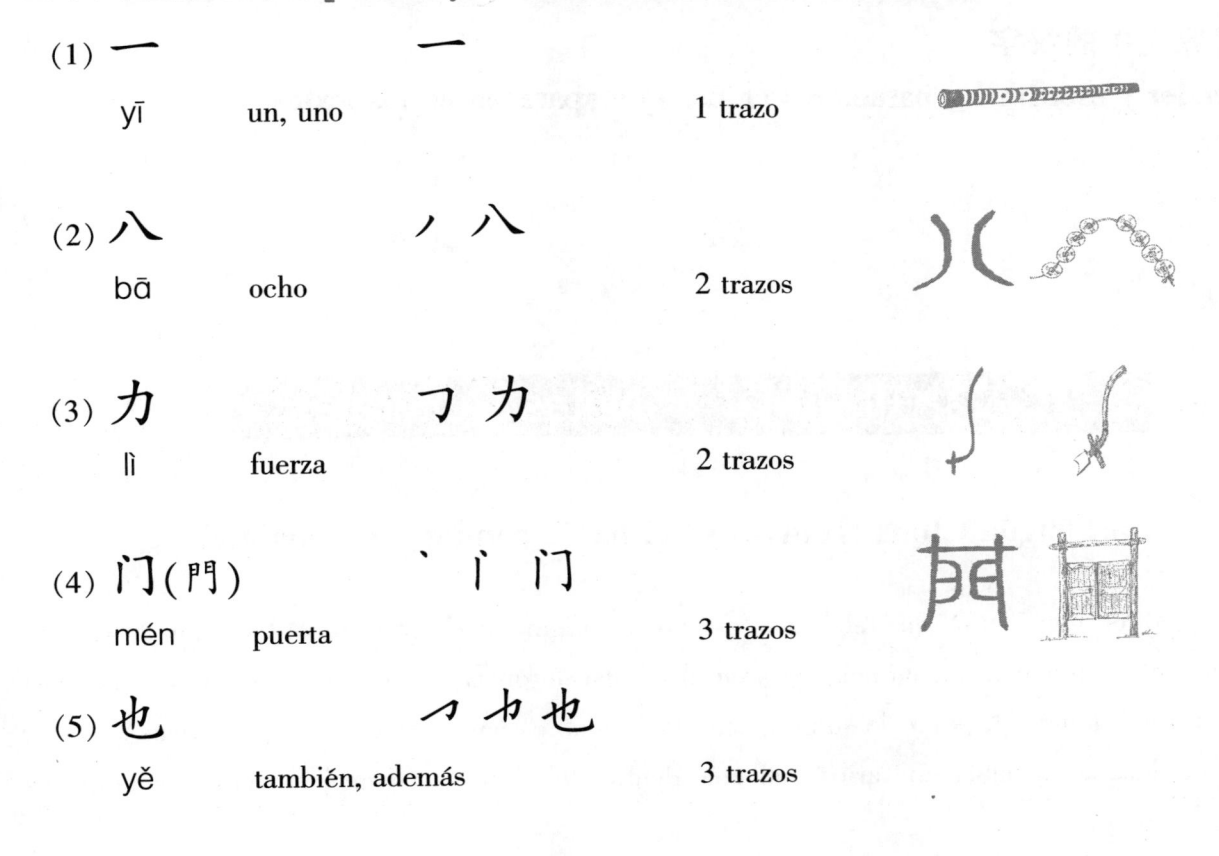

(1) 一   一
    yī   un, uno   1 trazo

(2) 八   丿 八
    bā   ocho   2 trazos

(3) 力   𠃌 力
    lì   fuerza   2 trazos

(4) 门(門)   丶 丨 门
    mén   puerta   3 trazos

(5) 也   𠃍 也 也
    yě   también, además   3 trazos

(6) 马(馬)　　フ 马 马

mǎ　　caballo　　　　　　　　3 trazos

Nota: "马" se escribe "马" en la parte izquierda de un carácter.

(7) 女　　く 夂 女

nǚ　　mujer　　　　　　　　3 trazos

Nota: "女" se escribe "女" en la parte izquierda de un carácter.

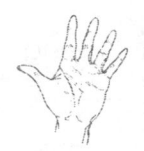

(8) 五　　一 丆 五 五

wǔ　　cinco　　　　　　　　4 trazos

(9) 木　　一 十 才 木

mù　　madera　　　　　　　4 trazos

Nota: "木" se escribe "木" en la parte izquierda de un carácter.

(10) 火　　丶 丶 丿 火

huǒ　　fuego　　　　　　　　4 trazos

Nota: "火" se escribe "灬" cuando aparece en la parte baja de un carácter.

3. 认写课文中的汉字

Aprender y escribir los caracteres chinos que aparecen en los textos

林 lín

林 → 木 + 木

文化知识　　Notas Culturales

La Lengua China (Hanyu) y "el habla común" (Putonghua)

Los eruditos consideran que el chino escrito se originó hace más de 4000 años y que la lengua hablada se remonta mucho más atrás en el tiempo, lo que la convierte en uno de los idiomas más antiguos del mundo. A pesar de su antigüedad, el chino es hoy una de las lenguas vivas más extendidas. La lengua se habla en varios dialectos dentro de China, así como, en otras comunidades chinas y en otros países, especialmente en el Sudeste Asiático, Europa y América. Hay más de mil millones de hablantes nativos de chino en todo el mundo. Es una de las lenguas oficiales de las Naciones Unidas.

El chino pertenece a la familia de lenguas Sino-Tibetanas. Hanyu, literalmente significa "Lengua de los Han", se refiere al chino estándar, y es hablado por los Han, Hui, Manchu, y otros grupos étnicos que constituyen el 94% de la población de China. Hay 56 grupos étnicos reconocidos en China, que utilizan alrededor de 80 lenguas diferentes.

El chino incluye variantes de siete grupos dialécticos principales. El dialecto del norte o Mandarín cubre las tres cuartas partes del territorio de China e incluye dos tercios de su población. El chino estándar es también conocido por su designación oficial, Putonghua, literalmente "habla común". El Putonghua está basado en el dialecto del norte, que utiliza el dialecto de Beijing como modelo de pronunciación y la literatura vernácula moderna para su estructura gramatical. Éste es el chino que se estudia en este libro de texto.

¿Alguna vez has querido decirles "hola" en chino a tus amigos? Al final de esta lección, serás capaz de presentarte y de expresar aquello que necesitas.

第二课 Lección 2

Nǐ máng ma

你 忙 吗

一、课文　　Texto

(一)

【问候别人】Saludar

Lín Nà：	Lù Yǔpíng, nǐ hǎo ma?
林 娜：	陆 雨平，你 好 吗？
Lù Yǔpíng：	Wǒ hěn hǎo. Nǐ bàba、māma hǎo ma?①
陆 雨平：	我 很 好。你 爸爸、妈妈 好 吗？
Lín Nà：	Tāmen dōu hěn hǎo.② Nǐ máng ma?
林 娜：	他们 都 很 好。你 忙 吗？
Lù Yǔpíng：	Wǒ bù máng. Nǐ nán péngyou ne?
陆 雨平：	我 不 忙。你 男 朋友 呢？
Lín Nà：	Tā hěn máng.
林 娜：	他 很 忙。

生词 Palabras Nuevas

1. máng	A	忙		ocupado
*2. ma	Pt.	吗[1]		(partícula usada para preguntas en las que se espera que se responda con un sí o un no)
3. bàba	N	爸爸		padre
4. māma	N	妈妈		madre
5. tāmen	Pr.	他们		ellos, a ellos
tā	Pr.	他		él, a él
men		们		(usado tras los pronombres 我, 你, 他 o ciertos nombres para denotar plural)
6. dōu	Adv.	都		ambos, todo
7. bù	Adv.	不		no
8. nán	A	男		varón
9. péngyou	N	朋友		amigo
*10. ne	Pt.	呢		(partícula modal usada para preguntas elípticas)

(二)

Dīng Lìbō： Gēge, nǐ yào kāfēi ma? ③
丁力波： 哥哥，你 要 咖啡 吗？

【问需要】Preguntar lo que quiere alguien

Gēge： Wǒ yào kāfēi.
哥哥： 我 要 咖啡。

Dìdi： Wǒ yě yào kāfēi. ④
弟弟： 我 也 要 咖啡。

Dīng Lìbō： Hǎo, wǒmen dōu hē kāfēi. ⑤
丁力波： 好， 我们 都 喝 咖啡。

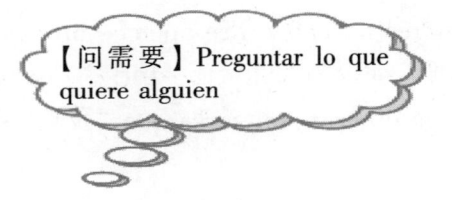

―――――――――――――――――――――――
［1］ Las palabras marcadas con un asterisco han aparecido en lecciones previas.

生词 Palabras Nuevas

1. gēge	N	哥哥		hermano mayor
2. yào	V	要		querer
3. kāfēi	N	咖啡		café
4. dìdi	N	弟弟		hermano menor
5. wǒmen	Pr.	我们		nosotros, a nosotros
6. hē	V	喝		beber
7. Dīng	NP	丁		(un apellido)

二、注释 Notas

① Nǐ bàba、māma hǎo ma?

¿Cómo están tu padre y tu madre?

"nǐ bàba"—tu padre, "nǐ māma"—tu madre.

"nǐ nán péngyou"—tu novio.

② Tāmen dōu hěn hǎo.

"Los dos están bien. (literalmente, muy bien)"

③ Nǐ yào kāfēi ma?

¿Quieres un café? ¿Te apetece un café?

"你要…吗?"("Nǐ yào…ma?") es un tipo de oración usado normalmente cuando preguntamos a otros qué quieren, mientras que "我要…"("Wǒ yào…")se utiliza para expresar "Yo quiero".

④ Wǒ yě yào kāfēi.

"Yo también quiero un café."

⑤ Wǒmen dōu hē kāfēi.

" Todos nosotros tomamos café."

三、语音练习 Ejercicios de Fonética

声母 Iniciales: d t g k f
韵母 Finales: ei ou an ang eng iao iou(-iu)

1. 拼音 Deletrear

dē	dōu	dān	dāng
tē	tōu	tān	tāng
gē	gōu	gān	gāng
kē	kōu	kān	kāng

— 16 —

bēi	bān	bēng	biāo
pēi	pān	pēng	piāo
fēi	fān	fēng	diū
hēi	hān	hēng	niū

2. 四声 Los cuatro tonos

tā		tǎ	tà	
mēn	mén		mèn	tāmen
wō		wǒ	wò	wǒmen
nī	ní	nǐ	nì	nǐmen
nān	nán	nǎn	nàn	
pēng	péng	pěng	pèng	
yōu	yóu	yǒu	yòu	nán péngyou
bū	bú	bǔ	bù	
	máng	mǎng		bù máng
gē	gé	gě	gè	gēge
dī	dí	dǐ	dì	dìdi
hē	hé		hè	
kā		kǎ		
fēi	féi	fěi	fèi	hē kāfēi

3. 辨音 Diferenciación de sonidos

dà —— tà   kě —— gě   kǒu —— gǒu
(grande)   (poder)   (boca)   (perro)

dōu —— duō   gēn —— gēng   dīng —— tīng
(todos) (muchos(as)) (seguir)   (clavo) (escuchar)

4. 辨调 Diferenciación de tonos

dāo —— dào   tǔ —— tù   yòu —— yǒu
(cuchillo)   (tierra,suelo)   (de nuevo) (tener)

ní —— nǐ   liù —— liū   kàn —— kǎn
(Monja budista)   (seis)   (ver)

5. 轻声 Tono neutro

bàba   māma   gēge   dìdi

nǐmen   wǒmen   tāmen

hǎo ma?   Nǐ ne?   Nǐ nán péngyou ne?

6. 双音节连读 Practicar con las palabras bisílabas

yǐnliào (bebidas)   yéye (abuelo)

kělè (coca-cola)   mèimei (hermana pequeña)

hànbǎo (hamburguesa)   fāyīn (pronunciación)

píngguǒ (manzana)   hēibǎn (pizarra)

7. 朗读下列课堂用语 Leer en voz alta las siguientes expresiones

Tīng wǒ fāyīn.

Kàn hēibǎn.

四、会话练习   Práctica de Conversación

重点句式   EXPRESIONES CLAVE

1. Tāmen dōu hěn hǎo.
2. Nǐ máng ma?
3. Wǒ bù máng.
4. Nǐ yào kāfēi ma?
5. Wǒ yào kāfēi.
6. Wǒmen dōu hē kāfēi.

(一)【问候别人 Saludar】

完成下列会话 Completar los siguientes diálogos

(1) A: Dà Lín, nǐ máng ma?

B: _____. Nǐ ne?

A: _____.

(2) A: Nǐ bàba māma hǎo ma?

B: _____. Nǐ gēge ne?

A: _____.

（3）A：Nǐ dìdi hǎo ma?

　　B：_____. Nǐ _____ ne?

　　A：_____.

(二)【问需要 Preguntar lo que quiere alguien】

1. 完成下列会话 Completar los siguientes diálogos
   (1) A：Nín yào kāfēi ma?
   　　B：Wǒ yào kāfēi.
   　　A：Nǐ ne?
   　　C：_____.
   (2) A：Nǐ yào _____ ma?
   　　B：_____.
   　　A：Nǐ ne?
   　　C：_____.

2. 看图会话 Hacer un diálogo basado en el dibujo

   (1) A：_____?
   　　B：_____.

   (2) A：_____?
   　　B：_____.

(三) 听述 Escuchar y repetir

　　你爸爸妈妈都好吗？

　　他们都很好。

- 19 -

五、语音　　Fonética

1. 轻声 El tono neutro

En el chino moderno, hay un determinado número de sílabas que son pronunciadas en un tono débil. Esto se conoce como tono neutro y está indicado por la ausencia de la marca de tono. Por ejemplo:

      吗 ma   呢 ne   们 men

2. 发音要领 Puntos claves de la pronunciación

Iniciales： f se pronuncia como su equivalente en español
           d como "d" de "Dinamarca" (no aspirada)
           t como "t" de "taza" (aspirada)
           g como "g" de "gustar" (no aspirada)
           k como "k" de "kilo" (aspirada)

           Nota：Se debería prestar especial atención a la pronunciación de las consonantes aspiradas y no aspiradas：d-t, g-k.

Finales： ei como "ay" en la palabra inglesa "play"
          ou como "o" en la palabra española "oso"
          an como "an" en la palabra española "Antonio"

3. 拼写规则 Normas ortográficas

La final compuesta "iou" se escribe como "-iu" cuando aparece después de una inicial y el tono marcado se coloca sobre la "u". Por ejemplo: liù (seis)

六、语法　　Gramática

1. 形容词谓语句 Oraciones con predicado adjetival

Sujeto	*Predicado*
你 Nǐ	好。 hǎo.
他 Tā	很　忙。 hěn　máng.
我 Wǒ	不　忙。 bù　máng.
他们 Tāmen	都　很　好。 dōu　hěn　hǎo.

En chino, los adjetivos pueden funcionar directamente como predicados. Este tipo de oraciones se llaman oraciones con predicado adjetival. Los adjetivos, en este tipo de oraciones, pueden ser modificados por adverbios como "很", "也" y "都". La forma negativa se construye colocando el adverbio negativo "不" antes del adjetivo que funciona como predicado. Por ejemplo: "我不忙".

Nota: Los adverbios como "很", "也" y "都" deben colocarse antes del adjetivo al que modifican.

2. 用"吗"的是非问句 Preguntas de "sí-no" con 吗

Las oraciones enunciativas pueden convertirse en preguntas de "sí-no" añadiendo la partícula interrogativa "吗" al final de las mismas.

Afirmación	Pregunta
你好。 Nǐ hǎo.	你好吗？ Nǐ hǎo ma?
他爸爸、妈妈都好。 Tā bàba、māma dōu hǎo.	他爸爸、妈妈都好吗？ Tā bàba、māma dōu hǎo ma?
她忙。 Tā máng.	她忙吗？ Tā máng ma?
你要咖啡。 Nǐ yào kāfēi.	你要咖啡吗？ Nǐ yào kāfēi ma?

七、汉字　　Caracteres Chinos

1. 认写基本汉字 Aprender y escribir caracteres chinos básicos

(1) 丁　　一丁
    dīng　　clavo　　　　　　　　2 trazos

(2) 刀　　フ刀
    dāo　　cuchillo　　　　　　　2 trazos

Nota: "刀" se escribe como "刂" en la parte derecha de un carácter.

(3) 又　　フ又
    yòu　　otra vez　　　　　　　2 trazos

Nota: "又" originalmente era una pictografía de "la mano derecha".

(4) 大　　一ナ大
    dà　　grande　　　　　　　　3 trazos

— 21 —

(5) 口 丨冂口
kǒu boca 3 trazos

(6) 土 一十土
tǔ tierra 3 trazos

Nota: "土" se escribe como "扌" en la parte izquierda de un carácter.

(7) 六 丶一六六
liù seis 4 trazos

(8) 不 一丆不不
bù no 4 trazos

(9) 尼 𠃍コ尸尸尼
ní monja budista 5 trazos

(10) 可 一丆丁口可
kě poder, ser posible 5 trazos

2. 认写课文中的汉字

Aprender y escribir los caracteres chinos que aparecen en los textos

(1) 吗 ma (嗎)

$$吗 \rightarrow 口 + 马$$

("口" denota el significado, "马" denota la pronunciación)

(2) 呢 ne

$$呢 \rightarrow 口 + 尼$$

("口" denota el significado, "尼" denota la pronunciación)

(3) 妈妈 māma (媽媽)

$$妈 \rightarrow 女 + 马$$

("女" denota el significado de mujer, "马" denota la pronunciación)

(4) 哥哥 gēge

$$哥 \rightarrow 可 + 可$$

- 22 -

文化知识　　Notas Culturales

Caracteres chinos y escritura simplificada

La escritura china es un sistema de escritura logográfica todavía de uso habitual en el mundo. A diferencia de los sistemas alfabéticos, usados por muchas lenguas, la escritura china se forma con caracteres, la mayor parte de los cuales son pictofonéticos. La mayoría consiste en un componente que indica el sonido del carácter, la fonética, combinado con un componente semántico, el significante raíz o radical, que muestra la categoría de significado a que pertenece el carácter.

Los caracteres chinos son monosílabos, y normalmente un carácter representa un único morfema. Se estima que en total existen unos cincuenta mil caracteres chinos, de los cuales entre cinco y ocho mil son usados frecuentemente, mientras que tres mil son normalmente suficientes para las situaciones diarias.

Un considerable número de caracteres chinos se componen de numerosos trazos y son, por tanto, difíciles de escribir. Con vistas a facilitar la escritura, muchos estudiantes modernos han hecho continuos intentos por simplificar el sistema de escritura. Los objetivos de estas reformas lingüísticas han sido dobles: reducir el número de caracteres eliminando las variantes complejas, y reducir el número de trazos en determinados caracteres. Como se sabe los "caracteres simplificados" se refieren a las grafías que han sido alteradas de este modo; por otro lado, los caracteres tradicionales, son aquellos que conservan sus formas originarias.

El uso de los caracteres simplificados es ahora la política oficial en la República Popular China, mientras que los caracteres tradicionales quedan restringidos, en su mayor parte, a usos académicos o propósitos estéticos. Los caracteres simplificados tienen la ventaja de ser más fáciles de aprender, memorizar, leer y escribir. Aquí hay dos ejemplos:

　　　　媽 madre(tradicional)　　　　妈 madre(simplificado)
　　　　門 puerta(tradicional)　　　　门 puerta(simplificado)

En este libro de texto se usan los caracteres simplificados, pero los caracteres tradicionales también se facilitarán para que se conozca su evolución.

> Veamos, ¿te gustaría usar el chino para saber más de la gente que conoces? Esta lección te enseñará cómo preguntar a una persona por su trabajo y nacionalidad. Posteriormente, te enseñará a presentar a los amigos, a la familia y a otras personas. Además, formaremos palabras compuestas mediante palabras básicas.

第三课 Lección 3

Tā shì nǎ guó rén
她是哪国人

一、课文　Texto

(一)

Gēge：　　Lìbō, nà shì shéi?
哥哥：　　力波，那是谁？

【认指人】Identificar a una persona

Dīng Lìbō：Nà shì wǒmen lǎoshī.
丁力波：　那是我们老师。

【问国籍】Preguntar a alguien su nacionalidad

Gēge：　　Tā shì nǎ guó rén? ①
哥哥：　　她是哪国人？

Dīng Lìbō：Tā shì Zhōngguó rén. ② Wǒmen lǎoshī dōu shì Zhōngguó rén.
丁力波：　她是中国人。我们老师都是中国人。

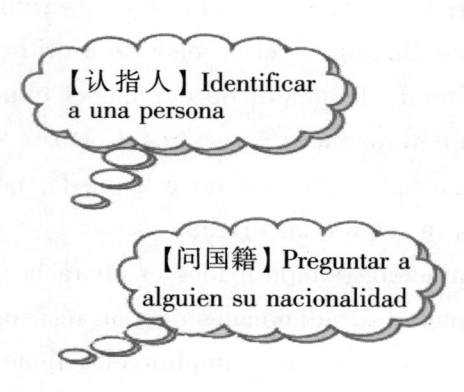

生词 Palabras Nuevas

1. tā	Pr.	她	ella
2. shì	V	是	ser
3. nǎ	PrI	哪	cuál, de qué
4. guó	N	国	país, nación
5. rén	N	人	gente, persona
6. nà	Pr.	那	ése, ésa, aquél, aquélla
7. shéi	PrI	谁	quién, quien
8. lǎoshī	N	老师	profesor
*9. dōu	Adv.	都	ambos, todos
10. Zhōngguó	NP	中国	China

(二)

Dīng Lìbō: Chén lǎoshī, nín hǎo! ③ Zhè shì wǒ gēge,④ tā shì wàiyǔ lǎoshī.
丁力波: 陈 老师，您 好！ 这 是 我 哥哥，他 是 外语 老师。

Chén lǎoshī: Nǐ hǎo.
陈 老师: 你 好。

Dīng Lìbō: Zhè shì wǒ péngyou.
丁力波: 这 是 我 朋友。

Chén lǎoshī: Nǐ hǎo! Nǐ yě shì lǎoshī ma?
陈 老师: 你 好！你 也 是 老师 吗？

Péngyou: Nín hǎo! Wǒ bú shì lǎoshī, wǒ shì yīshēng.
朋友: 您 好！我 不 是 老师，我 是 医生。

Chén lǎoshī: Lìbō, zhè shì nǐ nǎinai ma?
陈 老师: 力波，这 是 你 奶奶 吗？

Dīng Lìbō: Bú shì, tā shì wǒ wàipó. ⑤
丁力波: 不 是，她 是 我 外婆。

Chén lǎoshī: Wàipó, nín hǎo!
陈 老师: 外婆，您 好！

— 25 —

生词　Palabras Nuevas

1. nín	Pr.	您		usted
2. zhè	Pr.	这		éste, ésta, esto
*3. tā	Pr.	他		él
4. wàiyǔ	N	外语		lengua extranjera
*5. nǐ	Pr.	你		tú
6. yīshēng	N	医生		médico
7. nǎinai	N	奶奶		abuela paterna
8. wàipó	N	外婆		abuela materna
9. Chén	NP	陈		un apellido

二、注释　Notas

① Tā shì nǎ guó rén?

　　¿De qué nacionalidad es (ella)?

　　Hay dos caracteres chinos para la tercera persona del singular "tā": uno es "他", usado para el género masculino; y el otro es "她", usado para el género femenino.

② Tā shì Zhōngguó rén.

　　Ella es china

　　Para indicar la nacionalidad de un individuo, el carácter "人" (rén) se sitúa normalmente después del nombre del país. Por ejemplo:

　　"中国"(Zhōngguó　China)—"中国人" (Zhōngguó rén　chino)

③ Chén lǎoshī, nín hǎo!

　　En China, el empleo o trabajo de una persona, como director de una fábrica, gerente, jefe de departamento, ingeniero, director de cine o profesor, se usa habitualmente como título para dirigirse a él o ella. Este tratamiento es preferente al de expresiones como señor o señora. Los apellidos anteceden a los títulos, y se considera de mala educación que un estudiante se dirija a su profesor por su nombre de pila. El "apellido + profesor" es la forma adecuada y frecuente para dirigirse a un profesor, por ejemplo:

　　"Chén lǎoshī(陈老师)".

　　"nín（您）" es la forma educada de "你", generalmente se emplea para referirse a las personas mayores o ancianos en una conversación, o para dirigirse a personas de la misma edad en una situación formal. Los habitantes de Pekín usan más esta forma de tratamiento.

④ Zhè shì wǒ gēge.

Este es mi hermano mayor.

Cuando presentamos a alguien, a menudo, empleamos la estructura "这是……" ("zhè shì……"). "是" (shì) se pronuncia como una sílaba débil.

⑤ Lìbō, zhè shì nǐ nǎinai ma? —— Bú shì, tā shì wǒ wàipó.

El idioma chino usa muchas palabras para indicar las relaciones familiares de forma que las relaciones específicas quedan muy claras. Se usan diferentes palabras dependiendo de la procedencia del pariente, si es de parte de la madre, padre, mujer o marido. Algunos ejemplos son "yéye" y "nǎinai" usado por los niños para referirse a los padres de su padre, diferenciado de "wàigōng" y "wàipó" usado para referirse a los padres de su madre.

三、语音练习 Ejercicios de Fonética

声母 Iniciales: zh ch sh r
韵母 Finales: -i[ɿ]
ai uai ong

1. 拼音 Deletrear

zhā	chā	shā	
zhī	chī	shī	rī
zhē	chē	shē	rēng
zhāi	chāi	shāi	rāng
zhōu	chōu	shōu	
zhuō	chuō	shuō	
zhuāi	chuāi	shuāi	
zhōng	chōng		

2. 四声 Los cuatro tonos

chā	chá	chǎ	chà	
	rú	rǔ	rù	
zhē	zhé	zhě	zhè	
shī	shí	shǐ	shì	zhè shì

lāo	láo	lǎo	lào	lǎoshī
chēn	chén	chěn	chèn	Chén lǎoshī
wāi		wǎi	wài	
yū	yú	yǔ	yù	wàiyǔ
yī	yí	yǐ	yì	
shēng	shéng	shěng	shèng	yīshēng
zhōng		zhǒng	zhòng	
guō	guó	guǒ	guò	Zhōngguó
	rén	rěn	rèn	Zhōngguó rén

3. 辨音 Diferenciación de sonidos

zhōng —— chōng   shēng —— shāng   rì —— rè
(medio)   (nacer)   (sol) (calor)

bǐ —— pǐ   dǒng —— tǒng   ròu —— ruò
(comparar)   (entender)   (carne)

4. 辨调 Diferenciación de tonos

shí —— shǐ   zhě —— zhè   rén —— rèn
(diez) (flecha)   (persona) (esto)   (persona)

pái —— pài   chéng —— chēng   zhuǎi —— zhuài
                      (ciudad)

5. 半三声 Semi-tercer tono

lǎoshī	nǎinai	wǒmen	nǐmen
wǒ gēge	wǒ péngyou	wǒ nǎinai	
nǐ wàipó	nǐ bàba	nǎ guó rén	
hǎo ma	nǐ máng	hěn máng	
nǐ yào	wǒ yào	yě yào	kělè

6. 声调组合 Combinación de tonos

"ˉ"+"ˉ"   "ˉ"+"ˊ"   "ˉ"+"ˇ"   "ˉ"+"ˋ"   "ˉ"+"。"[1]

kāfēi   Zhōngguó   hēibǎn   shēngdiào   tāmen
                                               (tono)

---

[1] "。" aquí representa el tono neutro.

yīshēng	hē chá (tomar té)	shēntǐ (cuerpo)	chīfàn (comer)	zhīdào (saber)

"ˊ"+"ˉ"	"ˊ"+"ˊ"	"ˊ"+"ˇ"	"ˊ"+"ˋ"	"ˊ"+"˚"
túshū (libros)	chángcháng (a menudo)	niúnǎi (leche)	liúlì (fluido)	péngyou

chénggōng (éxito)	yínháng (banco)	píngguǒ (manzana)	chídào (tarde)	yéye

7. 双音节连读 Practicar con las palabras bisílabas

gōngren (trabajador)   Yīngguó (Inglaterra, Reino Unido)
shāngrén (comerciante)   Déguó (Alemania)
lǜshī (abogado)   Měiguó (Los Estados Unidos)
gànbu (administrativo)   Fǎguó (Francia)
chǎngzhǎng (director de la fábrica)   Éguó (Rusia)
nóngmín (campesino)   Rìběn (Japón)

8. 朗读下列课堂用语 Leer en voz alta las siguientes expresiones

Dǎ kāi shū.   (Abrid el libro.)
Gēn wǒ niàn.   (Leed después de mí.)
Nǐmen niàn.   (Leed en voz alta.)
Dǒng bu dǒng?   (¿Lo habéis entendido?)
Dǒng le.   (Sí, lo entiendo/entendemos.)
Bù dǒng.   (No, no lo entiendo/entendemos.)

四、会话练习   Práctica de Conversación

重点句式   EXPRESIONES CLAVE

1. Nà shì shéi?
2. Nà shì wǒmen lǎoshī.
3. Tā shì nǎ guó rén?
4. Tā shì Zhōngguó rén.
5. Zhè shì wǒ péngyou.
6. Nǐ yě shì lǎoshī ma?
7. Wǒ bú shì lǎoshī, wǒ shì yīshēng.

(一)【认指人 Identificar a una persona】

看图会话 Hacer un diálogo basado en el dibujo.

(1) A：Nà shì shéi?

B：Nà shì _____.

(2) A：Tā shì shéi?

B：Tā shì _____.

(二)【问国籍 Preguntar a alguien su nacionalidad】

1. 完成下列会话 Completar los siguientes diálogos

(1) A：Nín shì nǎ guó rén?

B：_____.

A：Tā ne?

B：_____.

(2) A：Nín shì Yīngguó rén ma?

B：Bú shì, _____. Nín shì nǎ guó rén?

A：_____.

2. 看图会话 Hacer un diálogo basado en el dibujo

A：Tā shì nǎ guó rén?

B：_____.

(三)【介绍 Presentar a las personas】

1. 完成下列会话 Completar los siguientes diálogos

(1) A：Zhè shì Lín yīshēng. Zhè shì Chén lǎoshī.

B：_____.

C：Nín hǎo, Lín yīshēng.

(2) A：Zhè shì _____. Zhè shì _____.

B：_____.

C：_____.

2. 情景会话 Diálogo situacional

Presenta a tu profesor y a tus compañeros

(四) 听述 Escuchar y repetir

那是谁？那是陈老师。她是中国人。这是我朋友，他不是老师，他是医生。

五、语音 Fonética

1. 三声变调 Variación del tercer tono

Un tercer tono cuando va seguido de un primer, segundo o cuarto tono, o la mayoría de las sílabas neutras, generalmente se convierte en medio tercer tono, dado que el tono sólo desciende pero no asciende. La marca de tono no se cambia. Por ejemplo:

nǐ gēge   wǒ yào

nǐ máng ma?

2. "不"的变调 Variación del tono "不"

"不(bù)" es una sílaba de cuarto tono por sí sola, pero se convierte en segundo tono cuando es seguida del cuarto tono. Por ejemplo:

bù hē   bù máng   bù hǎo

bú shì   bú yào

3. 发音要领 Puntos claves de la pronunciación

Iniciales:
- zh como "j" en la palabra inglesa "jerk", pero con la punta de la lengua curvada bastante atrás, no aspirada (o como "z" de la palabra valenciana "senzill").
- ch como "ch" en la palabra inglesa "church" pero con la punta de la lengua curvada bastante atrás, aspirada (o como "ch" de la palabra española "chaqueta").
- sh como "sh" en la palabra inglesa "ship" pero con la punta de la lengua curvada bastante atrás (inexistente en español estándar pero pronunciado en algunos dialectos como en Andalucía; en palabras con "ch" como "chorizo"; existente también en francés en palabras como "chambre").
- r   como en "right" en inglés, pero con los labios no redondeados, y con la punta de la lengua curvada bastante atrás. ¡Pronuncia siempre el sonido chino /r/ con una simpática sonrisa!

Finales:
- ai como "y" en la palabra inglesa "sky" (light) (como "ay" en la palabra española "Paraguay").
- -i[ɿ] "-i [ɿ]" en "zhi", "chi", "shi" y "ri" se pronuncia de forma diferente a una final simple "i [i]". Después de pronunciar las iniciales "zh", "ch", "sh" y "r" la lengua no se mueve. Se debe tener mucho cuidado en no pronunciar la final simple "i [i]", la cual no se encuentra nunca después de "zh", "ch", "sh" o "r".

六、汉字 Caracteres Chinos

1. 认写基本汉字 Aprender y escribir caracteres chinos básicos

(1) 人   丿人

rén   gente persona   2 trazos

Nota: cuando el carácter "人" aparece escrito en la parte izquierda se transforma en "亻".

(2) 十　　一十
shí　　diez　　　　　　　　　　　　　　2 trazos

(3) 匕　　ノ匕
bǐ　　daga　　　　　　　　　　　　　　2 trazos

(4) 中　　丶口口中
zhōng　　medio　　　　　　　　　　　　4 trazos

(5) 日　　丨冂日日
rì　　sol　　　　　　　　　　　　　　4 trazos

(6) 贝(貝)　　丨冂贝贝
bèi　　concha　　　　　　　　　　　　4 trazos

(7) 玉　　一二于王玉
yù　　jade　　　　　　　　　　　　　　5 trazos

Nota: cuando el carácter "玉" aparece escrito en la parte izquierda se transforma en "王".

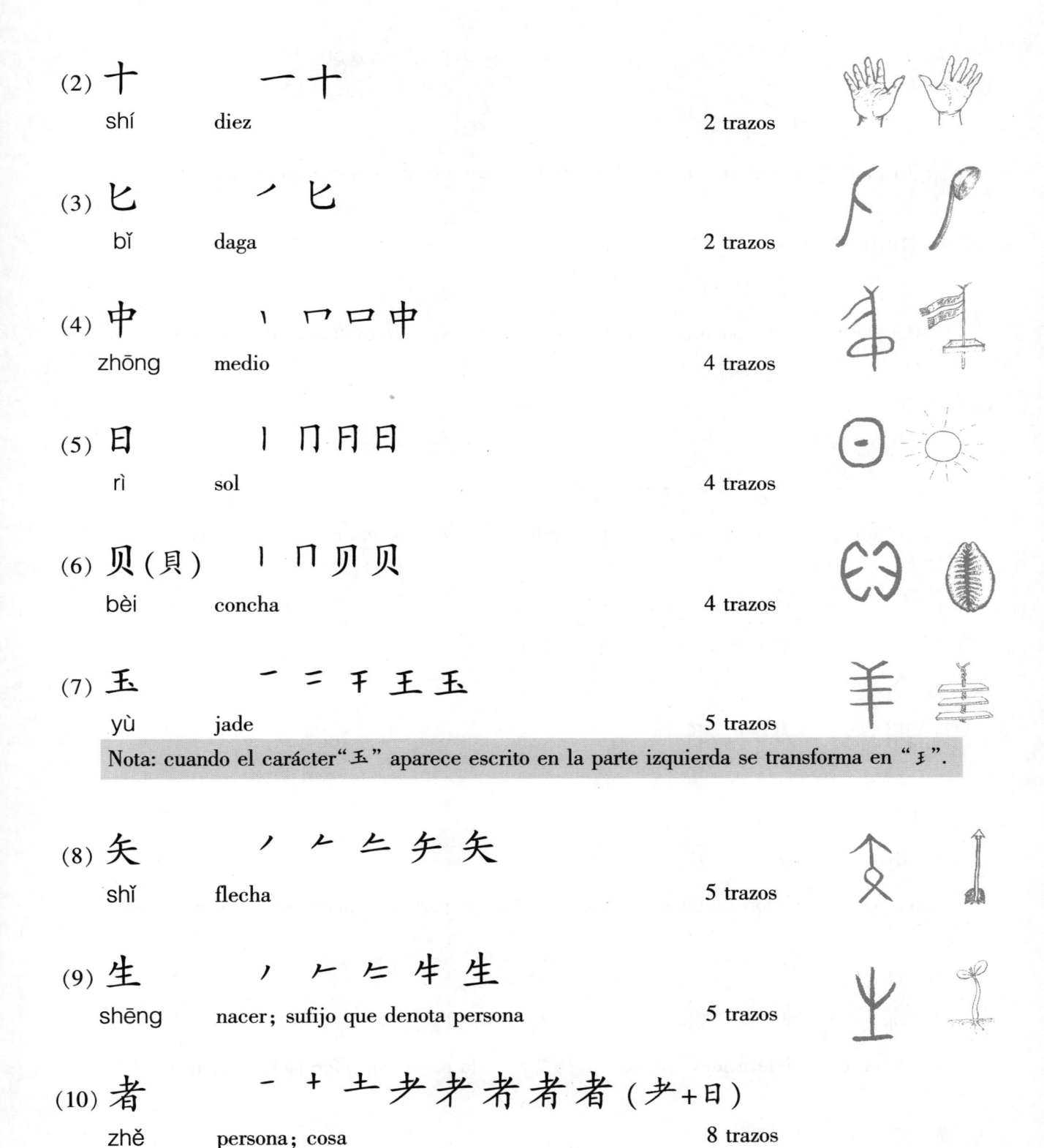

(8) 矢　　ノ⺈⺍午矢
shǐ　　flecha　　　　　　　　　　　　5 trazos

(9) 生　　ノ⺈⺍牛生
shēng　　nacer; sufijo que denota persona　　　　5 trazos

(10) 者　　一十土耂耂者者者 (耂+日)
zhě　　persona; cosa　　　　　　　　　8 trazos

2. 认写课文中已出现的汉字　Aprender y escribir los caracteres chinos que aparecen en los textos

(1) 她 tā

她 → 女 + 也

(El radical "女", indica algo relacionado con la mujer.)

(2) 他 tā

他 → 亻 + 也

(El radical "la persona de pie" "亻" indica algo relacionado con una persona.)

(3) 们 men (們)

们 → 亻 + 门

(La parte con información semántica es "亻" y la parte con información fonética es "门".)

(4) 你 nǐ

你 → 亻 + 尔

(尔：丿 𠂆 ⺈ 尓 尔   5 trazos)

(El radical "la persona de pie" "亻" indica algo relacionado con una persona.)

阝 (yòu'ěrduo) (el radical "la oreja derecha") 𠃌 阝   2 trazos

月 (nàzìpáng) (el radical "eso") 𠃍 𠃍 㣺 月   4 trazos

(5) 那 nà

那 → 月 + 阝

(6) 哪 nǎ

哪 → 口 + 那

(La parte con información semántica es "口" y la parte con información fonética "那".)

(7) 娜 nà

娜 → 女 + 那

(La parte con información semántica es "女" y la parte con información fonética "那".)

(8) 都 dōu

都 → 者 + 阝

耂 (lǎozìtóu) (la parte de arriba significa "viejo") ‐ 十 土 耂   4 trazos

巾 (jīnzìr) (el carácter de "toalla") 丨 冂 巾   3 trazos

丿 (shīzìpáng) (el radical "profesor") 丨 丿   2 trazos

(9) 老师 lǎoshī (老師)

老 → 耂 + 匕

师 → ノ + 一 + 巾

囗 (guózìkuàng) ("囗" indica la frontera del país.)
　　丨 冂 囗　　　　　　　　　　　3 trazos

(10) 中国 Zhōngguó (中國)

国 → 囗 + 玉

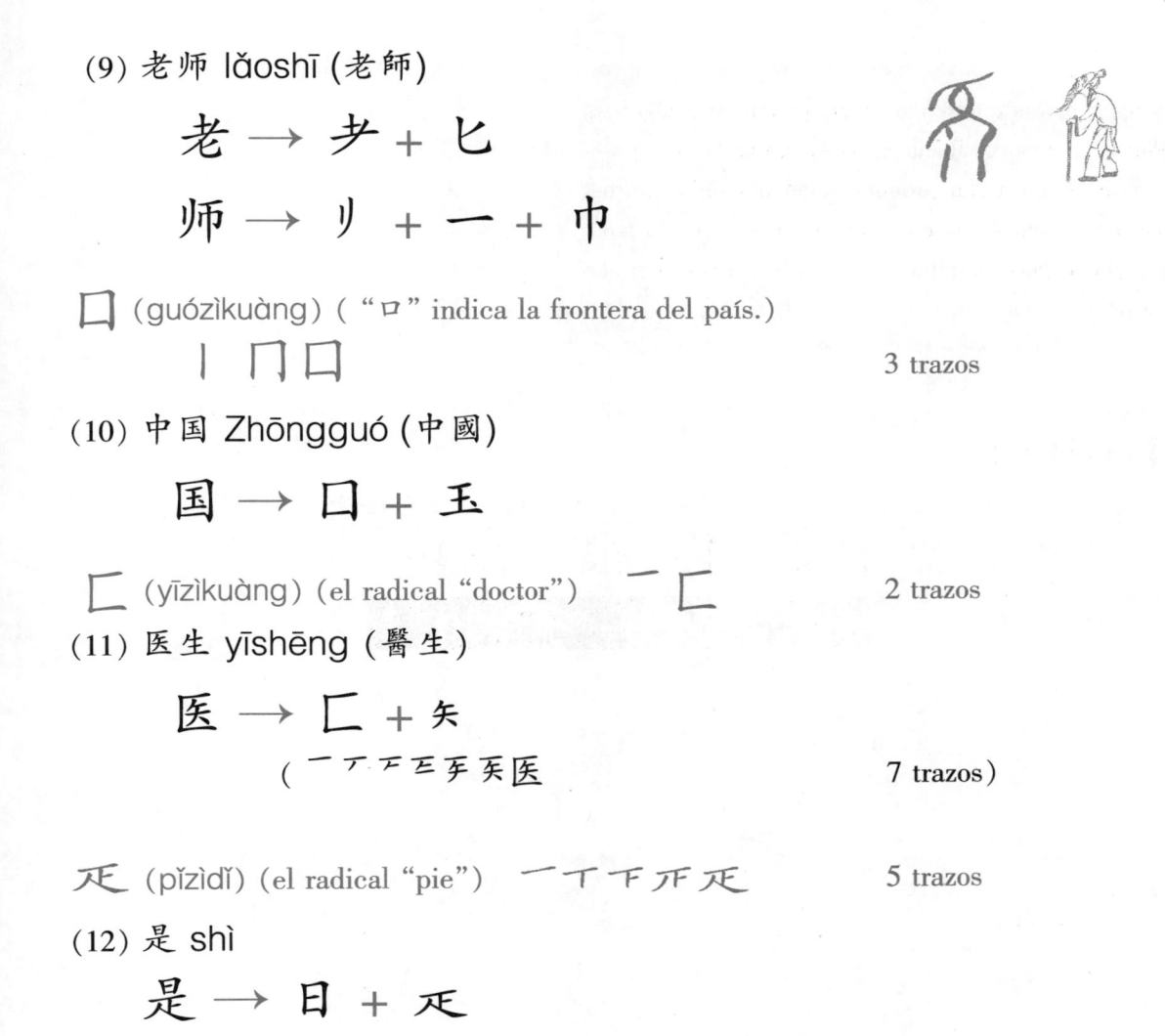

匚 (yīzìkuàng) (el radical "doctor")　一 匚　　2 trazos

(11) 医生 yīshēng (醫生)

医 → 匚 + 矢

　　(一 丆 丅 匡 푯 矢 医　　7 trazos)

疋 (pǐzìdǐ) (el radical "pie")　一 丁 下 牙 疋　　5 trazos

(12) 是 shì

是 → 日 + 疋

文化知识　　Notas Culturales

Patrón del Alfabeto Fonético Chino

El chino se diferencia de los idiomas alfabéticos en que su pronunciación no se corresponde con su escritura. Con el fin de facilitar la escritura de los caracteres y su consulta en diccionarios, los fonólogos trazaron el Patrón del Alfabeto Fonético Chino, y en 1958 el gobierno chino comenzó a llevar a cabo la aplicación de este patrón. Conocido habitualmente como pinyin (sonidos ordenados). El pinyin adopta el alfabeto latino para transcribir los sonidos chinos; cuatro marcas de tonos diacríticos indican los diferentes tonos de los caracteres chinos. En la actualidad, el pinyin está ampliamente extendido y ha ayudado a la popularización del chino simplificado (Putonghua). El uso del pinyin en el estudio del chino proporciona muchas ventajas prácticas para el aprendizaje del idioma.

En esta lección, vas a aprender cómo preguntar a alguien, de manera educada, cómo se llama; también aprenderás a presentarte y a pedir permiso. La pronunciación del chino introducida en esta lección no suena como en español y, por lo tanto, te puede parecer poco familiar. No te desanimes, con la práctica diaria podrás dominarla.

第四课 Lección 4

Rènshi nǐ hěn gāoxìng
认识 你 很 高兴

一、课文　　Texto

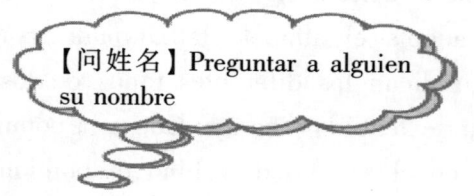

(一)

Lǎoshī: Kěyǐ jìnlai ma? ①
老师: 可以 进来 吗?

【请求允许】Pedir permiso

Lín Nà: Qǐng jìn! ② Yáng lǎoshī, nín hǎo. Zhè shì wǒ péngyou,
林娜: 请 进! 杨 老师, 您 好。 这 是 我 朋友,

tā shì jìzhě.
他 是 记者。

【问姓名】Preguntar a alguien su nombre

Lǎoshī: Qǐngwèn, nín guìxìng? ③
老师: 请问, 您 贵姓?

Lù Yǔpíng: Wǒ xìng Lù, jiào Lù Yǔpíng. ④
陆雨平: 我 姓 陆, 叫 陆 雨平。

Lǎoshī: Nǐ hǎo, Lù xiānsheng, rènshi nǐ hěn gāoxìng. ⑤
老师: 你 好, 陆 先生, 认识 你 很 高兴。

Lù Yǔpíng: Yáng lǎoshī, rènshi nín, wǒ yě hěn gāoxìng.
陆雨平: 杨 老师, 认识 您, 我 也 很 高兴。

生词 Palabras Nuevas

1.	rènshi	V	认识	conocer (a alguien)
2.	gāoxìng	A	高兴	contento, encantado
3.	kěyǐ	V. Aux.	可以	poder
4.	jìnlai	VC	进来	entrar
	jìn	V	进	entrar
	lái	V	来	venir
5.	qǐng	V	请	por favor
*6.	nín	Pr.	您	usted
*7.	péngyou	N	朋友	amigo
8.	jìzhě	N	记者	periodista
9.	qǐngwèn	V	请问	¿Podría preguntarle…?
	wèn	V	问	preguntar
10.	guìxìng	IE	贵姓	¿Cómo se llama? (se apellida)
	xìng	V/N	姓	apellido
11.	jiào	V	叫	llamar(se)
12.	xiānsheng	N	先生	señor
13.	Yáng	NP	杨	Yang (apellido)

【自我介绍】
Presentarse

(二)

Lín Nà: Wǒ shì Yǔyán Xuéyuàn de xuésheng. ⑥ Wǒ xìng Lín,
林娜: 我 是 语言 学院 的 学生。 我 姓 林,

jiào Lín Nà. Wǒ shì Yīngguó rén. Nǐ xìng shénme? ⑦
叫 林 娜。我 是 英国 人。你 姓 什么?

Mǎ Dàwéi： Wǒ xìng Mǎ, jiào Mǎ Dàwéi.
马大为： 我 姓 马，叫 马 大为。

Lín Nà： Nǐ shì Jiānádà rén ma?
林 娜： 你 是 加拿大人 吗？

Mǎ Dàwéi： Wǒ bú shì Jiānádà rén, wǒ shì Měiguó rén, yě shì
马大为： 我 不是 加拿大人，我 是 美国 人，也 是

Yǔyán Xuéyuàn de xuésheng. Wǒ xuéxí Hànyǔ.
语言 学院 的 学生。 我 学习 汉语。

生词 Palabras Nuevas

1. yǔyán	N	语言	lengua, idioma	
2. xuéyuàn	N	学院	instituto, universidad, escuela	
3. de	Pt.	的	partícula que indica la posesión, o que está entre un sustantivo y su modificador	
4. xuésheng	N	学生	estudiante	
5. shénme	PrI	什么	qué	
6. xuéxí	V	学习	estudiar, aprender	
7. Hànyǔ	N	汉语	idioma chino	
8. Yīngguó	NP	英国	Inglaterra; Gran Bretaña	
9. Mǎ Dàwéi	NP	马大为	(nombre de un estudiante estadounidense)	
10. Jiānádà	NP	加拿大	Canadá	
11. Měiguó	NP	美国	Estados Unidos	

二、注释　　Notas

① Kěyǐ jìnlai ma?

¿Puedo entrar?

② Qǐng jìn!

¡Entre, por favor!

"Qǐng(请)…" Es una forma educada de pedir algo (rogar, invitar,…)

③ Qǐngwèn, nín guìxìng?

Perdone, ¿cómo se llama?

Es una forma educada de preguntar a alguien cómo se llama. En China, al encontrarse con alguien por primera vez, se considera más correcto preguntar por su apellido, en vez de por su nombre completo. Así pues, guì (贵) sólo se usa con "nǐ (你)" o "nín (您)", y no con "wǒ (我)" o "tā (他/她)".

"Qǐngwèn (请问)" significa ¿puedo preguntarle…? ("perdone") y es una forma educada de preguntar.

④ Wǒ xìng Lù, jiào Lù Yǔpíng.

Me llamo Lu, Lu Yuping.

A la pregunta "Nín guìxìng?", uno puede contestar dando su apellido (Wǒ xìng…), su nombre (Wǒ jiào…), o ambos (Wǒ xìng …, jiào ….)

En chino, se dice primero el apellido y luego el nombre.

⑤ Rènshi nǐ hěn gāoxìng.

Me alegra conocerle. / Encantado de conocerle

⑥ Wǒ shì Yǔyán Xuéyuàn de xuésheng.

Soy estudiante de la Universidad de Idiomas.

⑦ Nǐ xìng shénme?

¿Cómo te llamas?

Es una manera menos formal de preguntar a alguien su nombre, también se usa cuando un adulto habla con un niño o cuando los jóvenes hablan entre sí.

三、语音练习 Ejercicios de Fonética

声母 Iniciales: j q x
韵母 Finales: ia ian iang
uei(-ui) uen(-un) üe üan

1. 拼音 **Deletrear**

jī	qī	xī
jiā	qiā	xiā
jiān	qiān	xiān
jiāng	qiāng	xiāng
jīn	qīn	xīn

- 39 -

jīng	qīng	xīng
jū	qū	xū
juē	quē	xuē
juān	quān	xuān
guī	kuī	huī
zhūn	chūn	tūn

2. 四声 Los cuatro tonos

jī	jí	jǐ	jì	
zhē	zhé	zhě	zhè	jìzhě
qīng	qíng	qǐng	qìng	
jīn		jǐn	jìn	qǐng jìn
guī		guǐ	guì	
xīng	xíng	xǐng	xìng	guìxìng
xiān	xián	xiǎn	xiàn	
shēng	shéng	shěng	shèng	xiānsheng
yū	yú	yǔ	yù	
yān	yán	yǎn	yàn	yǔyán
xuē	xué	xuě	xuè	
yuān	yuán	yuǎn	yuàn	xuéyuàn
xī	xí	xǐ	xì	xuéxí
hān	hán	hǎn	hàn	Hànyǔ
jiā	jiá	jiǎ	jià	Jiānádà

3. 辨音 Diferenciación de sonidos

jiāo —— qiāo   yuè —— yè   duì —— tuì
(enseñar)   (mes) (noche)   (correcto)

tián —— tíng   yán —— yáng   zhǐ —— chǐ
(campo) (parar)   (discurso) (oveja) (solamente) (regla)

4. 辨调 Diferenciación de tonos

shǒu —— shòu   xià —— xiā   shuǐ —— shuì
(mano)   (flaco)   (abajo)   (agua)   (dormir)

xīn —— xìn   bái —— bǎi   xiǎo —— xiào
(corazón) (carta) (blanco) (ciento) (pequeño) (reír (se))

5. 声调组合 Combinación de los tonos

"ˇ"+"ˉ"   "ˇ"+"ˊ"   "ˇ"+"ˇ"   "ˇ"+"ˋ"   "ˇ"+"。"

lǎoshī   yǔyán   kěyǐ   qǐng jìn   wǒmen
Běijīng   lǚxíng   yǔfǎ   kǎoshì   jiějie
(Beijing) (viajar) (gramática) (examen) (hermana (mayor))

"ˋ"+"ˉ"   "ˋ"+"ˊ"   "ˋ"+"ˇ"   "ˋ"+"ˋ"   "ˋ"+"。"

Lìbō   wàipó   Hànyǔ   guìxìng   mèimei
miànbāo   liànxí   bàozhǐ   zhùyì   kèqi
(pan) (ejercicios) (periódico) (prestar atención a) (cortesía)

6. 双音节连读 Practicar con las palabras bisílabas

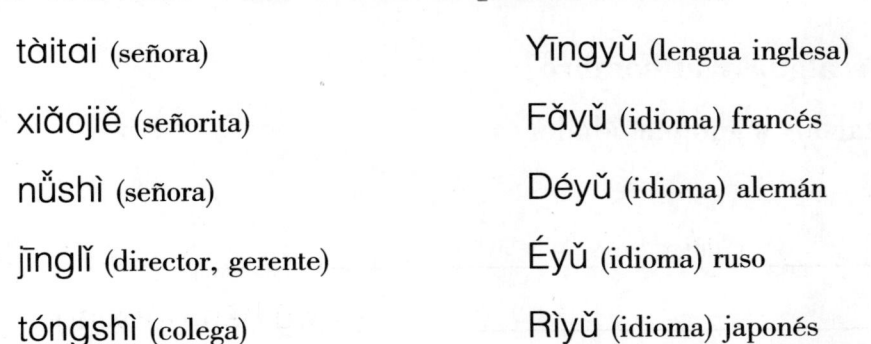

tàitai (señora)   Yīngyǔ (lengua inglesa)

xiǎojiě (señorita)   Fǎyǔ (idioma) francés

nǚshì (señora)   Déyǔ (idioma) alemán

jīnglǐ (director, gerente)   Éyǔ (idioma) ruso

tóngshì (colega)   Rìyǔ (idioma) japonés

7. 朗读下列课堂用语 Leer en voz alta las siguientes expresiones

Zhùyì fāyīn.   (Prestar atención a la pronunciación.)

Zhùyì shēngdiào.   (Prestar atención a los tonos.)

Duì bu duì?   (¿Es correcto?)

Duì le.   (Correcto.)

— 41 —

四、会话练习　　Práctica de Conversación

> 重点句式　　EXPRESIONES CLAVE
> 1. Kěyǐ jìnlai ma?
> 2. Qǐng jìn!
> 3. Nín guìxìng?
> 4. Wǒ xìng Lù, jiào Lù Yǔpíng.
> 5. Rènshi nǐ hěn gāoxìng.
> 6. Wǒ shì Yǔyán Xuéyuàn de xuésheng.
> 7. Wǒ xuéxí Hànyǔ.

（一）【请求允许 Pedir permiso】

看图会话 Hacer un diálogo basado en el dibujo

A：_____？

B：_____．

（二）【问姓名 Preguntar a alguien su nombre】

完成下列会话 Completar los siguientes diálogos

(1) A：Nín guìxìng?

　　B：Wǒ xìng _____, jiào _____.

　　A：Wǒ jiào _____. _____wǒ hěn gāoxìng.

　　B：_____.

(2) A：Nǐ xìng shénme?

　　B：_____.

(3) A：Tā jiào shénme?

　　B：_____.

(4) A：Tā xìng shénme?

　　B：_____.

(三)【自我介绍 Presentarse】

情景会话 Diálogo situacional

Presentarse en una reunión imitando el diálogo 2 del texto

(四) 听述 Escuchar y repetir

请进。

您贵姓?

我叫马大为,是语言学院的学生。我学习汉语,杨先生是我们的老师。陆雨平是我朋友,他是记者。认识他,我很高兴。

五、语音　　Fonética

1. 发音要领 Puntos claves de la pronunciación

Iniciales:　j　es un sonido palatal fricativo y sordo. Para producir este sonido, primero hay que levantar la parte delantera de la lengua al paladar y presionar la extremidad de la lengua contra la parte posterior de los dientes de abajo, y luego aflojar la lengua y dejar salir el aire hacia fuera a través del canal hecho de ese modo. El sonido no es aspirado y las cuerdas vocales no vibran.

q　es un sonido palatal fricativo sordo y aspirado. Se produce de manera semejante a "j", pero se aspira.

x　es una fricativa palatal sorda. Para producirla, primero hay que levantar la parte delantera de la lengua al paladar, sin tocarlo, y luego dejar salir el aire hacia fuera. Las cuerdas vocales no vibran.

Nota: Las finales que se pueden combinar con "j", "q" y "x" se limitan a "i", "ü" y las finales compuestas que empiezan por "i" o "ü".

2. 拼写规则 Normas ortográficas

(1) Cuando la final compuesta "uei" se combina con una inicial, se simplifica a "ui" y se indica la marca de tono sobre la "i". Por ejemplo: guì.

(2) Cuando la final compuesta "uen" se combina con una inicial, se simplifica a "un". Por ejemplo: lùn.

(3) Cuando "ü" se combina con j, q, x, se omiten los dos puntos de encima de la "u". Por ejemplo: xué. Si "y" se combina con la final "ü" también se omiten. Por ejemplo: yǔyán, xuéyuàn.

Nota: "j, q, x" nunca se combinan con "u" ni con "a".

六、语法　　Gramática

"是" 字句(1)　Oraciones con "是" de predicado(1)

Sujeto	Predicado			
	Adverbio	Verbo "是"	Sustantivo/nombre	Partícula
他 Tā		是 shì	老师。 lǎoshī.	
马 大为 Mǎ Dàwéi	不 bú	是 shì	老师。 lǎoshī.	
她 Tā		是 shì	学生 xuésheng	吗? ma?

En una oración tipo "A 是 B", el verbo "是" se utiliza para conectar las dos partes. Su forma negativa se hace poniendo "不" delante del verbo "是". Si la oración no es enfática, "是" se lee suavemente.

Nota: El adverbio "不" se debe poner delante de "是".

七、汉字　　Caracteres Chinos

1. 笔顺规则　Reglas del orden de los trazos

Ejemplo	Orden de los trazos	Reglas para escribir
十	一 十	Primero horizontal, luego vertical
人	丿 人	Hacia abajo-izquierda antes que hacia abajo-derecha
妈	女 妈	De izquierda a derecha
只	口 只	De arriba hacia abajo
月	丿 月	De fuera hacia dentro
国	冂 国 国	De fuera a dentro y después cerrar
小	亅 小 小	Primero el medio y luego los lados (de izquierda a derecha)

2. 认写基本汉字 Aprender y escribir caracteres chinos básicos

(1) 七　　一 七 
qī　　siete　　　　　　　　　2 trazos

(2) 小　　亅 小 小  
xiǎo　　pequeño　　　　　　　3 trazos

(3) 心　　丶 心 心 心  
xīn　　corazón　　　　　　　　4 trazos

Nota: si "心" está a la izquierda se transforma en "忄", como en "忙".

(4) 水　　亅 刁 水 水  
shuǐ　　agua　　　　　　　　　4 trazos

Nota: si "水" está a la izquierda se transforma en "氵", como en "汉".

(5) 月　　丿 刀 月 月  
yuè　　luna　　　　　　　　　4 trazos

(6) 手　　一 二 三 手  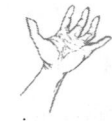
shǒu　　mano　　　　　　　　　4 trazos

Nota: si "手" está a la izquierda se transforma en "扌".

(7) 田　　丨 冂 日 田 田  
tián　　campo　　　　　　　　5 trazos

(8) 白　　丿 亻 白 白 白　　（丿 + 日）
bái　　blanco　　　　　　　　5 trazos

(9) 只　　丨 口 口 尸 只　　（口 + 八）
zhǐ　　solamente　　　　　　5 trazos

(10) 言　　丶 一 言 言 言 言 言  
yán　　palabra　　　　　　　7 trazos

Nota: si "言" está a la izquierda se transforma en "讠", como en "认识".

- 45 -

3. 认写课文中的汉字 Aprender y escribir los caracteres chinos que aparecen en los textos

(1) 认识 rènshi (認識)

认 → 讠 + 人

("讠", la parte con información semántica más la parte con información fonética, "人".)

识 → 讠 + 只

("讠", la parte semántica indica algún aspecto relacionado con el lenguaje.)

(2) 语言 yǔyán (語言)

语 → 讠 + 五 + 口

氵 (sāndiǎnshuǐ) (el radical "las 3 gotas de agua") 丶 丶 氵   3 trazos

(3) 汉语 Hànyǔ (漢語)

汉 → 氵 + 又

(4) 您 nín

您 → 你 + 心

ナ (yǒuzìtóu) (el radical "tener") 一 ナ   2 trazos

(5) 朋友 péngyou

朋 → 月 + 月

友 → ナ + 又

(6) 贵姓 guìxìng (貴姓)

贵 → 中 + 一 + 贝

姓 → 女 + 生

-46-

丩 (jiàozìpáng) (el radical "llamar")   ㇄ 丩   2 trazos

(7) 叫 jiào

$$叫 \longrightarrow 口 + 丩$$

勺 (sháozìpáng) (el radical "cuchara")   ノ 𠂉 勺   3 trazos

(8) 的 de

$$的 \longrightarrow 白 + 勺$$

¿Cómo podrías encontrar las direcciones en China? Al final de la lección, deberás ser capaz de preguntar las direcciones, buscar a personas, dar las gracias, pedir perdón, y despedirte en chino. Recuerda practicar la pronunciación y los tonos cada día.

第五课 Lección 5

Cāntīng zài nǎr
餐厅 在 哪儿

一、课文 Texto

(一)

Mǎ Dàwéi: Qǐngwèn, zhè shì Wáng Xiǎoyún de sùshè ma?
马大为: 请问, 这是王 小云 的 宿舍 吗?

Nǚ xuésheng: Shì. Qǐng jìn, qǐng zuò.
女 学生: 是。请 进, 请 坐。

【找人】Buscar a alguien

Mǎ Dàwéi: Xièxie. Wáng Xiǎoyún zài ma?①
马大为: 谢谢。王 小云 在 吗?

Nǚ xuésheng: Tā bú zài.
女 学生: 她 不 在。

Mǎ Dàwéi: Tā zài nǎr?②
马大为: 她 在 哪儿?

Nǚ xuésheng: Duìbuqǐ, wǒ bù zhīdào.③
女 学生: 对不起, 我 不 知道。

Mǎ Dàwéi: Méi guānxi. Hǎo, zàijiàn.
马大为: 没 关系。好, 再见。

Nǚ xuésheng: Zàijiàn.
女 学生: 再见。

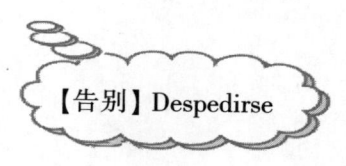

【告别】Despedirse

生词 **Palabras Nuevas**

1. cāntīng	N	餐厅	comedor
2. zài	V	在	estar(aquí, allí); estar(dentro, sobre, en)
3. nǎr	PrI	哪儿	dónde
*4. qǐngwèn	V	请问	¿Podría preguntar...?
wèn	V	问	preguntar
*5. zhè	Pr.	这	éste, ésta, esto
6. sùshè	N	宿舍	dormitorio
7. nǚ	A	女	mujer
*8. xuésheng	N	学生	estudiante
*9. jìn	V	进	entrar
10. zuò	V	坐	sentarse
11. xièxie	V	谢谢	dar las gracias
12. duìbuqǐ	EF	对不起	lo siento, perdón
*13. wǒ	Pr.	我	yo
14. zhīdào	V	知道	saber
15. méi guānxi	EF	没关系	no importa; da igual
*16. hǎo	A	好	bien, de acuerdo
17. zàijiàn	EF	再见	¡Hasta luego!
zài	Adv.	再	otra vez
18. Wáng Xiǎoyún	NP	王小云	(nombre de una estudiante china)

(二)

Mǎ Dàwéi: Xiǎojiě, qǐngwèn cāntīng zài nǎr? ④
马大为: 小姐，请问 餐厅 在 哪儿？

【问地点】Preguntar por direcciones

Xiǎojiě: Zài èr céng èr líng sì hào. ⑤
小姐: 在二层 二〇四号。

Mǎ Dàwéi: Xièxie.
马大为: 谢谢。

【道谢】Expresar agradecimiento

Xiǎojiě: Búyòng xiè. ⑥
小姐: 不用 谢。

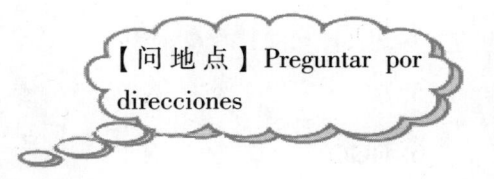

— 49 —

Sòng Huá： Dàwéi, wǒmen zài zhèr.
宋 华： 大为，我们 在 这儿。

Mǎ Dàwéi： Duìbuqǐ, wǒ lái wǎn le. ⑦
马 大为： 对不起，我 来 晚 了。

Wáng Xiǎoyún： Méi guānxi.
王 小云： 没 关系。

生词 Palabras Nuevas

1. xiǎojiě	N	小姐	señorita, chica joven
2. èr	Nu.	二	dos
3. céng	Clas.	层	piso, planta
4. líng	Nu.	○	cero
5. sì	Nu.	四	cuatro
6. hào	N	号	número
7. búyòng	Adv.	不用	no necesitar
8. zhèr	Pr.	这儿	aquí
9. wǎn	A	晚	tarde
10. le	Pt.	了	partícula de aspecto, partícula modal
11. Sòng Huá	NP	宋华	(nombre de un estudiante chino)

二、注释　Notas

① Wáng Xiǎoyún zài ma?
   "¿Está Wang Xiaoyun dentro?"

② Tā zài nǎr?
   "¿Dónde está ella?"

③ Duìbuqǐ, wǒ bù zhīdào.
   "duìbuqǐ(对不起)" es una frase que se usa frecuentemente para pedir disculpas o excusarse, y la respuesta es normalmente "méi guānxi (没关系)".

④ Cāntīng zài nǎr?
   "¿Dónde está el comedor?"

⑤ Zài èr céng èr líng sì hào.
   En chino, la planta baja de un edificio se considera el 1er piso.

⑥ Búyòng xiè.
   "De nada."
   Esta frase se utiliza como respuesta a una frase de agradecimiento. También se podría decir "Bú xiè (不谢)".

⑦ Duìbuqǐ, wǒ lái wǎn le.
   "Siento llegar tarde."

三、语音练习　Ejercicios de Fonética

声母	Iniciales:	z　c　s
韵母	Finales:	-i[1]　er
		iong　ua　uan　uang　ün

1. 拼音　Deletrear

   zā　　　cā　　　sā

   zī　　　cī　　　sī

   zū　　　cū　　　sū

zuān	cuān	suān
zuī	cuī	suī
zūn	cūn	sūn
zhuāng	chuāng	shuāng
jiōng	qiōng	xiōng
jūn	qūn	xūn
guā	kuā	huā

2. 四声 Los cuatro tonos

zāi	zǎi	zài	zài	
cān	cán	cǎn	càn	
tīng	tíng	tǐng	tìng	cāntīng
sī		sǐ	sì	
cēng	céng		cèng	sì céng
	ér	ěr	èr	èr hào
wēn	wén	wěn	wèn	qǐngwèn
xiē	xié	xiě	xiè	xièxie
jiān		jiǎn	jiàn	zàijiàn
wān	wán	wǎn	wàn	lái wǎn le
yōng	yóng	yǒng	yòng	búyòng
wāng	wáng	wǎng	wàng	
yūn	yún	yǔn	yùn	Wáng Xiǎoyún
sōng	sóng	sǒng	sòng	
huā	huá		huà	Sòng Huá

3. 辨音 Diferenciación de sonidos

zǐ —— cǐ   qiě —— jiě   jiàn —— qiàn
(hijo)   (y)   (ver)

qīng —— jīng   kuài —— kuà   huān —— huāng
(azul-verde)   (rápido)

4. 辨调 Diferenciación de tonos

sì —— sī jǐng —— qǐng èr —— ér
(cuatro) (pozo) (dos) (hijo)

yǒng —— yòng wén —— wèn xióng —— xiōng
(lengua escrita) (preguntar) (oso)

5. 韵母er和儿化韵 "er" final y retroflexo

èr (dos)   zhèr (aquí)
érzi (hijo)   nàr (allí)
ěrduo (oreja)   nǎr (dónde)
nǚ'ér (hija)   wánr (jugar)

6. 声调组合 Combinación de tonos

"ˉ"+"ˉ"	"ˉ"+"ˊ"	"ˉ"+"ˇ"	"ˉ"+"ˋ"	"ˉ"+"˚"
cāntīng	Yīngguó	jīnglǐ	gāoxìng	xiānsheng
fēijī	shēngcí	qiānbǐ	gōngzuò	xiūxi
(avión)	(palabra nueva)	(lápiz)	(trabajo)	(descanso)
kāichē	huānyíng	kāishǐ	shāngdiàn	qīzi
(conducir un coche)	(dar la bienvenida)	(empezar)	(tienda)	(esposa)

"ˊ"+"ˉ"	"ˊ"+"ˊ"	"ˊ"+"ˇ"	"ˊ"+"ˋ"	"ˊ"+"˚"
míngtiān	xuéxí	yóuyǒng	xuéyuàn	shénme
(mañana)		(nadar)		
shíjiān	huídá	píjiǔ	zázhì	míngzi
(tiempo)	(respuesta)	(cerveza)	(revista)	(nombre)
zuótiān	zúqiú	cídiǎn	cídài	háizi
(ayer)	(fútbol)	(diccionario)	(cinta de audio)	(niño)

7. 双音节连读 Practicar con las palabras bisílabas

jiàoshì (aula)   Hélán (Holanda)
lǐtáng (sala de acto)   Āijí (Egipto)
cāochǎng (campo de deporte) Yuènán (Vietnam)
cèsuǒ (aseo)   Tàiguó (Tailandia)

— 53 —

8. 多音节连读 Practicar con las palabras polisilábicas

túshūguǎn (biblioteca)

shíyànshì (laboratorio)

bàngōngshì (oficina)

tǐyùguǎn (estadio)

wàishìchù (oficina de asuntos exteriores)

tíngchēchǎng (aparcamiento)

Xīnjiāpō (Singapur)

Fēilǜbīn (Filipinas)

Xīnxīlán (Nueva Zelanda)

Àodàlìyà (Australia)

Mǎláixīyà (Malasia)

Yìndùníxīyà (Indonesia)

9. 朗读下列课堂用语 Leer en voz alta las siguientes expresiones

please read

Qǐng niàn kèwén. (Por favor, lee el texto.)

Qǐng niàn shēngcí. (Por favor, lee las palabras nuevas.)

Wǒ shuō, nǐmen tīng. (Escuchadme.)

四、会话练习　Práctica de Conversación

> **重点句式　EXPRESIONES CLAVE**
>
> 1. Qǐng jìn, qǐng zuò.
> 2. Wǒ bù zhīdào. *I don't know*
> 3. Zàijiàn.
> 4. Qǐngwèn, cāntīng zài nǎr?
> 5. Xièxie.
> 6. Búyòng xiè. *no problem*
> 7. Duìbuqǐ.
> 8. Méi guānxi.

（一）【问地点　Preguntar por direcciones】

1. 完成下列会话 Completar los siguientes diálogos

    (1) A：Qǐngwèn, cèsuǒ zài nǎr?

    B：_____.

    A：Xièxie.

    B：_____.

- 54 -

(2) A：Qǐngwèn, jiàoshì zài nǎr?

　　B：Duìbuqǐ, _____.

2. 情景会话 Diálogo situacional

　En un edificio desconocido:
　(1) Estás buscando un ascensor.
　(2) Estás buscando la oficina de Sr. Yang.

(二)【找人 Buscar a alguien】

1. 完成下列会话 Completar los siguientes diálogos

　(1) A：Qǐngwèn, Lín Nà zài ma?

　　　B：_____.

　　　A：Tā zài nǎr?

　　　B：Duìbuqǐ, _____.

　　　A：Méi guānxi. Zàijiàn!

　　　B：_____.

　(2) A：_____?

　　　B：Zài. Qǐng jìn.

2. 看图会话 Hacer un diálogo basado en el dibujo

　(1) Xuésheng：_____?

　　　Yáng lǎoshī：_____.

　(2) Lín Nà：Lìbō zài ma?

　　　Mǎ Dàwéi：_____.

　　　Lín Nà：_____?

　　　Mǎ Dàwéi：_____.

　　　Lín Nà：_____.

　　　Mǎ Dàwéi：_____.

（三）【道歉 Pedir disculpas】

看图会话 Hacer un diálogo basado en el dibujo

(1) A：_____.

　　B：_____.

(2) A：_____.

　　B：_____.

（四）【问职业 Preguntar la profesión de alguien (en qué trabaja)】

1. 完成下列会话 Completar los siguientes diálogos

(1) A：Nín shì yīshēng ma?

　　B：Bú shì, _____, wǒ shì _____.

　　A：Nín ne?

　　C：Wǒ yě shì xuésheng, wǒ xuéxí Hànyǔ.

(2) A：_____?

　　B：Shì, tā shì wàiyǔ lǎoshī.

　　A：Nǐ _____?

　　B：Wǒ bú shì wàiyǔ lǎoshī. Wǒ shì _____.

（五）听述 Escuchar y repetir

请问，他的宿舍在哪儿？

在三层三一〇号。

谢谢。

- 56 -

* * *

请问,您认识陈老师吗？

对不起,我不认识。

没关系。再见。

再见。

五、语音　Fonética

1. 儿化韵　Final retroflexo

La terminación "er" a veces no forma una sílaba por sí misma sino que está unida a otra vocal para formar un final retroflexo. Éste se representa por la letra "r" añadida al final. En la escritura actual "儿" se añade al carácter en cuestión, como en "nǎr 哪儿".

2. 发音要领　Puntos claves de la pronunciación

Iniciales:　z　como "ds" en "beds" de la lengua inglesa
　　　　　　c　como "ts" en "cats" de la lengua inglesa (aspirado, como sesear en España)
　　　　　　s　pronunciado como "s" en "see" de la lengua inglesa (como una "s" larga en "silla" del español)
Finales:　-r (final)　como "er" en "sister" de la lengua inglesa (pronunciación americana)

六、语法　Gramática

用疑问代词的问句　Preguntas con pronombre interrogativo

Afirmación		Pregunta
Nà shì wǒmen lǎoshī. 那 是 我们 老师。	→	Nà shì shéi? 那 是 谁?
Wǒ xìng Mǎ. 我 姓 马。	→	Nǐ xìng shénme? 你 姓 什么?
Cāntīng zài èr céng. 餐厅 在 二 层。	→	Cāntīng zài nǎr? 餐厅 在 哪儿?
Tā shì Zhōngguó rén. 她 是 中国 人。	→	Tā shì nǎ guó rén? 她 是 哪 国 人?

El orden de las palabras en una pregunta con pronombres interrogativos es el mismo que en una oración afirmativa. En esta clase de frases, un pronombre interrogativo simplemente reemplaza la parte de la frase que le corresponde.

七、汉字　　Caracteres Chinos

1. 汉字复合笔画(1)　Combinación de trazos de caracteres (1)

Trazos	Nombre	Ejemplo	Forma para Escribir
㇅	hénggōu	你	El trazo horizontal con un gancho se escribe como el cuarto trazo en "你".
㇕	héngzhé	马	El trazo horizontal con un giro hacia abajo se escribe como el primer trazo en "马".
㇇	héngpiě	又	El trazo horizontal con un giro hacia abajo y hacia la izquierda se escribe como el primer trazo en "又".
㇆	héngzhégōu	门	El trazo horizontal con un giro hacia abajo y un gancho hacia la izquierda se escribe como el tercer trazo en "门".
㇋	héngzhétí	语	El trazo horizontal con un giro hacia abajo y luego otro giro hacia la derecha y hacia arriba, se escribe como el segundo trazo en "语".
㇚	shùgōu	丁	El trazo vertical con un gancho hacia la izquierda se escribe como el segundo trazo en "丁".

2. 认写基本汉字　Aprender y escribir caracteres chinos básicos

(1) 二　　一二
　　èr　　dos　　　　　　　　　　2 trazos

(2) 儿(兒)　ノ儿
　　ér　　hijo　　　　　　　　　　2 trazos

(3) 子　　㇇了子
　　zǐ　　hijo　　　　　　　　　　3 trazos

(4) 井　　一二井井
　　jǐng　pozo　　　　　　　　　　4 trazos

(5) 文　　丶一𠂉文
　　wén　lengua escrita　　　　　4 trazos

(6) 见(見)　丨冂贝见

jiàn　　ver　　　　　　　　　　　　4 trazos

(7) 且　　丨冂冃目且

qiě　　y　　　　　　　　　　　　　5 trazos

Nota: "且" es el carácter original de "祖"(zǔ, antepasado). Cuando se convirtió en una palabra de función prestada, "祖" sustituyó al carácter original.

(8) 四　　丨冂㓁四四

sì　　cuatro　　　　　　　　　　　5 trazos

(9) 我　　丿一千手我我我

wǒ　　yo, mi　　　　　　　　　　　7 trazos

(10) 青　　一二丰丰青青青

qīng　verde-azul　　　　　　　　　8 trazos

3. 认写课文中已出现的汉字 Aprender y escribir los caracteres chinos que aparecen en los textos

ナ (zàizìtóu) la estructura "local"　一ナ才　　3 trazos

(1) 在 zài

在 → ナ + 土

(2) 坐 zuò

坐 → 人 + 人 + 土

(3) 请问 qǐngwèn (請問)

请 → 讠 + 青

(La parte con información semántica es "讠", y la parte fonética es "青".)

问 → 门 + 口

辶 (zǒuzhīdǐ) el radical "andar" 丶 冫 辶   3 trazos

(4) 这 zhè (這)

这 → 文 + 辶

(5) 进 jìn (進)

进 → 井 + 辶

(6) 再见 zàijiàn (再見)

再 → 一 + 冂 + 土

(一 丆 丌 両 冉 再   6 trazos)

⺍ (xuézìtóu) (el radical "estudio") 丶 丶 ⺍ ⺍ ⺍   5 trazos

(7) 学生 xuésheng (學生)

学 → ⺍ + 子

(8) 好 hǎo

好 → 女 + 子

(9) 小姐 xiǎojiě

姐 → 女 + 且

冂 (yòngzìkuàng) (la estructura "de uso") 丿 冂   2 trazos

(10) 不用 búyòng

用 → 冂 + ⺧

(一 二 ⺧)

- 60 -

文化知识 | Notas culturales

Diccionarios chinos

A diferencia de los diccionarios españoles, en los cuales las entradas aparecen ordenadas alfabéticamente, los diccionarios chinos están organizados de otro modo. Los diccionarios chinos se pueden compilar alfabéticamente (usando Pinyin u otro sistema de romanización) o por el número de trazos usados para escribir el carácter en cuestión. Muchos diccionarios publicados antes de los años veinte ordenan sus entradas de acuerdo con el radical o raíz, mientras que los diccionarios modernos están ordenados, a menudo, alfabéticamente e incluyen índices para el radical y el número de trazos.

El Xinhua Zidian (Nuevo Diccionario de Chino) y Xiandai Hanyu Cidian (Diccionario Moderno de Chino) están entre los diccionarios más usados en la actualidad en la República Popular China. El primero es un diccionario de bolsillo, que contiene ocho mil entradas. Proporciona principalmente caracteres individuales, sus definiciones, pronunciaciones y tonos. El segundo es un diccionario de tamaño medio que incluye más de cincuenta y seis mil entradas. Incluye caracteres, nombres compuestos, frases y frases hechas.

La enciclopedia Cihai (Mar de Palabras) y la Ciyuan detallada (Fuente de palabras) son diccionarios grandes, a menudo, editados en multivolúmenes. También hay muchos diccionarios dirigidos especialmente a estudiantes extranjeros que quieren estudiar el idioma y la cultura china.

En esta lección, aprenderás qué hacer cuando no entiendas lo que dice otra persona. También aprenderás a hacer sugerencias, a aceptarlas o rechazarlas y a realizar comentarios. La lección también incluye una revisión de la pronunciación y de los tonos estudiados hasta el momento.

第六课　Lección 6（复习 Repaso）

Wǒmen qù yóuyǒng, hǎo ma
我们 去 游泳，好 吗

一、课文　Texto

（一）

Wáng Xiǎoyún: Lín Nà, zuótiān de jīngjù zěnmeyàng? ①
王 小云：林 娜，昨天 的 京剧 怎么样？

【评论】Hacer comentarios

Lín Nà: Hěn yǒu yìsi. Jīntiān tiānqì hěn hǎo, wǒmen qù
林 娜：很 有 意思。今天 天气 很 好，我们 去

yóuyǒng, hǎo ma? ②
游泳，好 吗？

【建议】Hacer sugerencias

Wáng Xiǎoyún: Tài hǎo le! Shénme shíhou qù? ③
王 小云：太 好 了！什么 时候 去？

Lín Nà: Xiànzài qù, kěyǐ ma? ④
林 娜：现在 去，可以 吗？

Wáng Xiǎoyún: Kěyǐ.
王 小云：可以。

生词 Palabras Nuevas

1.	qù	V	去	ir
2.	yóuyǒng	VO	游泳	nadar
3.	zuótiān	N	昨天	ayer
4.	jīngjù	N	京剧	Ópera de Pekín
5.	zěnmeyàng	PrI	怎么样	¿qué tal?
6.	yǒu yìsi	EF	有意思	interesante
7.	jīntiān	N	今天	hoy
	tiān	N	天	día
8.	tiānqì	N	天气	atmosférico (clima?)
9.	tài	Adv.	太	demasiado
*10.	shénme	PrI	什么	¿qué?
11.	shíhou	N	时候	tiempo; momento
12.	xiànzài	N	现在	ahora

(二)

Dīng Lìbō: Yáng lǎoshī, míngtiān nín yǒu shíjiān ma?⑤
丁力波： 杨 老师， 明天 您 有 时间 吗？

Yáng lǎoshī: Duìbuqǐ, qǐng zài shuō yí biàn.⑥
杨 老师： 对不起， 请 再 说 一 遍。

【请求重复】Pedir a alguien que repita algo

Dīng Lìbō: Míngtiān nín yǒu shíjiān ma?
丁力波： 明天 您 有 时间 吗？

Wǒmen qù dǎ qiú, hǎo ma?
我们 去 打 球， 好 吗？

Yáng lǎoshī: Hěn bàoqiàn, míngtiān wǒ
杨 老师： 很 抱歉， 明天 我

hěn máng, kǒngpà bù xíng.⑦
很 忙， 恐怕 不 行。

【婉拒】Rechazar de forma educada

Xièxie nǐmen.
谢谢 你们。

- 63 -

生词 **Palabras Nuevas**

1. míngtiān	N	明天	mañana
2. yǒu	V	有	tener
3. shíjiān	N	时间	tiempo
4. shuō	V	说	hablar
5. biàn	Clas.	遍	número de veces (de una acción)
6. dǎ qiú	VO	打球	jugar a la pelota
dǎ	V	打	jugar
qiú	N	球	pelota
7. bàoqiàn	A	抱歉	lo siento
*8. máng	A	忙	ocupado
9. kǒngpà	Adv.	恐怕	quizás, temer que
10. xíng	V	行	estar bien
*11. xièxie	V	谢谢	gracias
12. nǐmen	Pr.	你们	vosotros

二、注释 Notas

① Zuótiān de jīngjù zěnmeyàng?

¿Cómo estuvo ayer la Ópera de Pekín?

"……zěnmeyàng?" Es una expresión normalmente utilizada para preguntar la opinión de alguien.

De entre las aproximadamente trescientas variedades de ópera en china, la Ópera de Pekín es la más popular e influyente. La ópera china es un arte único, representativo de la cultura china.

② Wǒmen qù yóuyǒng, hǎo ma?

¿Vamos a nadar?

"……, hǎo ma?" Es un modelo usado cuando se hace una sugerencia

③ Tài hǎo le! Shénme shíhou qù?

¡Fantástico! ¿Cuándo vamos?

"Tài hǎo le!（太好了！）" Es una expresión que se utiliza para mostrar aprobación con entusiasmo. También se utiliza para demostrar que estás de acuerdo con cierta sugerencia. También puedes usar "hǎo（好）" o "xíng（行）" como respuesta.

④ Xiànzài qù, kěyǐ ma?

Vamos ahora, ¿puedes?

"……, kěyǐ ma?" Es otra expresión que se utiliza para hacer una sugerencia, puedes usar "kěyǐ（可以）" o "hǎo（好）".

⑤ Míngtiān nín yǒu shíjiān ma?

   ¿Mañana tiene tiempo libre?

⑥ Qǐng zài shuō yí biàn.

   Perdón, ¿podría repetirlo?
   La frase se utiliza cuando no escuchas claramente y te gustaría que lo repetiera.

⑦ Hěn bàoqiàn, míngtiān wǒ hěn máng, kǒngpà bù xíng.

   Lo siento, mañana estaré muy ocupado. Temo no poder hacerlo.
   "kǒngpà bù xíng" Es una frase para expresar negativa de manera educada.

三、语音复习　　Ejercicios de Fonética

1. 拼音　Deletrear

zhī	chī	zī	cī
jū	qū	gū	kū
bēn	pēng	tān	dāng
zhōng	chōng	gān	kāng
zān	cāng	jīn	qīng
zhā	chā	zū	cū
gē	kē	jī	qī

2. 四声　Los cuatro tonos

yōu	yóu	yǒu	yòu	
yōng		yǒng	yòng	yóuyǒng
zuō	zuó	zuǒ	zuò	
tiān	tián	tiǎn	tiàn	zuótiān
jīn		jǐn	jìn	jīntiān
	míng	mǐng	mìng	míngtiān
qī	qí	qǐ	qì	tiānqì
xiān	xián	xiǎn	xiàn	xiànzài
jīng		jǐng	jìng	
jū	jú	jǔ	jù	jīngjù
bāo	báo	bǎo	bào	
qiān	qián	qiǎn	qiàn	bàoqiàn
kōng		kǒng	kòng	kǒngpà
xīng	xíng	xǐng	xìng	bù xíng

- 65 -

3. 辨音 Diferenciación de sonidos

jiǔ —— xiǔ 　　sī —— shī 　　cùn —— zùn
(nueve)　　　　(privado)　　　(plugada)

qì —— jì 　　duì —— tuì 　　guǎn —— juǎn
(aire)　　　　(cambiar, intercambiar)

4. 辨调 Diferenciación de tonos

wáng —— wàng 　　kàn —— kǎn 　　gōng —— gòng
(morir)　　　　　　(ver)　　　　　(trabajo)

sān —— sǎn 　　shēn —— shèn 　　guāi —— guǎi
(tres)　　　　　(cuerpo)

5. 声调组合 Combinación de tonos

" ˇ "+" - "　　" ˇ "+" ˊ "　　" ˇ "+" ˇ "　　" ˇ "+" ˋ "　　" ˇ "+" ˚ "

lǎoshī　　yǔyán　　kěyǐ　　kǒngpà　　jiějie
yǔyīn　　dǎ qiú　　yǔfǎ　　qǐngwèn　　zěnme
(pronunciación)　　　　(gramática)　　　　(como)
xiǎoshuō　　qǐchuáng　　fǔdǎo　　nǚshì　　yǐzi
(novela)　　(levantarse)　(entrenador)　(señora)　(silla)

" ˋ "+" - "　　" ˋ "+" ˊ "　　" ˋ "+" ˇ "　　" ˋ "+" ˋ "　　" ˋ "+" ˚ "

shàng bān　　sì céng　　wàiyǔ　　bàoqiàn　　xièxie
(ir a trabajar)
qìchē　　kèwén　　diànyǐng　　huìhuà　　mèimei
(coche)　(texto)　(película)　(conversación)
lùyīn　　fùxí　　diànnǎo　　Hànzì　　kèqi
(grabación de sonido) (repaso) (ordenador) (carácter chino)

6. 双音节连读 Practicar con las palabras bisílabas

duànliàn (hacer ejercicio físico)　　chànggē (cantar una canción)
chīfàn (comer)　　　　　　　　　　　tiàowǔ (bailar)
shàngkè (ir a clase)　　　　　　　　xǐzǎo (ducharse)
xiàkè (terminar la clase)　　　　　　shuìjiào (dormir)

7. 多音节连读 Practicar con las palabras polisílabas

shuō Hànyǔ (hablar chino)　　　　　kàn lùxiàng (ver video)
niàn shēngcí (leer palabras nuevas)　zuò liànxí (hacer ejercicios)
xiě Hànzì (escribir caracteres chinos)　fānyì jùzi (traducir frases)
tīng lùyīn (escuchar la cinta)　　　　yòng diànnǎo (usar el ordenador)

8. 朗读下面的唐诗 Leer el siguiente poema en voz alta

Dēng Guànquè Lóu
登 鹳雀 楼
(Táng) Wáng Zhīhuàn
(唐) 王 之涣

Bái	rì	yī	shān	jìn,	El pálido sol está desfalleciendo sobre la cadena de montañas dentro de su término,
白	日	依	山	尽，	
Huáng	Hé	rù	hǎi	liú.	El Río Amarillo está fluyendo dentro del mar Bohai.
黄	河	入	海	流。	
Yù	qióng	qiān	lǐ	mù,	Me gustaría subir otro piso de la torre,
欲	穷	千	里	目，	
Gèng	shàng	yì	céng	lóu.	Para tener una vista más exhaustiva alcanzando una distancia de 1000 li.
更	上	一	层	楼。	

9. 朗读下列课堂用语 Leer en voz alta las siguientes expresiones

Qǐng kàn shū.   (Por favor, mira tus libros.)

Qǐng xiě Hànzì.   (Por favor, escribe los caracteres.)

Qǐng zài niàn yí biàn.   (Por favor, léelo otra vez.)

Wǒmen tīngxiě.   (Vamos a hacer un dictado.)

四、会话练习 — Práctica de Conversación

重点句式   EXPRESIONES CLAVE

1. Zuótiān de jīngjù zěnmeyàng?

2. Jīntiān tiānqì hěn hǎo, wǒmen qù yóuyǒng, hǎo ma?

3. Tài hǎo le! Shénme shíhou qù?

4. Xiànzài qù, kěyǐ ma?

5. Kěyǐ.

6. Míngtiān nín yǒu shíjiān ma?

7. Duìbuqǐ, qǐng zài shuō yí biàn.

8. Hěn bàoqiàn, kǒngpà bù xíng.

（一）【建议 Hacer sugerencias】

看图会话 Hacer un diálogo basado en el dibujo

(1) A：_____，hǎo ma?

　　B：Tài hǎo le! _____?

　　A：_____，kěyǐ ma?

　　B：_____.

(2) A：_____，hǎo ma?

　　B：Shénme shíhou qù?

　　A：_____，kěyǐ ma?

　　B：Duìbuqǐ，_____，_____.

　　A：Méi guānxi.

bailar

（二）【请求重复 Pedir a alguien que repita algo】

看图会话 Hacer un diálogo basado en el dibujo

A：_____?

B：Duìbuqǐ，_____.

A：_____?

（三）【评论 Hacer comentarios】

看图会话 Hacer un diálogo basado en el dibujo

(1) A：Qǐngwèn, zhè shì shénme?

　　B：Zhè shì wǔshù.

　　A：Wǔshù zěnmeyàng?

　　B：_____.

(2) A：Zhè shì shénme?

　　B：Zhè shì xióngmāo.

　　A：Xióngmāo zěnmeyàng?

　　B：_____.

（四）模仿下面的会话进行练习　Imitar los siguientes diálogos

(1) A：Nín hǎo!

　　B：Nín hǎo!

　　A：Qǐngwèn, nín guìxìng?

　　B：Wǒ xìng Lǐ, jiào Lǐ Mǎlì. Qǐngwèn, nín xìng shénme?

　　A：Wǒ xìng Sòng, jiào Sòng Huá. Nín shì nǎ guó rén?

　　B：Wǒ shì Měiguó rén, shì Běijīng Dàxué (universidad) de xuésheng.

　　A：Rènshi nín hěn gāoxìng.

　　B：Rènshi nín, wǒ yě hěn gāoxìng.

(2) A：Lìbō, nǐ hǎo ma?

　　B：Wǒ hěn hǎo. Sòng Huá, nǐ ne?

　　A：Wǒ hěn máng. Nǐ wàipó hǎo ma?

　　B：Xièxie, tā hěn hǎo. Nǐ bàba、māma dōu hǎo ma?

　　A：Tāmen dōu hěn hǎo. Mǎlì, zhè shì wǒ péngyou, Dīng Lìbō.

　　B：Nǐ hǎo.

　　A：Zhè shì Mǎlì.

　　C：Nǐ hǎo. Wǒ jiào Mǎlì, shì Běijīng Dàxué de xuésheng. Wǒ xuéxí Hànyǔ. Qǐngwèn, nǐ shì Měiguó rén ma?

　　B：Bú shì, wǒ shì Jiānádà rén.

(3) A：Tā shì shéi?

　　B：Tā shì wǒmen lǎoshī.

　　A：Tā shì Zhōngguó rén ma?

　　B：Tā shì Zhōngguó rén. Tā xìng Chén.

　　A：Nà shì shéi?

　　B：Tā jiào Lù Yǔpíng.

　　A：Tā yě shì lǎoshī ma?

　　B：Tā bú shì lǎoshī. Tā shì jìzhě.

- 69 -

(4) A：Xiānsheng, qǐngwèn, bàngōngshì zài nǎr?

　　B：Zài wǔ céng.

　　A：Chén lǎoshī zài ma?

　　B：Shéi? Duìbuqǐ, qǐng zài shuō yí biàn.

　　A：Chén Fāngfāng lǎoshī zài ma?

　　B：Tā zài.

　　A：Xièxie.

　　B：Bú xiè.

(5) A：Kěyǐ jìnlai ma?

　　B：Wáng xiānsheng, nín hǎo. Qǐng jìn, qǐng zuò.

　　A：Duìbuqǐ, wǒ lái wǎn le.

　　B：Méi guānxi. Nín yào kāfēi ma?

　　A：Wǒ bú yào. Xièxie. Míngtiān wǒmen qù kàn jīngjù, hǎo ma?

　　B：Duìbuqǐ, míngtiān wǒ hěn máng, kǒngpà bù xíng.

(五) 听述 **Escuchar y repetir**

　　我没听清楚，请再说一遍。

　　对不起，明天我没有时间，恐怕不行。

五、语音　　Fonética

1. "一" 的变调　Variación del tono "一"

Normalmente "一" se pronuncia en primer tono cuando aparece al final de una palabra o frase o es usado como un número ordinal. Sin embargo, "一" se pronuncia en cuarto tono cuando precede a un primer tono, a un segundo tono o a una sílaba con un tercer tono. Se lee en segundo tono cuando precede a un cuarto tono.

yī + { ˉ / ˇ } → yì + { ˉ / ˇ }　ejemplo: yì bēi (una copa)
　　　　　　　　　　　　　　　　　　yì píng (una botella)
　　　　　　　　　　　　　　　　　　yì zhǒng (un tipo de)

yī + ˋ → yí + ˋ　ejemplo: yí biàn (una vez)

2. 普通话声母韵母拼合总表 Tabla de combinaciones de las iniciales y finales en el habla común (Putonghua)

Hay más de cuatrocientas sílabas con significado en el lenguaje común del chino moderno. Si añadimos a éstas, los cuatro tonos, podemos distinguir más de mil doscientas sílabas. Las sílabas incluidas desde la lección 1 a la 6 se muestran en la tabla de la página siguiente:

六、语法　　Gramática

动词谓语句　Oraciones con predicado verbal

La parte principal del predicado en una frase con un predicado verbal es el verbo. El objeto normalmente va después del verbo. Una de sus formas negativas se forma colocando "不" delante del verbo.

Sujeto	Predicado			
	Adv.	V	O	吗? ma?
你 Nǐ		要 yào	咖啡 kāfēi	吗? ma?
我们 Wǒmen	都 dōu	学习 xuéxí	汉语。 Hànyǔ.	
餐厅 Cāntīng		在 zài	哪儿? nǎr?	
我 Wǒ	不 bù	知道。 zhīdào.		
我 Wǒ		姓 xìng	陆。 Lù.	
她 Tā		叫 jiào	林娜。 Lín Nà.	
您 Nín	明天 míngtiān	有 yǒu	时间 shíjiān	吗? ma?

七、汉字　　Caracteres Chinos

1. 汉字复合笔画(2)　Combinación de trazos de caracteres(2)

Trazos	Nombre	Ejemplo	Forma para Escribir
ㄴ	shùzhé	山	El trazo vertical seguido de un trazo horizontal hacia la derecha, se escribe como el segundo trazo en "山".
ㄴ	shùtí	以	El trazo vertical que gira a la derecha hacia arriba, se escribe como el primer trazo en "以".
乛	shùzhézhégōu	马	El trazo vertical que gira horizontal a la derecha, después gira hacia abajo y al final dibuja un gancho hacia la izquierda, se escribe como el segundo trazo en "马".
乙	héngzhéwān gōu	九	El trazo horizontal que gira diagonalmente hacia abajo, después hace un giro horizontal y acaba con un gancho hacia arriba, se escribe como el segundo trazo en "九".
ㄥ	piězhé	么	El trazo diagonal hacia abajo y a la izquierda, después gira a la derecha horizontalmente, se escribe como el segundo trazo en "么".
〈	piědiǎn	女	El trazo va en diagonal hacia abajo e izquierda y después gira en diagonal hacia la derecha, se escribe como el primer trazo en "女".

2. 笔画组合　Combinación de trazos

La relación entre los trazos en un carácter chino es esencial para su significado. Hay tres formas de combinar los trazos en un carácter:

(1) Adyacentes (no unidos), como: "八", "儿", "二", "小";

(2) Cruzados, como: "十", "大", "九", "夫";

(3) Conectados, como: "厂", "丁", "人", "山", "天".

3. 认写基本汉字 Aprender y escribir caracteres chinos básicos

(1) 九   丿九
jiǔ   nueve   2 trazos

(2) 厶   厶 厶
sī   privado   2 trazos

(3) 寸   一 寸 寸
cùn   unidad de pulgada   3 trazos

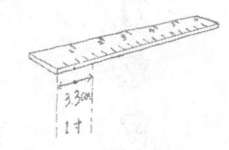

(4) 工   一 丁 工
gōng   trabajo   3 trazos

(5) 亡   丶 亠 亡
wáng   morir   3 trazos

(6) 三   一 二 三
sān   tres   3 trazos

(7) 气 (氣)   丿 宀 午 气
qì   aire   10 trazos

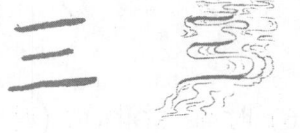

(8) 立   丶 亠 宀 立 立
lì   estar de pie   5 trazos

(9) 身   丿 亻 冂 白 自 身 身
shēn   cuerpo   7 trazos

Nota: Si "身" aparece en la parte izquierda o en el centro de un carácter, se escribe como "身".

(10) 兑   丶 丷 丷 凸 凸 芦 兑
duì   cambiar   7 trazos

4. 认写课文中的汉字　Aprender y escribir los caracteres chinos que aparecen en los textos

(1) 去 qù

去 → 土 + 厶

(2) 有意思 yǒu yìsi

有 → 𠂇 + 月
意 → 立 + 日 + 心
思 → 田 + 心

(3) 天气 tiānqì (天氣)

天 → 一 + 大

(4) 太 tài

太 → 大 + 丶

(5) 什么 shénme (甚麼)

什 → 亻 + 十
么 → 丿 + 厶

(6) 时候 shíhou (時候)

时 → 日 + 寸

("日", el radical "sol" indica tiempo.)

候 → 亻 + 丨 + ユ + 矢

(丿亻亻亻伊伊伊伊候候　　　10 trazos)

(7) 现在 xiànzài (現在)

现 → 𤣩 + 见

(8) 明天 míngtiān

明 → 日 + 月

("日" + "月", el radical "sol" junto con el radical "luna" indica luz.)

(9) 时间 shíjiān (時間)

间 → 门 + 日

(10) 说 shuō (說)

说 → 讠 + 兑

忄 (shùxīnpáng) 丶 丶 忄 3 trazos

(Cuando "心" aparece en la parte izquierda se escribe como "忄".)

(11) 忙 máng

忙 → 忄 + 亡

(12) 谢谢 xièxie (謝謝)

谢 → 讠 + 身 + 寸

文化知识 — Notas Culturales

Ópera de Pekín

La Ópera de Pekín es una rama del drama musical tradicional chino. Se creó en Pekín hace 150 años y ha sido popular desde entonces. La Ópera de Pekín es un arte teatral que sintetiza música instrumental, canción, baile, acrobacias y artes marciales. En ella destacan los movimientos simbólicos y la escenografía. Los estudiados y sugerentes movimientos de los actores están acompañados por los ritmos de gongs y tambores o las embriagadoras melodías de instrumentos tradicionales. Todo contribuye a su carácter de arte único. La Ópera de Pekín está profundamente enraizada en la cultura china y todavía despierta una gran atracción entre los chinos.

Las primeras seis lecciones de este libro dan una visión del sistema fonético de la lengua china, que consta de 21 iniciales y 38 finales y los 4 tonos básicos. Hay poco más de 1200 maneras de combinar iniciales y finales en chino. Ahora como ya puedes utilizar pinyin, debes ser capaz de leer cualquier sílaba china correctamente.

Un objetivo fundamental a la hora de aprender la lengua es adquirir la habilidad para comunicarte en este idioma. Para lograr este objetivo has aprendido a responder a varias situaciones sociales básicas. Además has conocido más de 100 palabras y expresiones, has aprendido 40 frases clave y estudiado 22 frases en las clases de chino.

Hasta ahora has adquirido 60 caracteres básicos chinos y también más de 50 palabras nuevas que se forman a partir de los mismos. También has estudiado algunas reglas del orden de los trazos para los caracteres chinos. Este vocabulario elemental será muy útil cuando aprendas las palabras compuestas y continúes ampliando tu vocabulario.

Desde esta lección en adelante, aparte de continuar trabajando en la mejora de la pronunciación del chino, aprenderás a hablar de las situaciones cotidianas utilizando una mayor variedad de expresiones en chino. Escucharás un gran número de oraciones en chino, e incluso estudiarás la cultura, costumbres y hábitos de los hablantes chinos.

Esta lección te ayudará a conocer a gente, hablar sobre tus estudios y preguntar de un modo diferente al aprendido en las lecciones anteriores.

第七课 Lección 7

你 认识 不 认识 他
Nǐ rènshi bu rènshi tā

一、课文　　Texto

(一)

林娜: 力波，明天 开学，我 很 高兴。你看，他是
Lín Nà: Lìbō, míngtiān kāixué, wǒ hěn gāoxìng. Nǐ kàn, tā shì

不是 我们 学院 的 老师？
bu shì wǒmen xuéyuàn de lǎoshī?

丁力波: 我 问 一下。① 请问，您是 我们 学院 的
Dīng Lìbō: Wǒ wèn yíxià. Qǐngwèn, nín shì wǒmen xuéyuàn de

老师 吗？②
lǎoshī ma?

- 77 -

张 教授: 是，我是语言学院的老师。
Zhāng jiàoshòu: Shì, wǒ shì Yǔyán Xuéyuàn de lǎoshī.

丁力波: 您贵姓？
Dīng Lìbō: Nín guìxìng?

【初次见面】Conocer a gente por primera vez

张 教授: 我姓张，我们认识一下，这是我的
Zhāng jiàoshòu: Wǒ xìng Zhāng, wǒmen rènshi yíxià, zhè shì wǒ de

名片。
míngpiàn.

丁力波: 谢谢。（看名片）啊，您是张教授。③
Dīng Lìbō: Xièxie. (Kàn míngpiàn) À, nín shì Zhāng jiàoshòu.

我叫丁力波，她叫林娜。我们都是
Wǒ jiào Dīng Lìbō, tā jiào Lín Nà. Wǒmen dōu shì

语言学院的学生。
Yǔyán Xuéyuàn de xuésheng.

林娜: 您是语言学院的教授，认识您，我们
Lín Nà: Nín shì Yǔyán Xuéyuàn de jiàoshòu, rènshi nín, wǒmen

很高兴。
hěn gāoxìng.

张 教授: 认识你们，我也很高兴。你们都好吗？
Zhāng jiàoshòu: Rènshi nǐmen, wǒ yě hěn gāoxìng. Nǐmen dōu hǎo ma?

林娜: 谢谢，我们都很好。张教授，您忙
Lín Nà: Xièxie, wǒmen dōu hěn hǎo. Zhāng jiàoshòu, nín máng

不忙？
bu máng?

张 教授: 我很忙。好，你们请坐，再见！
Zhāng jiàoshòu: Wǒ hěn máng. Hǎo, nǐmen qǐng zuò, zàijiàn!

丁力波:
Dīng Lìbō: 再见！
Zàijiàn!
林娜:
Lín Nà:

语言学院经济系

张介元

教授

语言学院 26 楼 301 号　　电话：12345678

生词 Palabras Nuevas

1.	开学	VO	kāixué	empezar el colegio
	开	V	kāi	empezar
*2.	很	Adv.	hěn	muy 很好，很忙，很有意思
*3.	高兴	A	gāoxìng	feliz, satisfecho 很高兴
	高	A	gāo	alto
4.	看	V	kàn	mirar, ver 看老师，看这儿
5.	问	V	wèn	preguntar 问老师，问朋友
6.	一下		yíxià	(se utiliza después de un verbo para indicar una acción rápida, breve, aleatoria, informal 介绍一下，认识一下，问一下，看一下
*7.	学院	N	xuéyuàn	instituto, unversidad 语言学院，汉语学院
8.	名片	N	míngpiàn	tarjeta de visita 我的名片，老师的名片 [business card]
9.	啊	Int.	à	ah, oh
10.	教授	N	jiàoshòu	profesor universitario
	教	V	jiāo	enseñar, impartir clase
*11.	丁力波	NP	Dīng Lìbō	(nombre de un estudiante canadiense)
12.	张	NP	Zhāng	un apellido

(二)

丁力波：林娜，那是谁？
Dīng Lìbō: Lín Nà, nà shì shéi?

林　娜：那是马大为。你认识不认识他？
Lín Nà: Nà shì Mǎ Dàwéi. Nǐ rènshi bu rènshi tā?

丁力波：我不认识他。
Dīng Lìbō: Wǒ bú rènshi tā.

林　娜：我来介绍一下。你好，大为，这是我朋友——
Lín Nà: Wǒ lái jièshào yíxià. Nǐ hǎo, Dàwéi, zhè shì wǒ péngyou—

丁力波：你好！我姓丁，叫丁力波。请问，你叫
Dīng Lìbō: Nǐ hǎo! Wǒ xìng Dīng, jiào Dīng Lìbō. Qǐngwèn, nǐ jiào

什么　名字？④
shénme míngzi?

马大为：　　我 的　中文　　名字　叫 马大为。⑤ 你 是 不 是
Mǎ Dàwéi:　　Wǒ de Zhōngwén míngzi jiào Mǎ Dàwéi.　Nǐ shì bu shì

中国　　人？
Zhōngguó rén?

丁力波：　　我 是 加拿大人。我 妈妈 是　中国　　人，我 爸爸
Dīng Lìbō:　　Wǒ shì Jiānádà rén. Wǒ māma shì Zhōngguó rén, wǒ bàba

是 加拿大人。你 也 是 加拿大 人 吗？
shì Jiānádà rén. Nǐ yě shì Jiānádà rén ma?

马大为：　　不 是，我 不 是 加拿大人，我 是 美国 人。你
Mǎ Dàwéi:　　Bú shì, wǒ bú shì Jiānádà rén, wǒ shì Měiguó rén. Nǐ

学习　什么　专业？
xuéxí shénme zhuānyè?

丁力波：　　我 学习 美术　专业。你 呢？
Dīng Lìbō:　　Wǒ xuéxí měishù zhuānyè. Nǐ ne?

【谈专业】Hablar sobre las asignaturas principales de la carrera de alguien

马大为：　　我 学习 文学　专业。　现在　我 学习 汉语。
Mǎ Dàwéi:　　Wǒ xuéxí wénxué zhuānyè. Xiànzài wǒ xuéxí Hànyǔ.

林　娜：　　现在　　我们　都 学习汉语，也 都 是 汉语系 的
Lín Nà:　　Xiànzài wǒmen dōu xuéxí Hànyǔ, yě dōu shì Hànyǔ xì de

学生。
xuésheng.

生词　Palabras Nuevas

*1. 谁	PrI	shéi	quién	
*2. 来	V	lái	venir	
3. 介绍	V	jièshào	presentar	介绍林娜，介绍语言学院
4. 名字	N	míngzi	nombre	你的名字，叫什么名字
5. 中文	N	Zhōngwén	lengua china, idioma chino	中文名字，中文名片
*6. 爸爸	N	bàba	papá	

*7.	学习	V	xuéxí	aprender, estudiar	学习中文, 学习汉语
	学	V	xué	aprender, estudiar	学中文, 学汉语, 学语言
8.	专业	N	zhuānyè	carrera, especialidad	中文专业, 汉语专业, 语言专业
9.	美术	N	měishù	bellas artes	学习美术, 美术专业
	美	A	měi	bello	
10.	文学	N	wénxué	literatura	中国文学, 文学专业
11.	系	N	xì	facultad, departamento	汉语系, 语言系, 中文系
*12.	马大为	NP	Mǎ Dàwéi	(nombre de un estudiante estadounidense)	
*13.	加拿大	NP	Jiānádà	Canadá	
14.	美国	NP	Měiguó	Estados Unidos	

补充生词 Palabras Suplementarias

1.	文化	N	wénhuà	cultura
2.	历史	N	lìshǐ	historia
3.	哲学	N	zhéxué	filosofía
4.	音乐	N	yīnyuè	música
5.	经济	N	jīngjì	economía
6.	数学	N	shùxué	matemáticas
7.	物理	N	wùlǐ	física
8.	化学	N	huàxué	química
9.	教育	N	jiàoyù	educación
10.	选修	V	xuǎnxiū	escoger una asignatura optativa

二、注释 Notas

① 我问一下。

"一下" se utiliza después de un verbo para indicar que una acción es de corta duración, o expresa la idea de "probar". Puede suavizar el tono de una expresión para que suene menos formal. Por ejemplo: "认识一下", "介绍一下", "去一下", "进来一下", "说一下", "坐一下".

"我来介绍一下" y "我们认识一下" son expresiones utilizadas normalmente cuando se conoce a una persona.

② 您是我们学院的老师吗？

Para indicar el lugar o la empresa donde uno trabaja, los pronombres en plural se utilizan como complementos del nombre. Por ejemplo, las siguientes frases: "他们学院", "你们系", "我们国家（país）", son más utilizadas que "他学院", "你系", "我国家".

③ 啊,您是张教授。

"啊" se lee en cuarto tono, indicando que se ha comprendido algo de repente o para expresar admiración.

④ 你叫什么名字？

Esta es una manera informal para preguntar el nombre de alguien, aplicable a cuando un adulto habla con un niño, o entre jóvenes. La respuesta suele ser el nombre completo. Por ejemplo: "我叫丁力波". Se podría contestar también dando primero el apellido, y luego el nombre completo. Por ejemplo: "我姓丁, 叫丁力波".

⑤ 我的中文名字叫马大为。

Un sustantivo colocado justo antes de otro sustantivo funciona como si fuera un complemento del nombre. Por ejemplo: "中文名字", "汉语老师", "中国人".

Para convertir un nombre no chino en uno chino, podemos seleccionar dos o tres caracteres basándonos en la pronunciación o en el significado del nombre original. David March, por ejemplo, podría verterse al chino como "马大为", y Natalie Lynn como "林娜"; el apellido "White" puede ser traducido como "白", y una chica llamada Amy puede llamarse "爱美".

Tanto "中文" como "汉语" se refieren a la lengua china. "中文" tiene un significado más general, y se refiere tanto a la lengua escrita como a la oral. Originalmente,"汉语" se refería solamente a la lengua hablada de la etnia Han. Hoy, a menudo, se utiliza para referirse a la lengua de los Han, tanto en su forma oral como escrita. La mayoría de la gente considera ambas palabras equivalentes.

三、练习与运用　Ejercicios y Práctica

重点句式　EXPRESIONES CLAVE

1. 他是不是我们学院的老师？
2. 你认识不认识他？
3. 我们认识一下,我的中文名字叫马大为。
4. 你学习什么专业？
5. 我学习美术专业。你呢？
6. 现在我们都学习汉语,也都是汉语系的学生。

1. **熟读下列词组** Dominar las siguientes expresiones
(1) 看一下　说一下　介绍一下　认识一下　学习一下
(2) 认识不认识　介绍不介绍　　学习不学习
　　是不是　　看不看　　问不问　　要不要　　在不在　　去不去　　说不说
(3) 我爸爸　　你妈妈　　我朋友　　她男朋友　　我们老师　　你们学院
(4) 我的名片　他的名字　我们学院的老师　语言学院的学生　中文系的教授
(5) 中国人　　加拿大人　　美国人　　中国老师　　加拿大朋友　　美国学生
　　男朋友　　女朋友　　男老师　　女老师　　男(学)生　　女(学)生
　　男人　　　女人

2. **句型替换** Práctica de patrones

(1) A: 那是谁?
　　B: 那是我朋友。
　　A: 他/她姓什么?
　　B: 他/她姓马。

她男朋友	张
加拿大学生	丁
英国小姐	林

(2) A: 谁是马小姐?
　　B: 他/她是马小姐。
　　A: 马小姐叫什么名字?
　　B: 马小姐叫马玉文。

田医生	田大中
张老师	张青生
Sr. López	罗佩斯 (Luó Pèisī)

(3) A: 他/她是你们老师吗?
　　B: 他/她不是我们老师,他/她是我朋友。
　　A: 他/她叫什么名字?
　　B: 他/她叫＿＿＿＿＿＿＿＿＿。

你妈妈	我们老师
中文老师	美术老师
张教授	马老师

(4) A: 你是不是中国人?
　　B: 不是,我是加拿大人。
　　A: 他也是加拿大人吗?
　　B: 是,他也是加拿大人。

老师	学生
美国学生	中国学生
中文系的学生	美术系的学生

(5) A: 这是不是你的照片?
　　B: 这不是我的照片。
　　A: 这是谁的照片?
　　B: 这是她的照片。

丁力波	马大为
张教授	田医生
你们老师	他们老师

(6) A: 你认识不认识马大为？
　　B: 我认识马大为。
　　A: 他/她是哪国人？
　　B: 他/她是＿＿＿＿＿＿＿＿。

　　　林小姐
　　　田医生
　　　白教授

(7) A: 他不是汉语系的学生，她呢？
　　B: 她也不是汉语系的学生。
　　A: 谁是汉语系的学生？
　　B: 张小姐是汉语系的学生。

　　　是语言学院的教授
　　　忙
　　　学习语言

(8) A: 你的专业是不是汉语？
　　B: 不是。
　　A: 你学习什么专业？
　　B: 我学习美术专业，你呢？
　　A: 我学习文学专业。

　　　数学(shùxué)　　历史(lìshǐ)
　　　语言　　　　　　哲学(zhéxué)
　　　音乐(yīnyuè)　　经济(jīngjì)

3. 看图造句 Construir oraciones según el dibujo

(1)

他是学生,她也是学生。
他们都是学生。

他是老师,她＿＿＿＿＿老师。
他们＿＿＿＿＿＿＿老师。

他不是美国人,她＿＿＿＿＿美国人。
他们＿＿＿＿＿＿＿美国人。

他们是中国人,她＿＿＿＿＿中国人。
他们＿＿＿＿＿＿＿中国人。

(2)

今天天气好不好？　　　　　他_____？　　　　　他_____？
今天天气很好。　　　　　　他很忙。　　　　　　　　他不高兴。

4. 会话练习　Práctica de conversación

【初次见面　Conocer a gente por primera vez】

(1) A：请问，您贵姓？

B：我姓_____，叫_____。您呢？

A：我叫_____。这是我的名片。

B：谢谢。

(2) A：我们认识一下。我叫_____。你叫什么名字？

B：我叫David March。我的中文名字叫马大为。

(3) A：请问，您是哪国人？

B：我是_____。你呢？

A：我是_____。

(4) A：请问，您是不是中国人？

B：我不是_____，我是_____。

(5) A：我介绍一下，这是_____，他是_____国人，是_____。

这是_____，她是_____国人，是_____。

B：认识你很高兴。

C：_____。

(6) 你们好！我姓丁，叫丁力波，是加拿大人。我的专业是美术。现在我学习汉语，是语言学院汉语系的学生。认识你们，我很高兴。

【谈专业　Hablar sobre las asignaturas principales de la carrera de alguien】

(1) A：请问，你是不是汉语系的学生？

B：我是汉语系的学生。

A：你学习什么专业？

B：我学习历史(lìshǐ)专业。你的专业是什么？

A：我的专业是_____。

(2) A：你们明天开学吗？
   B：我们明天开学。
   A：你的专业是不是汉语？
   B：不是，我的专业是美术。
   A：你选修(xuǎnxiū)什么？
   B：我选修中国文化(wénhuà)。

5. 交际练习 Ejercicios de comunicación

(1) Te encuentras con un estudiante que no conoces. ¿Cómo iniciarías una conversación con esta persona para saber más sobre él/ella?
(2) Dos de tus amigos no se conocen entre ellos. ¿Cómo los presentarías?
(3) ¿Cómo te presentarías en una reunión?
(4) ¿Cómo le preguntarías a un nuevo amigo las asignaturas principales de su carrera?

学生登记表 **Formulario de registro de un estudiante**

姓名 nombre	性别 sexo	年龄 edad	国籍 nacionalidad	单位 institución
丁力波	男	21	加拿大	语言学院汉语系
林娜	女	19	英国	语言学院汉语系
马大为	男	22	美国	语言学院汉语系

四、阅读和复述 Comprensión Escrita y Reformulación Oral

他们是不是学生？

是，他们都是语言学院的学生。你不认识他们，我介绍一下。他们都有中国姓，有中文名字。这是林娜，她是英国(Yīngguó)人。他是美国人，他姓马，他的中文名字很有意思，叫大为。他叫丁力波，爸爸是加拿大人，妈妈是中国人，他是加拿大人。马大为的专业是文学，丁力波的专业是美术。现在他们都学习汉语。

那是语言学院的汉语老师：女老师姓陈，男老师姓杨(Yáng)。他们都是汉语系的老师，也都是中国人。张教授也是语言学院的老师，他很忙。你看，这是张教授的名片。

田小姐不是老师，她是语言学院的医生。

五、语法　　Gramática

1. 表领属关系的定语　Complementos del nombre

En chino el complemento del nombre debe ser colocado antes de la palabra a la que modifica. Cuando un sustantivo o un pronombre se utilizan con función de complemento del nombre para expresar posesión, normalmente se requiere de la partícula estructural "的".

SN. / Pr.　　　+　　的　+　N
我　　　　　　　　的　　名片
哥哥　　　　　　　的　　咖啡
语言学院　　　　　的　　老师

Cuando un pronombre personal funciona como complemento del nombre y la palabra modificada es un sustantivo que se refiere a un pariente o el nombre de un lugar de trabajo, el "的" puede ser omitido. Por ejemplo: "我妈妈", "你爸爸", "他们家", "我们学院".

2. 正反疑问句　Preguntas "V-no-V"

Una pregunta puede formarse yuxtaponiendo las formas afirmativa y negativa del principal elemento del predicado (verbo o adjetivo) en una oración.

V / A　　+　　不 V / A　+　O

Sujeto	Predicado		
	V / A	不 V / A	O
你	忙	不 忙？	
你们	认识	不 认识	他？
力波	是	不 是	中国人？

La respuesta a tales preguntas puede ser una oración completa (afirmativa o negativa) o una oración con su sujeto u objeto omitidos. Se podría responder con "是" (respuesta afirmativa) o "不是" (respuesta negativa) a una pregunta de tipo "是不是". Por ejemplo:

(1) (我)忙。　　　　　　　(我)不忙。
(2) (我们)认识(他)。　　　(我们)不认识(他)。
(3) (陆雨平)是中国人。　　(力波)不是中国人。
　　是，陆雨平是中国人。　不是，力波不是中国人。

3. 用"呢"构成的省略式问句　Preguntas abreviadas con "呢"

Una pregunta abreviada con "呢" se forma añadiendo "呢" directamente después de un pronombre o sustantivo. No obstante, el significado de la pregunta debe estar claramente indicado en la oración previa.

Pr. / N + 呢？

我<u>很好</u>，你呢？　　　（你呢？　　　= 你好吗？）
你<u>不忙</u>，你男朋友呢？（你男朋友呢？= 你男朋友忙吗？）
你是<u>加拿大人</u>，他呢？（他呢？　　　= 他是加拿大人吗？）
林娜<u>学习汉语</u>，马大为呢？（马大为呢？= 马大为学习汉语吗？）

4. "也"和"都"的位置　Posición de los adverbios "也" y "都"

Los adverbios "也" y "都" deben ser colocados detrás del sujeto y delante del verbo copulativo o del adjetivo. Por ejemplo: "她也是加拿大人"，"他们都是加拿大人"，No se puede decir "也她是加拿大人"，"都他们是加拿大人".

也/都　+　V / A

Sujeto	*Predicado*	
	Adv.	**V / A**
丁力波		是加拿大人。
丁力波		认识他。
丁力波	很	忙。
她	也	是加拿大人。
她	也	认识他。
她	也很	忙。
他们	都	是加拿大人。
他们	都	认识他。
他们	都很	忙。
我们	也都	是加拿大人。
我们	也都	认识他。
我们	也都很	忙。

Si ambos, "也" y "都", modifican el predicado, "也" debe ser colocado delante de "都".

也/都　+　不　+　V / A

Sujeto	*Predicado*	
	Adv.	**V / A**
她	不	是老师。
你	也不	是老师。
我们	都不	是老师。(ninguno de nosotros)
我们	不都	是老师。(no todos nosotros)

- 88 -

六、汉字　　Caracteres Chinos

1. 汉字的部件　Componentes de los caracteres chinos

Hay tres aspectos de la estructura de un carácter chino: los trazos, los componentes y el carácter entero. Por ejemplo, el carácter "木" consiste en 4 trazos: "一", "丨", "丿", "丶". Es un carácter básico y se utiliza también como componente de otros caracteres. Por ejemplo, "林" consiste en dos caracteres "木". Los componentes son el núcleo principal del carácter chino. Los caracteres chinos pueden ser divididos en "partes-carácter" y "partes-no-carácter". Por ejemplo, "院" puede ser dividido en las siguientes 3 partes: "阝、宀、元", de las cuales "元" es una "parte-carácter", mientras que "阝" y "宀" son "partes-no-carácter" o radicales.

2. 认写基本汉字　Aprender y escribir caracteres chinos básicos

(1) 开(開)　一 二 于 开

kāi　　abrir　　　　　　　　　　　4 trazos

("开" parece como el cerrojo o tranca de una puerta; cuando se quita "二" de "开" la puerta se abre.)

(2) 目　　丨 冂 冃 目 目

mù　　ojo　　　　　　　　　　　　5 trazos

(3) 下　　一 丅 下

xià　　bajo, debajo　　　　　　　　3 trazos

(A diferencia de "上", el "卜" debajo de "一" indica "debajo" o "bajo".)

(4) 元　　一 二 テ 元

yuán　primero, primario　　　　　　4 trazos

(5) 片　　丿 丿' 片 片

piàn　pedazo llano y fino　　　　　4 trazos

(6) 皮　　一 厂 广 皮 皮

pí　　piel　　　　　　　　　　　　5 trazos

- 89 -

(7) 弓　　　フコ弓
　　gōng　　el arco de un arquero　　　　　　3 trazos

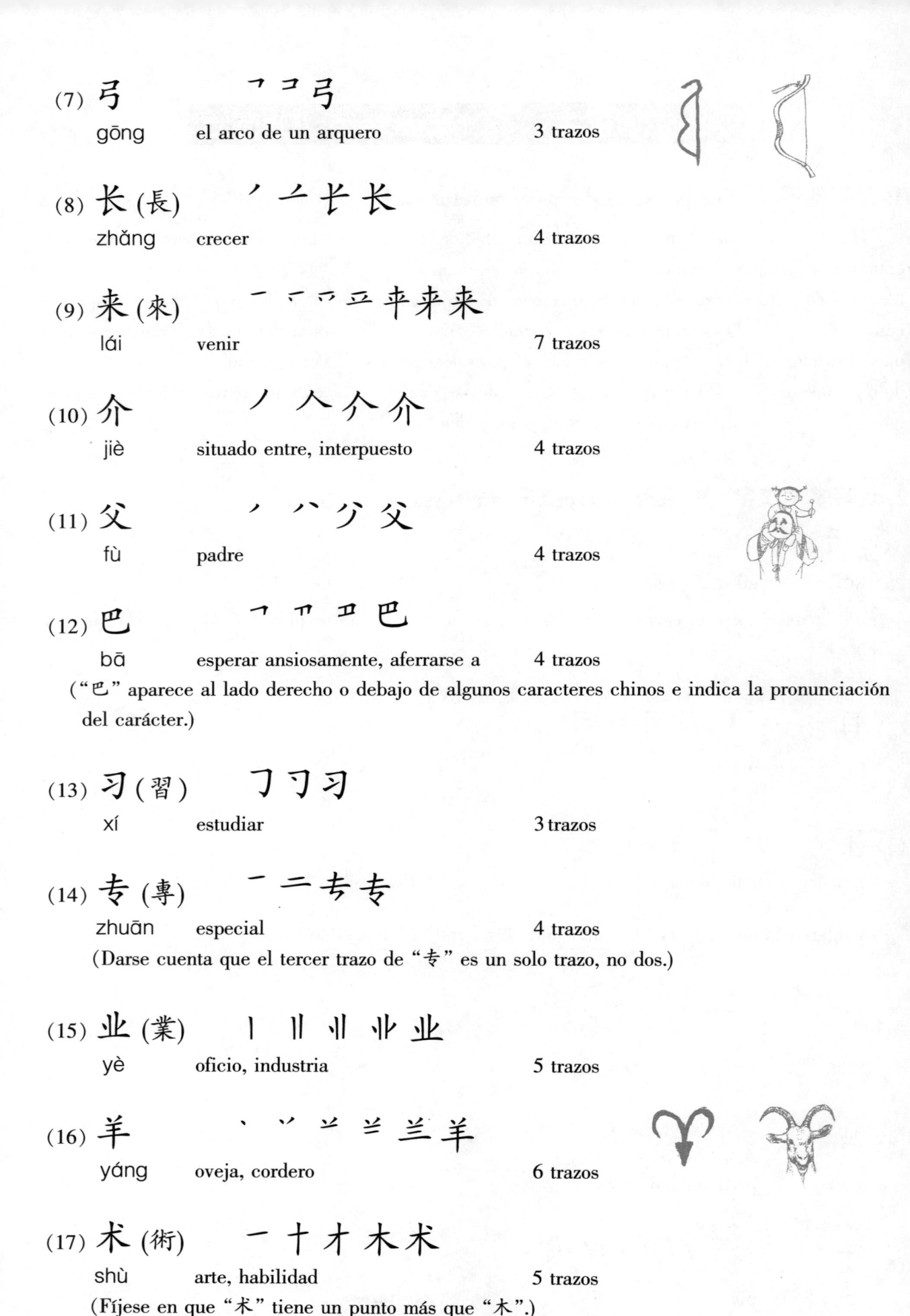

(8) 长 (長)　　ノ 一 ㇄ 长
　　zhǎng　　crecer　　　　　　　　　　　　4 trazos

(9) 来 (來)　　一 ㇅ 丆 亚 平 来 来
　　lái　　venir　　　　　　　　　　　　　　7 trazos

(10) 介　　ノ 人 介 介
　　jiè　　situado entre, interpuesto　　　　4 trazos

(11) 父　　ノ 丷 父 父
　　fù　　padre　　　　　　　　　　　　　　4 trazos

(12) 巴　　㇇ 丆 ㇕ 巴
　　bā　　esperar ansiosamente, aferrarse a　　4 trazos
　　("巴" aparece al lado derecho o debajo de algunos caracteres chinos e indica la pronunciación del carácter.)

(13) 习 (習)　　㇆ 刁 习
　　xí　　estudiar　　　　　　　　　　　　3 trazos

(14) 专 (專)　　一 二 专 专
　　zhuān　　especial　　　　　　　　　　4 trazos
　　(Darse cuenta que el tercer trazo de "专" es un solo trazo, no dos.)

(15) 业 (業)　　丨 刂 刂 䒑 业
　　yè　　oficio, industria　　　　　　　　5 trazos

(16) 羊　　丶 丷 䒑 兰 兰 羊
　　yáng　　oveja, cordero　　　　　　　　6 trazos

(17) 朮 (術)　　一 十 才 木 朮
　　shù　　arte, habilidad　　　　　　　　5 trazos
　　(Fíjese en que "朮" tiene un punto más que "木".)

- 90 -

(18) 系　　一 ＋ 幺 玄 亥 系 系　　　　7 trazos

xì　　departamento, sistema

(19) 为 (爲)　　丶 ノ 为 为　　　　4 trazos

wéi　　actar, hacer

3. 认写课文中的汉字 Aprender y escribir los caracteres chinos que aparecen en los textos

彳 (shuānglìrén) ("亻" es el radical "persona de pie"; "彳" es el radical "dos personas de pie".)

ノ ク 彳　　　　3 trazos

艮 gèn　　フ ヲ ヨ 日 日 艮　　　　6 trazos

(1) 很 hěn

很 → 彳 + 艮　　　　9 trazos

亠 (liùzìtóu) (el radical "seis")　　丶 亠　　　　2 trazos

丷 (xìngzìtóu) (el radical "excitación")　　丶 丶 丷 丷　　　　4 trazos

(2) 高兴 gāoxìng (高興)

高 → 亠 + 口 + 冂 + 口　　　　10 trazos

兴 → 丷 + 八　　　　6 trazos

手 (kànzìtóu) (En un carácter multicomponente; el trazo vertical con un gancho "亅" de "手" se escribe como un trazo descendente hacia la izquierda "丿".)

一 二 三 手　　　　4 trazos

(3) 看 kàn

看 → 手 + 目　　　　9 trazos

(Colocando una mano sobre los ojos para ver.)

阝 (zuǒ'ěrduo) (el radical "oreja-izquierda")　　乛 阝　　　　2 trazos

(4) 学院 xuéyuàn (學院)

院 → 阝 + 宀 + 元　　　　9 trazos

(5) 名片 míngpiàn

名 → 夕 + 口   6 trazos

(6) 啊 à

啊 → 口 + 阝 + 可   10 trazos

子 (zǐzìpáng) (el radical "hijo") (Cuando el carácter se convierte en el componente del lado izquierdo de otro carácter, el trazo horizontal en el carácter se escribe como un trazo ascendente "⼂".) 了 了 子   3 trazos

攵 (fǎnwénpáng) (el radical "lleva un bastón en una mano") ノ 一 ケ 攵   4 trazos

⺥ (shòuzìtóu) (el radical "garra") ノ ⺈ ⺥   4 trazos

宀 (tūbǎogài) (el radical "cubierta") 丶 宀   2 trazos

(7) 教授 jiàoshòu

教 → 耂 + 子 + 攵   11 trazos

授 → 扌 + ⺥ + 冖 + 又   11 trazos

(8) 丁力波 Dīng Lìbō

波 → 氵 + 皮   8 trazos

(9) 张 zhāng (張)

张 → 弓 + 长   7 trazos

(La parte con información semántica es "弓", y la con información fonética es "长".)

隹 zhuī ノ 亻 イ 亻 仁 仨 隹 隹   8 trazos

(10) 谁 shéi (誰)

谁 → 讠 + 隹   10 trazos

- 92 -

丝（糸） (jiǎosīpáng) (el radical "hilo de seda")　ㄥㄥㄥ　　　3 trazos

(11) 介绍 jièshào (介紹)

绍 → 纟 + 刀 + 口　　　8 trazos

宀 (bǎogàitóu) (el radical "tejado")　丶丶宀　　　3 trazos

(12) 名字 míngzi

字 → 宀 + 子　　　6 trazos

(13) 爸爸 bàba

爸 → 父 + 巴　　　8 trazos

("父" sugiere el significado y "巴" indica la pronunciación.)

羊 (tūwěiyáng) 丶丶丷丷羊羊　　　6 trazos

(14) 美术 měishù (美術)

美 → 羊 + 大　　　9 trazos

(15) 加拿大 Jiānádà

加 → 力 + 口　　　5 trazos

拿 → 人 + 一 + 口 + 手　　　10 trazos

(Unas manos juntas para indicar el significado de "coger".)

文化知识　Notas Culturales

Nombres de Persona

Como la mayoría de nombres en el mundo, los nombres chinos están formados por dos partes: el nombre de familia o apellido (*xing*) y el nombre de pila (*ming*). Mientras el apellido, generalmente, viene por la parte del padre (hoy en día podemos encontrar, también, el apellido que viene por la parte de la madre), los nombres de pila son escogidos por los padres. En contraposición a los nombres de la mayoría de los lenguajes europeos, donde el apellido sigue al nombre de pila, en chino, el apellido va delante del nombre de pila. En la China continental, las mujeres conservan su apellido después de contraer matrimonio.

Hay más de mil apellidos en chino. Zhang, Wang, Li, Chen y Li son los más comunes. Los Zhangs, con alrededor de setenta millones, son los más numerosos.

La mayoría de los apellidos en chino constan de un único carácter, pero hay algunos como Ouyang o Sima, que tienen dos y, por lo tanto, son conocidos como bisilábicos o apellidos de doble carácter (*fuxing*). Por otro lado, es común poseer un único carácter o doble carácter en el nombre de pila, como en Song Hua o Lu Yuping. Debido al limitado número de apellidos y la brevedad de los nombres de pila, es bastante común que mucha gente se llame igual en China.

Esta lección te enseñará cómo describir a los miembros de tu familia, y qué decir de tu universidad y departamento. También aprenderás a contar del uno al cien, y a preguntar por números y cantidades. Finalmente, introduciremos los clasificadores, una categoría gramatical particularmente desarrollada en chino.

第八课 Lección 8

你们家有几口人
Nǐmen jiā yǒu jǐ kǒu rén

一、课文　　Texto

(一)

【谈家庭】Hablar de la propia familia

林娜: 这是不是你们家的照片?
Lín Nà: Zhè shì bu shì nǐmen jiā de zhàopiàn?

王小云: 是啊。①
Wáng Xiǎoyún: Shì a.

林娜: 我看一下。你们家有几口人?
Lín Nà: Wǒ kàn yíxià. Nǐmen jiā yǒu jǐ kǒu rén?

王小云: 我们家有四口人。这是我爸爸、我妈妈,
Wáng Xiǎoyún: Wǒmen jiā yǒu sì kǒu rén. Zhè shì wǒ bàba、wǒ māma,

这是我哥哥和我。② 你们家呢?
zhè shì wǒ gēge hé wǒ. Nǐmen jiā ne?

- 95 -

林娜: 我有妈妈，有一个姐姐和两个弟弟。③
Lín Nà: Wǒ yǒu māma, yǒu yí ge jiějie hé liǎng ge dìdi.

我们家一共有六口人。
Wǒmen jiā yígòng yǒu liù kǒu rén.

王小云: 这是五口人，还有谁？④
Wáng Xiǎoyún: Zhè shì wǔ kǒu rén, hái yǒu shéi?

林娜: 还有贝贝。
Lín Nà: Hái yǒu Bèibei.

王小云: 贝贝是你妹妹吗？
Wáng Xiǎoyún: Bèibei shì nǐ mèimei ma?

林娜: 不，贝贝是我的小狗。
Lín Nà: Bù, Bèibei shì wǒ de xiǎo gǒu.

王小云: 小狗也是一口人吗？
Wáng Xiǎoyún: Xiǎo gǒu yě shì yì kǒu rén ma?

林娜: 贝贝是我们的好朋友，当然是我们
Lín Nà: Bèibei shì wǒmen de hǎo péngyou, dāngrán shì wǒmen

家的人。我有一张贝贝的照片，你看。
jiā de rén. Wǒ yǒu yì zhāng Bèibei de zhàopiàn, nǐ kàn.

王小云: 真可爱。
Wáng Xiǎoyún: Zhēn kě'ài.

林娜: 你们家有小狗吗？
Lín Nà: Nǐmen jiā yǒu xiǎo gǒu ma?

王小云: 我们家没有小狗。林娜，你有没有男
Wáng Xiǎoyún: Wǒmen jiā méiyǒu xiǎo gǒu. Lín Nà, nǐ yǒu méiyǒu nán

朋友？
péngyou?

林娜: 我有男朋友。
Lín Nà: Wǒ yǒu nán péngyou.

【问职业】Preguntar la profesión de alguien

王小云: 他做什么工作？
Wáng Xiǎoyún: Tā zuò shénme gōngzuò?

林娜: 他是医生。
Lín Nà: Tā shì yīshēng.

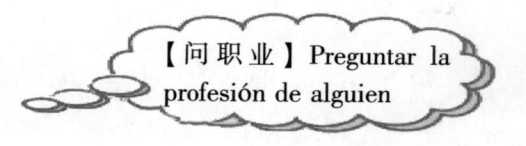

生词 Palabras Nuevas

1.	家	N	jiā	familia, hogar 我们家，你们家，他们家
2.	几	PrI	jǐ	cuántos
*3.	口	Clas.	kǒu	clasificador usado principalmente para referirse al número de miembros de una familia 几口人，五口人
4.	照片	N	zhàopiàn	fotografía, 我的照片，我们家的照片
5.	和	Conj.	hé	y 爸爸和妈妈，哥哥和我，你和他
6.	个	Clas.	gè	clasificador de uso general 几个弟弟，一个朋友，五个医生，七个学院，九个系
7.	姐姐	N	jiějie	hermana mayor
8.	两	N	liǎng	dos 两口人，两个姐姐，两个老师，两个系
*9.	弟弟	N	dìdi	hermano menor
10.	还	Adv.	hái	además 还有，还要，还认识，还介绍，还学习
11.	一共	Adv.	yígòng	en total 一共有六口人
12.	妹妹	N	mèimei	hermana menor
13.	小	A	xiǎo	pequeño 小弟弟，小妹妹
14.	狗	N	gǒu	perro 小狗，我的小狗
15.	张	Clas.	zhāng	clasificador para objetos planos 两张照片，一张名片
16.	当然	A	dāngrán	como debe ser; es normal que 当然是，当然去
17.	真	A/Adv.	zhēn	realmente/real 真的，真忙，真高兴，真有意思
18.	可爱	A	kě'ài	adorable, agradable 真可爱，可爱的贝贝，可爱的照片
	爱	V	ài	amar 爱爸爸，爱妈妈，爱弟弟妹妹
19.	没	Adv.	méi	no 没有
*20.	男	A	nán	hombre 男朋友，男学生，男老师
21.	做	V	zuò	hacer
22.	工作	V/N	gōngzuò	trabajo, trabajar 工作一年；他的工作，做什么工作
23.	王小云	NP	Wáng Xiǎoyún	(nombre de una estudiante china)
24.	贝贝	NP	Bèibei	(nombre de un perro)

（二）

【谈学校】Hablar de la propia universidad

林 娜： 语言 学院 大 不 大？
Lín Nà： Yǔyán Xuéyuàn dà bu dà?

王 小云： 不 太 大。⑤
Wáng Xiǎoyún： Bú tài dà.

林 娜： 语言 学院 有 多少 个系？
Lín Nà： Yǔyán Xuéyuàn yǒu duōshao ge xì?

王 小云： 有 十二 个 系。
Wáng Xiǎoyún： Yǒu shí'èr ge xì.

林 娜： 你喜欢 你们 外语系 吗？
Lín Nà： Nǐ xǐhuan nǐmen Wàiyǔ xì ma?

王 小云： 我 很 喜欢 外语系。
Wáng Xiǎoyún： Wǒ hěn xǐhuan Wàiyǔ xì.

林 娜： 你们 外语系有 多少 老师？
Lín Nà： Nǐmen Wàiyǔ xì yǒu duōshao lǎoshī?

王 小云： 外语 系有 二十八 个 中国 老师，十一 个
Wáng Xiǎoyún： Wàiyǔ xì yǒu èrshíbā ge Zhōngguó lǎoshī, shíyī ge

外国 老师。你们 系呢？
wàiguó lǎoshī. Nǐmen xì ne?

林 娜： 我们 汉语系很大。我们 系的老师 也很
Lín Nà： Wǒmen Hànyǔ xì hěn dà. Wǒmen xì de lǎoshī yě hěn

多，有 一百 个。他们 都 是 中国 人。
duō, yǒu yìbǎi ge. Tāmen dōu shì Zhōngguó rén.

我们 系 没有 外国 老师。
Wǒmen xì méiyǒu wàiguó lǎoshī.

生词 Palabras Nuevas

1. 大	A	dà	grande, voluminoso 大照片，大学院
2. 多少	PrI	duōshao	cuántos 多少人，多少教授
多	A	duō	mucho
少	A	shǎo	poco
3. 喜欢	V	xǐhuan	gustar, preferir 喜欢汉语，喜欢老师

- 98 -

*4. 外语	N	wàiyǔ	lengua extranjera 外语学院，外语老师
外	N	wài	extranjero
语	N	yǔ	lenguaje
5. 外国	N	wàiguó	país extranjero 外国人，外国朋友，外国学生
6. 百	Nu.	bǎi	cien 一百，二百，三百，四百，八百

补充生词 Palabras Suplementarias

1. 车	N	chē	coche, vehículo
2. 词典	N	cídiǎn	diccionario
3. 电脑	N	diànnǎo	computadora, ordenador
4. 孩子	N	háizi	niño
5. 爷爷	N	yéye	abuelo paterno
6. 外公	N	wàigōng	abuelo materno
7. 系主任	N	xìzhǔrèn	jefe de departamento
8. 助教	N	zhùjiào	ayudante de profesor
9. 律师	N	lǜshī	abogado
10. 工程师	N	gōngchéngshī	ingeniero

二、注释 Notas

① 是啊。

"啊" es una partícula modal que expresa afirmación.

② 我哥哥和我

La conjunción "和" se usa, generalmente, para unir nombres o frases nominales. Por ejemplo: "他和她", "哥哥和弟弟", "我们老师和你们老师". "和" no puede usarse para conectar dos oraciones y pocas veces se usa para unir dos verbos.

③ 我有一个姐姐和两个弟弟。

Cuando el numeral "2" se usa con un clasificador en chino, se utiliza el carácter "两" en lugar de "二", por ejemplo: "两张照片", "两个人"(no decimos "二张照片", "二个人"). Cuando el numeral "2" se usa solo, como en "一，二，三……", o cuando lo usamos en un número con múltiples dígitos, usamos "二", aunque esté precedido de un clasificador. Por ejemplo "十二", "二十二", "九十二个人", "二百".

④ 还有谁?

Uno de los usos de "还" es como adverbio, se suele traducir por "además" y nos ofrece información adicional. Por ejemplo:

我有两个姐姐,还有一个弟弟。
我认识马大为,还认识他朋友。

⑤ 不太大。

El adverbio "太" puede ser usado en forma negativa. "不太" significa "不很……", así que "不太大" significa "不很大", y "不太忙" significa "不很忙". Aunque, cuando "太" se usa en una construcción afirmativa, como "太大(了)", "太小(了)" o "太忙(了)" normalmente significa "demasiado" o "en exceso".

三、练习与运用　　Ejercicios y Práctica

重点句式　EXPRESIONES CLAVE

1. 你们家有几口人?
2. 这是五口人,还有谁?
3. 你有没有男朋友?
4. 我有男朋友。
5. 他做什么工作?
6. 你们外语系有多少老师?
7. 外语系有二十八个中国老师。

1. **熟读下列词组　Dominar las siguientes expresiones**

    (1) 我们家　我们系　我们学院　我们老师
    　　你们家　你们系　你们学院　你们老师
    　　他们家　他们系　他们学院　他们老师

    (2) 我爸爸　我妈妈　我哥哥　我弟弟　我姐姐　我妹妹　我朋友
    　　你爸爸　你妈妈　你哥哥　你弟弟　你姐姐　你妹妹　你朋友

    (3) 中国老师　中国学生　中国朋友　中国教授　中国医生　中国人
    　　外国老师　外国学生　外国朋友　外国教授　外国医生　外国人

    (4) 我们的名片　我们家的小狗　我们学院的学生　我们系的外国老师
    　　他的照片　　他们家的照片　他们学院的老师　他们系的中国老师

    (5) 我和你　　　我们系和你们系　　　我们系的老师和你们系的老师
    　　你们和他们　汉语学院和外语学院　汉语学院的学生和外语学院的学生

(6) 2口人　　　　4口人　　　　　5口人　　　　　8口人
　　12张照片　　23张照片　　　70张名片　　　100张名片
　　8个学院　　　10个系　　　　26个老师　　　900个学生
　　2个教授　　　4个小姐　　　89个学生　　　37个人
　　几口人　　　几张照片　　　几个弟弟　　　几个系
　　多少人　　　多少(张)照片　多少(个)朋友　多少(个)系

2. 句型替换　Práctica de patrones

(1) A: 你有<u>名片</u>吗?
　　B: 我没有<u>名片</u>。

| 小狗 |
| 照片 |
| 车(chē) |
| 电脑(diànnǎo) |
| 汉语词典(cídiǎn) |

(2) A: 他有没有<u>中国朋友</u>?
　　B: 他有<u>中国朋友</u>。
　　A: 他有几个<u>中国朋友</u>?
　　B: 他有两个<u>中国朋友</u>。

| 弟弟 |
| 姐姐 |
| 孩子(háizi) |

(3) A: 你们系的<u>外国学生</u>多不多?
　　B: 我们系的<u>外国学生</u>不太多。
　　A: 你们系有多少<u>外国学生</u>?
　　B: 我们系有<u>20</u>个<u>外国学生</u>。

教授	3
外国老师	2
助教(zhùjiào)	7
中国学生	15

(4) A: 你们家有几口人?
　　B: 我们家有<u>6</u>口人。
　　A: 你爸爸做什么工作?
　　B: 他是<u>教授</u>。

5	医生
3	记者(jìzhě)
4	律师(lǜshī)

(5) A: 他们有几个孩子(háizi)?
　　B: 他们有<u>2</u>个孩子,都很可爱。
　　A: 都是男孩子吗?
　　B: 不是,他们有<u>1</u>个男孩子和<u>1</u>个女孩子。

3	1	2
4	2	2
5	2	3

3. **与你的同学口头做算术题** Resolver de forma oral los siguientes problemas matemáticos

(1) Ejemplo： 1+2=?　→A：一加(jiā, más)二是多少？
　　　　　　　　　　　　　B：一加二是三。

　　　　　　3+7=?
　　　　　　28+22=?
　　　　　　42+35=?
　　　　　　56+12=?
　　　　　　68+32=?

(2) Ejemplo： 15-12=?　→A：十五减(jiǎn, menos)十二是多少？
　　　　　　　　　　　　　B：十五减十二是三。

　　　　　　36-16=?
　　　　　　47-29=?
　　　　　　53-38=?
　　　　　　90-69=?
　　　　　　100-12=?

(3) Ejemplo： 4×3=?　→A：四乘(chéng, por)三是多少？
　　　　　　　　　　　　　B：四乘三是十二。

　　　　　　4×5=?
　　　　　　3×9=?
　　　　　　6×7=?
　　　　　　8×4=?
　　　　　　9×8=?

4. **会话练习** Práctica de conversación

【谈家庭 Hablar de la propia familia】

(1) A：你们家有几口人？

　　B：＿＿＿＿＿＿＿＿。

　　A：你有没有哥哥和姐姐？

　　B：我有＿＿＿＿＿＿，没有＿＿＿＿＿＿。你呢？

　　A：我有一个＿＿＿＿＿＿，两个＿＿＿＿＿＿。

(2) A：你爸爸、妈妈做什么工作？

　　B：我爸爸是_____，妈妈是_____。你爸爸、妈妈呢？

　　A：我爸爸是_____，妈妈不工作。

(3) A：你哥哥做什么工作？

　　B：他是学生。

　　A：他学习什么专业？

　　B：他学习_____。

【谈学校　Hablar de la propia universidad】

(1) A：你们学院大不大？

　　B：_____。

　　A：你们学院有多少(个)系？

　　B：_____。

　　A：你们学院有多少(个)专业？

　　B：_____。

　　A：你喜欢你的专业吗？

　　B：我当然喜欢。

(2) A：你们系的老师多不多？

　　B：我们系的老师_____。

　　A：你们系有没有外国老师？

　　B：我们系有外国老师。

　　A：你们系的外国老师_____？

　　B：我们系的外国老师很少。

(3) A：你们汉语系的学生多不多？

　　B：我们系的学生_____。

　　A：你们系的男(学)生多吗？

　　B：我们系的男(学)生很少，女(学)生_____。

　　A：你喜欢不喜欢你们系？

　　B：我很喜欢。

5. 交际练习 Ejercicios de comunicación

(1) Presenta tu familia a un buen amigo tuyo.
(2) Habla de la familia de un amigo tuyo.
(3) Uno de tus amigos te pregunta por tu departamento de la universidad. ¿Cómo le contestarías?

四、阅读和复述　Comprensión Escrita y Reformulación Oral

　　丁力波是加拿大学生。他家有五口人：爸爸、妈妈、哥哥、弟弟和他。他妈妈姓丁，叫丁云，是中国人。他爸爸叫古波，是加拿大人。二十年(nián, año)前(qián, hace)古波在加拿大认识了丁云，那时候，丁云学习英语(Yīngyǔ, inglés)，古波学习汉语。

　　现在丁云和古波都是汉语教授。他们有三个男孩子(háizi)，没有女孩子。现在丁力波和他哥哥、弟弟都在北京(Běijīng)。丁力波是语言学院的学生，他学习汉语。他很喜欢语言学院。语言学院不太大，有十二个系。汉语系有一百个中国老师，学生都是外国人。外语系的学生是中国人，外语系有很多外国老师。丁力波的中国朋友都是外语系的学生。丁力波的哥哥学习历史专业，他弟弟的专业是经济(jīngjì)。

　　他们的外婆(wàipó)也在北京。他们常常(chángcháng, a menudo)去外婆家，他们很爱外婆。

五、语法　Gramática

1. 11—100的称数法 Números del 11 al 100

11 十一	12 十二	13 十三	……	19 十九	20 二十
21 二十一	22 二十二	23 二十三	……	29 二十九	30 三十
31 三十一	32 三十二	33 三十三	……	39 三十九	40 四十
⋮	⋮	⋮		⋮	⋮
81 八十一	82 八十二	83 八十三	……	89 八十九	90 九十
91 九十一	92 九十二	93 九十三	……	99 九十九	100 一百

2. 数量词作定语 Clasificador-numerales con función de complemento del nombre

　　En chino moderno, un numeral no puede funcionar directamente como complemento del nombre, para modificarlo debe ir acompañado de un clasificador. Todos los nombres tienen su clasificador correspondiente.

Nu. +	Clas. +	N
五	口	人
一	个	姐姐
十二	个	系
二十	张	照片

"个" es el clasificador más frecuente, siempre se usa delante de los nombres referidos a personas, cosas, y unidades (se lee en tono neutro). "张" se usa normalmente delante de los nombres de objetos planos como el papel, las fotografías o las tarjetas de presentación. El clasificador "口" combinado con "人" se utiliza para expresar el número de miembros de una familia. Por ejemplo: "五口人". En otros casos, "个" puede ser usado, por ejemplo:"我们班有二十个人。" No se puede decir "我们班有二十口人".

3. "有" 字句 Oraciones con "有"

Las frases que usan el verbo "有" como parte principal del predicado normalmente expresan posesión. Su forma negativa se construye añadiendo el adverbio"没" delante de"有". (Nota：no se puede usar "不"). Su forma V-no-V es "有没有".

(没) + 有 + O

Sujeto	Predicado		
	(没)有	O	Pt.
我	有	姐姐。	
她	没有	男朋友。	
你	有	名片	吗？
你	有没有	照片？	
语言学院	有	十二个系。	
我们系	没有	外国老师。	
你们家	有没有	小狗？	

Si el sujeto de la frase con "有" es un nombre que indica un centro de trabajo, lugar o localización, este tipo de frase con "有" es similar al tipo de frases españolas: "Hay…"

4. 用"几"或"多少"提问 Preguntas con "几" o "多少"

Los pronombres interrogativos "几" y "多少" se usan para preguntar por números. "几" se usa, normalmente, para hablar de números menores de diez, y se necesita un clasificador entre "几" y el nombre. "多少" puede usarse para preguntar por cualquier número, y el clasificador es opcional.

几 + Clas. + N   多少 (+ Clas.) + N
你们家有几口人？   你们系有多少(个)学生？
我家有五口人。   我们系有五百个学生。

- 105 -

六、汉字　　Caracteres Chinos

1. 汉字的结构(1) Estructura de los caracteres chinos (1)

Desde un punto de vista de estructura, los caracteres chinos se dividen en dos categorías. Los caracteres de componente único y los caracteres multicomponentes. Todos los caracteres básicos que hemos aprendido son de componente único, como: "人", "手", "刀", "马", "牛", "羊", "日", "月", "水", "木", "上", "下".

Los caracteres multicomponentes consisten en dos o más componentes, como "爸", "妈", "你", "们", "哪", "语". El orden en el que se escriben los componentes en un carácter multicomponente es similar al orden en que se escriben los trazos de un carácter simple. Hay tres tipos de configuración para los caracteres multicomponentes, que son:

La estructura izquierda-derecha ①

a. Izquierda-derecha iguales (los números en la figura indican el orden de escritura de los componentes)

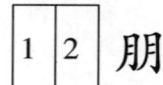

| 1 | 2 | 朋

b. Izquierda pequeña-derecha grande

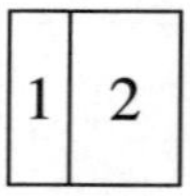

| 1 | 2 | 汉 | 1 | 2/3 | 语

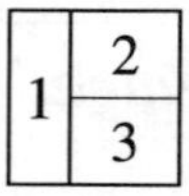

c. Izquierda grande-derecha pequeña

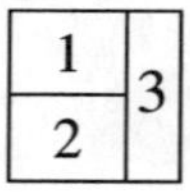

| 1/2 | 3 | 都

2. 认写基本汉字 Aprender y escribir caracteres chinos básicos

(1) 几(幾)　　　丿 几
　　jǐ　　cuántos　　　　　　　　　　2 trazos

(2) 禾　　　　　一 二 千 禾 禾
　　hé　　cereal　　　　　　　　　　5 trazos

(3) 个(個)　　　丿 人 个
　　gè　　clasificador　　　　　　　3 trazos

(4) 两　　　　　一 厂 丆 丙 丙 两 两
　　liǎng　　dos　　　　　　　　　　7 trazos

-106-

(5) 未　　　一 二 キ 未 未

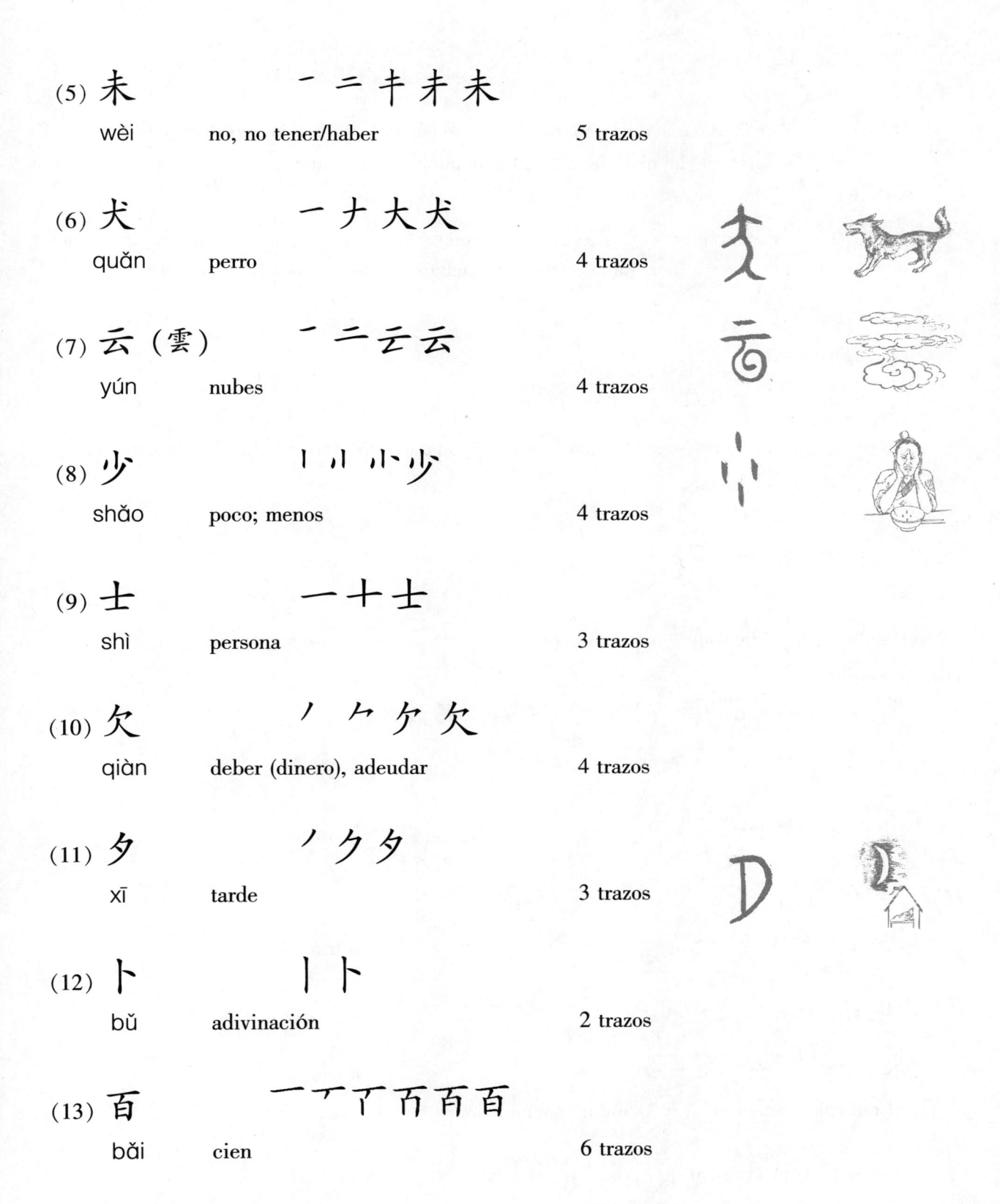

wèi　　no, no tener/haber　　5 trazos

(6) 犬　　　一 ナ 大 犬

quǎn　　perro　　4 trazos

(7) 云（雲）　　一 二 云 云

yún　　nubes　　4 trazos

(8) 少　　　丨 小 小 少

shǎo　　poco; menos　　4 trazos

(9) 士　　　一 十 士

shì　　persona　　3 trazos

(10) 欠　　　丿 乊 ケ 欠

qiàn　　deber (dinero), adeudar　　4 trazos

(11) 夕　　　丿 ク 夕

xī　　tarde　　3 trazos

(12) 卜　　　丨 卜

bǔ　　adivinación　　2 trazos

(13) 百　　　一 丆 丁 百 百 百

bǎi　　cien　　6 trazos

3. 认写课文中的汉字　Aprender y escribir los caracteres chinos que aparecen en los textos

豕 shǐ　　一 丆 丁 豕 豕 豕 豕　　　　　　　　　　7 trazos

(1) 家 jiā

家 → 宀 + 豕   10 trazos

(El radical "宀", denota una cabaña. Una cabaña con un cerdo representa una casa. El carácter "家" refleja la historia del antiguo pueblo chino que evolucionó de cazadores a pastores)

灬 (sìdiǎndǐ) (El carácter "火" se escribe como "灬" en la parte baja de un carácter multicomponente, y se le denomina la base de "cuatro-puntos".)

4 trazos

(2) 照片 zhàopiàn

照 → 日 + 刀 + 口 + 灬   13 trazos

(La parte con información semántica es "日", y la parte con información fonética es "召".)

(3) 和 hé

和 → 禾 + 口   8 trazos

丷 (dìzìtóu) (El radical de "hermano pequeño") 丶 丷   2 trazos

(4) 弟弟 dìdi

弟 → 丷 + 弔 (乛 ⼀ 弓 弔 弟)   7 trazos

(5) 还 hái (還)

还 → 不 + 辶   7 trazos

(6) 一共 yígòng

共 → 廿 + 八   6 trazos

(7) 妹妹 mèimei

妹 → 女 + 未   8 trazos

(El radical "femenino" "女", indica connotaciones femeninas.)

犭 (quǎnzìpáng) (radical de "perro") 丿犭犭   3 trazos

勹 (bāozìtóu) (radical de "envolvente") 丿勹   2 trazos

(8) 狗 gǒu

狗 → 犭 + 勹 + 口   8 trazos

("犬" es el carácter original de "狗". Se escribe como "犭" en el lado izquierdo de caracteres que indican animales.)

丷 (dāngzìtóu) (parte superior)　　丶 丷 丷　　　　　　　3 trazos

彐 (héngshān)　　　　フ ヨ 彐　　　　　　　　　　　3 trazos

(9) 当然 dāngrán (當然)

当 → 丷 + 彐　　　　　　　　　　　　　　　　6 trazos

然 → 夕 + 犬 + 灬　　　　　　　　　　　　　12 trazos

(La combinación del radical "carne", el radical "perro", y el radical "fuego" indica "asar carne de perro en el fuego". Esta combinación crea el carácter "然", que tiene el significado originario de "quemar", ahora este carácter tiene otros significados.)

(10) 真 zhēn

真 → 十 + 且 + 八　　　　　　　　　　　　　10 trazos

(11) 可爱 kě'ài (可愛)

爱 → 爫 + 冖 + 友　　　　　　　　　　　　　10 trazos

殳 shū　　丿 几 殳 殳　　　　　　　　　　　　　4 trazos

(12) 没 méi

没 → 氵 + 殳　　　　　　　　　　　　　　　　7 trazos

(13) 男 nán

男 → 田 + 力　　　　　　　　　　　　　　　　7 trazos

(14) 做 zuò

做 → 亻 + 古 + 攵　　　　　　　　　　　　　11 trazos

乍 zhà　　丿 丶 仁 乍 乍　　　　　　　　　　　5 trazos

(15) 工作 gōngzuò

作 → 亻 + 乍　　　　　　　　　　　　　　　　7 trazos

(16) 多少 duōshao

多 → 夕 + 夕　　　　　　　　　　　　　　　　6 trazos

- 109 -

(17) 喜欢 xǐhuan (喜歡)

喜 → 士 + 口 + ⸯ + 一 + 口　　　　　12 trazos

欢 → 又 + 欠　　　　　6 trazos

(A la izquierda de un carácter multicomponente, el segundo trazo de "又" se escribe como un punto largo.)

(18) 外语 wàiyǔ (外語)

外 → 夕 + 卜　　　　　5 trazos

文化知识　　Notas Culturales

Formas de referirse a la familia y parientes

Las palabras chinas para "madre", "padre", "hijo" e "hija" se usan de forma similar al español. Sin embargo, es bastante complejo referirse en chino a los demás parientes. Dos principios nos marcan cómo nombrar a la familia: 1) parientes por parte de la madre y parientes por parte del padre; y 2) edad relativa del hablante con respecto al pariente referido.

En español, las palabras "abuelo" y "abuela" se pueden referir tanto a la familia paterna como a la materna. En cambio, en chino los padres del padre son "*zufu*" "abuelo" y "*zumu*" "abuela" y son informalmente llamados "*yeye*" "abuelito" y "*nainai*" "abuelita", mientras que los términos para la rama materna son "*waizufu*" "abuelo por parte de la madre" y "*waizumu*" "abuela por parte de la madre". En chino informal "*waigong*" (o *laoye*) y "*waipo*" (o *laolao*), significan, exactamente, "abuelito materno" y "abuelita materna" respectivamente.

En chino existen términos especiales que indican si los hermanos son mayores o menores que el que habla. Por ejemplo, en vez del término español "hermano", los chinos tienen "*gege*" hermano mayor y "*didi*" hermano menor. De manera similar hermana mayor es "*jiejie*", y hermana menor es "*meimei*". En chino, siempre se debe diferenciar entre los mayores y los menores y usar el término correcto.

¿Te has preguntado, alguna vez, cómo se celebran los cumpleaños en China? En este tema se hablará de la manera tradicional de celebrar los cumpleaños en China y aprenderás a preguntar la edad y el lugar de nacimiento. Vas a aprender a decir los días, las semanas, los meses y los años. También estudiarás los signos del zodiaco chino, que son una aportación destacable de la cultura china.

第九课 Lección 9

他 今年 二十 岁
Tā jīnnián èrshí suì

一、课文　　Texto

(一)

王 小云： 林娜，你 怎么样？① 忙 不 忙？
Wáng Xiǎoyún: Lín Nà, nǐ zěnmeyàng? Máng bu máng?

林 娜： 我 今天 很 忙。
Lín Nà: Wǒ jīntiān hěn máng.

王 小云： 明天　　上午 你 有 没有 课？
Wáng Xiǎoyún: Míngtiān shàngwǔ nǐ yǒu méiyǒu kè?

林 娜： 明天　　是 星期 几？
Lín Nà: Míngtiān shì xīngqī jǐ?

王 小云： 明天　　是 星期四。
Wáng Xiǎoyún: Míngtiān shì xīngqīsì.

林　娜：	我　上午、　下午　都　有　课。
Lín Nà：	Wǒ shàngwǔ、xiàwǔ dōu yǒu kè.

【约会】
Pedir una cita

王　小云：	你　星期日　有　时间　吗？
Wáng Xiǎoyún：	Nǐ xīngqīrì yǒu shíjiān ma?

林　娜：	星期日　是　几号？
Lín Nà：	Xīngqīrì shì jǐ hào?

王　小云：	星期日　是　十月　二十七号，是　宋　华　的　生日。
Wáng Xiǎoyún：	Xīngqīrì shì shíyuè èrshíqī hào, shì Sòng Huá de shēngri.

林　娜：	是　吗？② 他　今年　多　大？③
Lín Nà：	Shì ma? Tā jīnnián duō dà?

preguntar edad

王　小云：	宋　华　一九八二年　十月　二十七日　出生，
Wáng Xiǎoyún：	Sòng Huá yī jiǔ bā èr nián shíyuè èrshíqī rì chūshēng,

	属　狗。④ 他　今年　二十岁。
	shǔ gǒu. Tā jīnnián èrshí suì.

【问年龄和出生地】
Preguntar la edad y el lugar de nacimiento de alguien

林　娜：	他是哪儿人？⑤
Lín Nà：	Tā shì nǎr rén?

王　小云：	他是　北京　人。他爸爸、妈妈　都　在　北京。
Wáng Xiǎoyún：	Tā shì Běijīng rén. Tā bàba、māma dōu zài Běijīng.

	星期日　下午　我们　有　一个　聚会，祝贺　他　的
	Xīngqīrì xiàwǔ wǒmen yǒu yí ge jùhuì, zhùhè tā de

	生日。力波、大为　都去，你　参加 不 参加？
	shēngri. Lìbō、Dàwéi dōu qù, nǐ cānjiā bu cānjiā?

林　娜：	太　好　了！我　当然　参加。中国　人　生日
Lín Nà：	Tài hǎo le! Wǒ dāngrán cānjiā. Zhōngguó rén shēngri

	吃　蛋糕　吗？
	chī dàngāo ma?

王　小云：	吃　蛋糕。
Wáng Xiǎoyún：	Chī dàngāo.

林　娜：	我　买　一个　大　蛋糕，好　吗？
Lín Nà：	Wǒ mǎi yí ge dà dàngāo, hǎo ma?

王 小云： 好 啊。我 买 两 瓶 红葡萄酒。
Wáng Xiǎoyún: Hǎo a. Wǒ mǎi liǎng píng hóngpútaojiǔ.

生词 Palabras Nuevas

1.	今年	N	jīnnián	este año
	年	N	nián	año 2002年，2000年，1998年，一年，两年
2.	岁	Clas.	suì	años (edad) 五岁，十八岁，二十岁，三十六岁
*3.	怎么样	PrI	zěnmeyàng	¿Qué tal...?, ¿Cómo está/s...? 天气怎么样，你怎么样
*4.	今天	N	jīntiān	hoy 今天上午，今天下午
5.	课	N	kè	clase; lección 有课，汉语课，文化课，一课，两课
6.	星期	N	xīngqī	semana 星期一，星期二，星期儿，一个星期
7.	上午	N	shàngwǔ	por la mañana 明天上午，一个上午
	上	N	shàng	encima; pasado 上星期，上星期二，上个月
8.	下午	N	xiàwǔ	por la tarde 明天下午，一个下午
	下	N	xià	debajo; próximo 下星期，下星期三，下个月
9.	星期日	N	xīngqīrì	domingo 星期日上午，星期日下午
*10.	号	N	hào	día del mes 五月四号，十月一号
11.	生日	N	shēngri	cumpleaños 他的生日，二十岁生日
	生	V	shēng	nacer
12.	多大	PrI	duō dà	¿cuántos años (edad)? 今年多大
	多	Adv.	duō	¿cómo?
	大	A	dà	edad/viejo
13.	出生	V	chūshēng	nacer 1982年出生
	出	V	chū	salir
14.	属	V	shǔ	nacer en el año de 属狗，属马
15.	聚会	N	jùhuì	fiesta 生日聚会，有一个聚会
	会	N	huì	reunión
16.	祝贺	V	zhùhè	felicitar 祝贺生日
	祝	V	zhù	desear, felicitar

- 113 -

padre día feliz
fù qīng jié kuài lè !
feliz día del padre

17. 参加	V	cānjiā	participar; asistir 参加聚会
*18. 了	Pt.	le	(partícular modal/partícula de aspecto)
19. 吃	V	chī	comer
20. 蛋糕	N	dàngāo	pastel 一个蛋糕，吃蛋糕
蛋	N	dàn	huevo
糕	N	gāo	pastel
21. 买	V	mǎi	comprar 买蛋糕
22. 瓶	Clas.	píng	botella 一瓶水
23. 红葡萄酒	N	hóngpútaojiǔ	vino tinto 一瓶红葡萄酒
红	A	hóng	rojo
葡萄	N	pútao	uva 吃葡萄，买葡萄
酒	N	jiǔ	vino o licor
*24. 宋华	NP	Sòng Huá	(nombre de un estudiante chino)
25. 北京	NP	Běijīng	Pekín

(二)

林娜： 宋　华，这　是　生日　蛋糕。
Lín Nà:　Sòng Huá, zhè shì shēngri dàngāo.

祝　你　生日　快乐！⑥
Zhù nǐ shēngri kuàilè!

【祝贺生日】Celebrar el cumpleaños de alguien

宋 华： Sòng Huá:	谢谢。蛋糕 真 漂亮。你们 来，我 很 高兴。 Xièxie. Dàngāo zhēn piàoliang. Nǐmen lái, wǒ hěn gāoxìng.	
马 大为： Mǎ Dàwéi:	今天 我们 吃 北京 烤鸭。我 很 喜欢 吃 烤鸭。⑦ Jīntiān wǒmen chī Běijīng kǎoyā. Wǒ hěn xǐhuan chī kǎoyā.	
丁 力波： Dīng Lìbō:	我们 喝 什么 酒？ Wǒmen hē shénme jiǔ?	
王 小云： Wáng Xiǎoyún:	当然 喝 红葡萄酒，我们 还 吃 寿面。⑧ Dāngrán hē hóngpútaojiǔ, wǒmen hái chī shòumiàn.	
林 娜： Lín Nà:	吃 寿面？ 真 有 意思。 Chī shòumiàn? Zhēn yǒu yìsi.	
宋 华： Sòng Huá:	林 娜，你的 生日 是 哪 天？ Lín Nà, nǐ de shēngri shì nǎ tiān?	
林 娜： Lín Nà:	十一月 十二号。 Shíyīyuè shí'èr hào.	
宋 华： Sòng Huá:	好，十一月 十二号 我们 再来吃 寿面。 Hǎo, shíyīyuè shí'èr hào wǒmen zài lái chī shòumiàn.	

生词 Palabras Nuevas

1.	快乐	A	kuàilè	feliz 生日快乐
2.	漂亮	A	piàoliang	guapa (chica), bonito (cosas) 漂亮的小姐，漂亮的照片
3.	烤鸭	N	kǎoyā	pato laqueado 北京烤鸭，吃烤鸭 *pato pequines*
	鸭	N	yā *zi*	pato
*4.	喝	V	hē	beber 喝葡萄酒，喝咖啡(kāfēi)
*5.	再	Adv.	zài	de nuevo 再来，再买，再看，再做
6.	寿面	N	shòumiàn	(cumpleaños) tallarines de la longevidad 吃寿面
	面	N	miàn	tallarines 吃面

- 115 -

补充生词 Palabras Suplementarias

1.	晚上	N	wǎnshang	noche
2.	中餐	N	zhōngcān	comida china
3.	西餐	N	xīcān	comida occidental
4.	茶	N	chá	té
5.	可乐	N	kělè	Coca Cola
6.	雪碧	N	xuěbì	Sprite
7.	汉堡	N	hànbǎo	hamburguesa
8.	热狗	N	règǒu	~~bocadillo~~ hot dog
9.	面包	N	miànbāo	pan
10.	牛奶	N	niúnǎi	leche
11.	米饭	N	mǐfàn	arroz (cocido)
12.	啤酒	N	píjiǔ	cerveza

二、注释　　Notas

① 你怎么样？¿Cómo estás?

Otra forma de saludar a los conocidos y amigos similar a "你好吗？". ¿Estás bien?

② 是吗？¿Sí?

En este caso, la estructura "是吗？" no desempeña la función de partícula interrogativa. En este contexto denota la sorpresa del hablante ante un hecho desconocido.

　　A：丁力波的哥哥和弟弟都在北京。

　　B：是吗？

En ocasiones expresa duda o modestia cuando se recibe un halago o cumplido (Ver tema 11)

③ 他今年多大？¿Cuántos años tiene?

Aquí "多" es un adverbio seguido por un adjetivo. La estructura "多 + Adjetivo" funciona para plantear una pregunta, "大" en este caso hace referencia a la edad.

En China, para preguntar la edad se utilizan diferentes estructuras en función de las características del grupo al que se interroga. "你今年多大？" sólo se puede utilizar para preguntar la edad de un adulto o de una persona de la misma generación que el que pregunta. Para preguntar la edad de un niño normalmente se utiliza "你今年几岁？". En la lección 11 veremos cómo preguntar la edad a una persona mayor o con más años que el entrevistador.

④ 宋华一九八二年十月二十七日出生，属狗。宋华 ha nacido el 27 de octubre de 1982.

En China es habitual identificar el año de nacimiento con uno de los 12 animales que integran el horóscopo. La distribución cronológica de estos 12 animales, que forman ciclos de 12 años, es la siguiente: rata, buey, tigre, conejo, dragón, serpiente, caballo, cabra, mono, gallo, perro y cerdo. Por ejemplo, los años 1982, 1994 y 2006 son designados por "años del perro". A la gente nacida en estos años se le denomina como "perteneciente al año del perro", que en chino se escribe "属狗". Los años 1988, 2000 y 2012 son los "años del dragón" y los nacidos en estos años "属龙".

⑤ 他是哪儿人？¿De dónde es?

Esta expresión se utiliza para preguntar el lugar de nacimiento. Para formular esta pregunta también se puede utilizar la estructura "他哪儿人？" con "是" omitido y para contestar a "哪儿" es necesario especificar la provincia, ciudad o país. Para preguntar la nacionalidad se utiliza la expresión "哪国人？".

⑥ 祝你生日快乐！Te deseo un feliz cumpleaños.

Esta es la forma coloquial de felicitar el cumpleaños. "祝你…" se utiliza para expresar un deseo que, en ocasiones, implica una felicitación adelantada, es decir, una felicitación por algo que aún no ha ocurrido. "祝贺你…", sin embargo, es utilizado para felicitar por hechos ya acontecidos. Por ejemplo:

  A: 我下星期天结婚(jiéhūn, casarse)。
  B: 祝贺你!

⑦ 我很喜欢吃烤鸭。Me gusta mucho comer pato laqueado.

Un verbo o un sintagma verbal pueden funcionar como el objeto de un verbo predicativo. Por ejemplo:

  他喜欢说。
  我喜欢学习汉语。

⑧ 我们还吃寿面。

Durante la celebración del cumpleaños en China es habitual comer tallarines de la longevidad. La longitud de la pasta simboliza una larga vida.

三、练习与运用 Ejercicios y Práctica

重点句式 EXPRESIONES CLAVE

1. 他今年多大？
2. 他今年二十岁。
3. 星期日是几号？
4. 星期五上午你有没有课？
5. 他一九八二年十月二十七号出生。
6. 我买一个大蛋糕，好吗？
7. 我很喜欢吃烤鸭。
8. 祝你生日快乐！

1. 熟读下列词组 Dominar las siguientes expresiones

(1) 今天上午　明天下午　五月八号上午　上星期　上星期三　上星期三下午

星期二上午　星期六下午　九月二十号下午　下星期　下星期日　下星期三上午

(2) 一九七〇年出生　一九八五年学习汉语　一九九〇年工作

一九九九年来中国　二〇〇〇年认识张教授　二〇〇二年到北京

(3) 一个蛋糕　两瓶葡萄酒　五张照片　三个朋友　一个妹妹　一个聚会

(4) 宋华的生日　你的生日　他们的聚会　林娜的蛋糕　王小云的酒

(5) 生日蛋糕　大蛋糕　红葡萄酒　北京烤鸭

2. 句型替换 Práctica de patrones

(1) A: 今天是(几月)几号？

B: 今天是<u>十一月八号</u>。

A: 明天是星期几？

B: 明天是<u>星期四</u>。

2002		
九月小	27	星期五

2002		
十月大	16	星期三

2002		
十二月大	31	星期二

(2) A: <u>二月五号</u>是不是星期六？

B: <u>二月五号</u>不是星期六，是<u>星期五</u>。

A: <u>星期五</u>你有没有课？

B: 我上午有课，下午没有课。

2月

一	二	三	四	五	六	日
1	2	3	4	5	6	7
8	9	10	11	12	13	14
15	16	17	18	19	20	21
22	23	24	25	26	27	28

(3) A: 星期六是几号？
　　B: 星期六是十二月十七号。
　　A: 星期六他做什么？
　　B: 他去朋友家。

星期五	看京剧(jīngjù)
星期一	参加聚会
星期日	吃烤鸭

(4) A: 你现在忙不忙？
　　B: 我现在很忙。
　　A: 你星期几有时间？
　　B: 我星期五下午有时间。

星期日
星期四上午
星期二下午

(5) A: 你几号来北京？
　　B: 我下月二号来北京。
　　A: 下月二号是星期几？
　　B: 下月二号是星期一。

去	加拿大
来	中国
去	美国

(6) A: 你今年多大？
　　B: 我今年21岁。
　　A: 你的生日是哪天？
　　B: 我的生日是8月31号。

19	1月6日
20	3月12日
22	4月22号

(7) A: 你是哪儿人？
　　B: 我是北京人。
　　A: 北京怎么样？
　　B: 北京很漂亮。

上海(Shànghǎi)
温哥华(Wēngēhuá)
多伦多(Duōlúnduō)
纽约(Niǔyuē)
伦敦(Lúndūn)

(8) A: 你参加明天的聚会吗？
　　B: 我当然参加。
　　A: 我买两瓶红葡萄酒，好吗？
　　B: 好啊，我买一个大蛋糕。

两瓶可乐(kělè)	五个汉堡(hànbǎo)
三瓶雪碧(xuěbì)	八个热狗(règǒu)
六瓶啤酒(píjiǔ)	九个面包(miànbāo)

3. 回答下列问题 Responder a las siguientes preguntas

(1) 一年有几个月？

(2) 一年有多少个星期？

(3) 一个星期有几天？

(4) 十一月有多少天？

(5) 十一月有几个星期天？

(6) 今天几月几号？星期几？

(7) 星期天是几号？

(8) 星期天你做什么？

(9) 你喜欢吃什么？

(10) 你喜欢喝茶(chá)吗？

4. 会话练习 Práctica de conversación

【约会 Pedir una cita】

(1) A：你怎么样？忙不忙？

　　B：_____。

　　A：星期五下午你有时间吗？我们去_____，好吗？

　　B：太好了，我当然去。

(2) A：十二号你有时间吗？

　　B：十二号是星期三吗？

　　A：不是，十二号是星期四。我们下午有个聚会，你参加不参加？

　　B：对不起(duìbuqǐ)，_____，恐怕(kǒngpà)不行(xíng)。

　　A：没关系(méi guānxi)。

【问年龄和出生地 Preguntar la edad y el lugar de nacimiento de alguien】

(1) A：你今年多大？

　　B：我今年二十八(岁)。

　　A：你的生日是哪天？

　　B：今天是我的生日。

　　A：祝你生日快乐！

　　B：谢谢。

(2) A：您是哪儿人？

B：我是上海(Shànghǎi)人。

A：你爸爸、妈妈都在上海吗？

B：不，他们现在_____。

A：他们都好吗？

B：谢谢，他们都很好。

(3) A：你哥哥有孩子(háizi)吗？

B：他有一个女孩子。

A：她今年几岁？

B：她_____。

【祝贺生日　Celebrar el cumpleaños de alguien】

(1) A：下星期五是林娜的生日，我们有个聚会。你来不来？

B：我当然来。_____，好吗？

A：好啊！我买_____。

B：太好了，我们喝葡萄酒，吃蛋糕和寿面。

(2) A：今天是你的生日，祝你生日快乐！

B：谢谢。你们来，我很高兴。

5. 交际练习　Ejercicios de comunicación

Un amigo intenta quedar contigo. Debes responder en función de las actividades que tengas programadas para la próxima semana.

	星期一	星期二	星期三	星期四	星期五	星期六	星期日
上午	汉语课	文化课	汉语课		汉语课	看朋友	
下午		汉语课		汉语课	打球 dǎ qiú		生日聚会
晚上 wǎnshang	朋友来		游泳 yóuyǒng			看京剧 jīngjù	

| 四、阅读和复述 | **Comprensión Escrita y Reformulación Oral** |

宋华是经济(jīngjì)系的学生,北京人,1982年出生。今年十月二十七日是他二十岁的生日。星期天下午,他的好朋友们有一个聚会,王小云、林娜、丁力波和马大为都来祝贺他的生日。他们在北京烤鸭店(diàn, tienda)吃烤鸭和寿面,喝红葡萄酒。朋友们祝宋华生日快乐,宋华非常高兴。

林娜的生日是十一月十二号。宋华说那天他们再来吃寿面和烤鸭。

| 五、语法 | **Gramática** |

1. 年、月、日和星期 Expresar la fecha y los días de la semana

En chino las cuatro cifras que configuran los años se leen de forma separada añadiendo al final "年". Por ejemplo:

一九九八年	yī jiǔ jiǔ bā nián
二〇〇〇年	èr líng líng líng nián
二〇〇二年	èr líng líng èr nián
二〇一〇年	èr líng yī líng nián

El nombre de los meses se forma anteponiendo a "月" un número cardinal del 1 al 12. Por ejemplo:

一月	yīyuè	(enero)	七月	qīyuè	(julio)
二月	èryuè	(febrero)	八月	bāyuè	(agosto)
三月	sānyuè	(marzo)	九月	jiǔyuè	(septiembre)
四月	sìyuè	(abril)	十月	shíyuè	(octubre)
五月	wǔyuè	(mayo)	十一月	shíyīyuè	(noviembre)
六月	liùyuè	(junio)	十二月	shí'èryuè	(diciembre)

Las fechas se forman combinando un número cardinal del 1 al 30 (o 31) con "号" (oral) o "日" (escrito). Por ejemplo:

(二月)六号	(èryuè) liù hào	6 de febrero
(十月)十二号	(shíyuè) shí'èr hào	12 de octubre
(十一月)二十二日	(shíyīyuè) èrshí'èr rì	22 de noviembre
(十二月)三十一日	(shí'èryuè) sānshíyī rì	31 de diciembre

Para expresar una fecha del mes en curso se puede omitir "月" y decir simplemente "……号".

Los días de la semana se forman añadiendo un número cardinal del 1 al 6 a "星期". La única excepción es el domingo: "星期天" en el lenguaje oral y "星期日" en el escrito.

星期一	xīngqīyī	lunes		星期五	xīngqīwǔ	viernes
星期二	xīngqī'èr	martes		星期六	xīngqīliù	sábado
星期三	xīngqīsān	miércoles		星期日	xīngqīrì	domingo
星期四	xīngqīsì	jueves				

El orden de los complementos utilizados para expresar la fecha y los días de la semana es el siguiente:

```
       年    +   月   +   日   + 星期
   二〇〇〇年 十二月 二十五日   星期三
    2000年    12月    25日    星期三
```

2. 表时间的词语作状语 Expresiones de tiempo usadas como modificador adverbial

Las expresiones de tiempo, como "现在" (ahora), "今天" (hoy), "下午" (por la tarde) "二月二十号" (20 de febrero), desempeñan la función de un adverbio cuando indican el momento en que se produce la acción. Los adverbios de tiempo se colocan detrás del sujeto y delante de la parte principal del predicado (verbo) o delante del sujeto si se quiere enfatizar el momento en que se desarrolla la acción.

Sujeto + PT + VO / A

Sujeto	Predicado		
	PT	V O / A	
你	星期日	有 时间	吗?
我	上午、下午	都 有 课。	
中国人	生日	吃 蛋糕	吗?
宋华	1982年10月27日	出生。	
我	今天	很 忙。	

- 123 -

PT + Sujeto + VO / A

PT	Sujeto	Predicado	
		V	O / A
明天上午	你	有没有	课？
星期日下午	我们	有	一个聚会。
今天	我们	吃	北京烤鸭。
11月12号	我们	再 来 吃	寿面。
今天	我	很	忙。

Nota: 1. Los adverbios de tiempo (¿Cuándo?) nunca se pueden situar detrás del verbo de la frase principal (predicado). Por ejemplo, no se puede decir "我们吃烤鸭今天" "Comemos pato laqueado hoy".
2. Si hay más de una expresión de tiempo en la misma frase, se deben ordenar en función de la duración (de mayor a menor). Por ejemplo: "明天上午" (mañana por la mañana), "星期日下午" (el domingo por la tarde).

3. 名词谓语句 Oraciones con predicado nominal

Sustantivos, sintagmas nominales y unidades de medida, pueden desempeñar directamente la función de predicado, omitiendo el verbo "是". Este tipo de frases se utilizan habitualmente para expresar la edad, el precio (ver la lección 10), etc. En el lenguaje oral también se utilizan para expresar el tiempo (lección 11).

Sujeto + Nu. Clas.

Sujeto	Predicado	
		Nu. Clas.
宋华	今年	二十岁。
林娜		十九岁。

4. 用 "……好吗？" 提问 Preguntas con "……, 好吗？"

La estructura "…, 好吗？" se utiliza habitualmente para hacer sugerencias o pedir una opinión. Si la primera parte es una frase afirmativa, también se puede utilizar "可以吗？".

我们买一个大蛋糕,好吗？

我们去游泳(yóuyǒng),好吗？

现在去,可以吗？

Para responder afirmativamente se pueden utilizar las siguientes expresiones: "好啊", "好", "太好了".

六、汉字   Caracteres Chinos

1. 汉字的结构(2)   Estructura de los caracteres chinos(2)

De izquierda a derecha ②
Izquierda-centro-derecha iguales

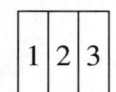

| 1 | 2 | 3 | 谢   娜

2. 认写基本汉字   Aprender y escribir caracteres chinos básicos

(1) 今   ノ 人 亼 今
jīn   hoy, en la actualidad   4 trazos

(2) 年   ノ ㄈ ㅑ 仁 阡 年
nián   año   6 trazos

(3) 果   一 冂 日 旦 早 果 果
guǒ   fruta   8 trazos

(4) 其   一 十 卄 卄 甘 苴 其 其
qí   su (de él); su (de ella)   8 trazos

(5) 上   ㇐ ト 上
shàng   encima   3 trazos
(Poniendo "卜" encima de "一" significa "sobre/encima".)

(6) 午   ノ ㇇ 匕 午
wǔ   mediodía (las 12 horas)   4 trazos

(7) 出   ㇗ 凵 屮 出 出
chū   salir/ir   5 trazos
("凵" representa una cueva, y "屮" un pie que sale de la cueva.)

(8) 面 (麵)   一 丆 丆 丙 而 而 面 面
miàn   tallarines   9 trazos

- 125 -

(9) 尸　　　フコ尸

shī　　cadáver　　　　　　　　　　　　　　3 trazos

(Poniendo "尸" representa un cadáver o un caparazón.)

(10) 了　　　フ了

le　　partícula　　　　　　　　　　　　　　2 trazos

(11) 虫(蟲)　丶口口中虫虫

chóng　insecto; gusano　　　　　　　　　　6 trazos

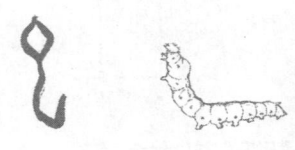

(12) 耳　　　一丅FF耳耳

ěr　　oreja　　　　　　　　　　　　　　　6 trazos

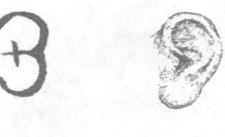

(13) 乞　　　ノ⺁乞

qǐ　　pedir　　　　　　　　　　　　　　　3 trazos

(14) 米　　　丶丷一半米米

mǐ　　arroz　　　　　　　　　　　　　　　6 trazos

(Los cuatro puntos en "米" representan granos de arroz.)

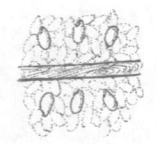

(15) 头(頭)　丶丶二头头

tóu　　cabeza　　　　　　　　　　　　　　5 trazos

(16) 瓦　　　一丆瓦瓦

wǎ　　teja　　　　　　　　　　　　　　　 4 trazos

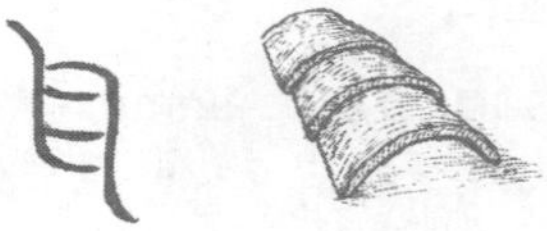

3. 认写课文中的汉字　Aprender y escribir los caracteres chinos que aparecen en los textos

(1) 岁 suì (歲)

岁 → 山 + 夕　　　　　　　　　　　　　　6 trazos

(2) 怎么样 zěnmeyàng (怎麼樣)

怎 → 乍 + 心　　　　　　　　　　　　　　9 trazos

样 → 木 + 羊　　　　　　　　　　　　　　10 trazos

(3) 课 kè (課)

课 → 讠 + 果   10 trazos

(4) 星期 xīngqī

星 → 日 + 生   9 trazos

期 → 其 + 月   12 trazos

丂 (hàozìdǐ) (el fondo "número") 一丂   2 trazos

(5) 号 hào (號)

号 → 口 + 丂   5 trazos

(6) 属 shǔ (屬)

属 → 尸 + 一 + 虫 + 口   12 trazos

氺 (jùzìdǐ) 一 丁 亅 亓 氺 氺   6 trazos

(7) 聚会 jùhuì (聚會)

聚 → 耳 + 又 + 氺   14 trazos

会 → 人 + 云   6 trazos

礻 (shìzìpáng) (el radical "mostrar") ゛ ㇇ 礻 礻   4 trazos

(8) 祝贺 zhùhè (祝賀)

祝 → 礻 + 兄   9 trazos

贺 → 力 + 口 + 贝   9 trazos

(9) 吃 chī (喫)

吃 → 口 + 乞   6 trazos

(Usar la "boca" "口" para comer "吃".)

疋 (pǐzìtóu) (el radical de pie) 一 丅 下 疋 疋   5 trazos

(10) 蛋糕 dàngāo

蛋 → 疋 + 虫   11 trazos

糕 → 米 + 羔   16 trazos

(En la parte izquierda del carácter, el sexto trazo de "米" se escribe como un punto.)

⼁ (hénggōu) (un trazo horizontal con un gancho)   1 trazo

(11) 买 mǎi (買)

买 → ⼁ + 头   6 trazos

(12) 瓶 píng

瓶 → 丷 + 开 + 瓦   10 trazos

(13) 红 hóng (紅)

红 → 纟 + 工   6 trazos

艹 (cǎozìtóu) (la "hierba")   一 十 艹   3 trazos

甫 fǔ   一 丁 丆 丏 甫 甫 甫   7 trazos

缶 fǒu   丿 𠂉 𠂊 午 缶 缶   6 trazos

(14) 葡萄 pútao

葡 → 艹 + 勹 + 甫   12 trazos

萄 → 艹 + 勹 + 缶   11 trazos

酉 yǒu   一 丁 丆 丏 西 西 酉   7 trazos

(15) 酒 jiǔ

酒 → 氵 + 酉   10 trazos

彡 (sānpiěr) (Los tres trazos descendentes hacia la izquierda.) 丿 彡 彡   3 trazos

(16) 参加 cānjiā (參加)

参 → 厶 + 大 + 彡   8 trazos

(17) 宋华 Sòng Huá (宋華)

宋 → 宀 + 木   7 trazos

华 → 化 + 十   6 trazos

扌 ⼁ 十 扌   3 trazos

(18) 北京 Běijīng

北 → 扌 + 匕   5 trazos

京 → 亠 + 口 + 小　　　　　　　　　　　　8 trazos

夬 (juézìpáng) (el radical de "decisión") ㄱ ユ ヨ 夬　　4 trazos

(19) 快乐 kuàilè (快樂)

快 → 忄 + 夬　　　　　　　　　　　　　　7 trazos

西 (xīzìtóu)—— (el radical de "oeste") 一 ㄒ 冖 两 西 西　　6 trazos

(20) 漂亮 piàoliang

漂 → 氵 + 西 + 二 + 小　　　　　　　　　14 trazos
亮 → 亠 + 口 + 冖 + 几　　　　　　　　　9 trazos

(21) 烤鸭 kǎoyā (烤鴨)

烤 → 火 + 耂 + 丂　　　　　　　　　　　10 trazos
　　　（丂：一丂）

鸭 → 甲 + 鸟　　　　　　　　　　　　　10 trazos
　　　（甲：丨冂冃日甲；鸟：ノク勹鸟鸟）

(22) 喝 hē

喝 → 口 + 日 + 勹 + 人 + 乚　　　　　　12 trazos

(23) 寿面 shòumiàn (壽麵)

寿 → 耂 + 寸　　　　　　　　　　　　　7 trazos
　　　（耂：一二三耂）

En China, regatear por los precios cuando haces compras es toda una experiencia. Esta lección te mostrará cómo usar el dinero chino. Ya sabes hablar más acerca de ti mismo. Aprenderás a hablar de tus gustos, intereses y pasatiempos. Aprenderás también qué hacer cuando no sabes qué palabra es la apropiada para lo que quieres decir.

第十课 Lección 10

我 在 这儿 买 光盘
Wǒ zài zhèr mǎi guāngpán

一、课文   Texto

(一)

王 小云: 大为，你 在 这儿 买 什么？
Wáng Xiǎoyún: Dàwéi, nǐ zài zhèr mǎi shénme?

马 大为: 我 买 音乐 光盘。
Mǎ Dàwéi: Wǒ mǎi yīnyuè guāngpán.

王 小云: 你 常常 来 这儿 吗？
Wáng Xiǎoyún: Nǐ chángcháng lái zhèr ma?

马 大为: 我 不 常 来 这儿。星期天 我 常常 跟
Mǎ Dàwéi: Wǒ bù cháng lái zhèr. Xīngqītiān wǒ chángcháng gēn

林 娜 去 小 商场。这个 商场 很 大。①
Lín Nà qù xiǎo shāngchǎng. Zhège shāngchǎng hěn dà.

王 小云:	你 喜欢 什么 音乐?	【喜欢不喜欢】
Wáng Xiǎoyún:	Nǐ xǐhuan shénme yīnyuè?	Expresar preferencias
马 大为:	我 喜欢 中国 音乐。	
Mǎ Dàwéi:	Wǒ xǐhuan Zhōngguó yīnyuè.	
	这 张 光盘 怎么样?	
	Zhè zhāng guāngpán zěnmeyàng?	
王 小云:	这 张 很 好,是《梁 祝》,很 有名。	
Wáng Xiǎoyún:	Zhè zhāng hěn hǎo, shì《Liáng Zhù》, hěn yǒumíng.	
马 大为:	好,我买 这 张。这儿有 没有 书 和 报?	
Mǎ Dàwéi:	Hǎo, wǒ mǎi zhè zhāng. Zhèr yǒu méiyǒu shū hé bào?	
王 小云:	这儿 没有 书,也 没有 报。	
Wáng Xiǎoyún:	Zhèr méiyǒu shū, yě méiyǒu bào.	
马 大为:	本子 呢?	
Mǎ Dàwéi:	Běnzi ne?	
王 小云:	有,在 那儿买。跟 我 来,我 也 买 本子。	
Wáng Xiǎoyún:	Yǒu, zài nàr mǎi. Gēn wǒ lái, wǒ yě mǎi běnzi.	

cháng chéng
— muralla china —

生词 Palabras Nuevas

				estar	
*1.	在	Prep.	zài	en, dentro de, sobre	在家,在学院,在这儿
2.	光盘	N	guāngpán	CD	一张光盘
3.	音乐	N	yīnyuè	música	音乐光盘,中国音乐,外国音乐
4.	商场	N	shāngchǎng	centro comercial	在商场,进商场
	商	N	shāng	comercio, negocio	
5.	常常	Adv.	chángcháng	a menudo	常常来,常常去,常常看,常常做
	常	Adv.	cháng	a menudo	不常
6.	跟	Prep./V	gēn	con, seguir	跟他来,跟林娜去,跟我学
7.	有名	A	yǒumíng	famoso	有名的教授,有名的医生
8.	书	N	shū	libro	外语书,汉语书,有名的书,看书
9.	报	N	bào	periódico	买报,看报
10.	本子	N	běnzi	cuaderno	一个本子,买本子
11.	那儿	Pr.	nàr	allí	去那儿,在那儿
12.	梁祝	PN	Liáng Zhù	nombre de un concierto para violín chino	

- 131 -

shì chǎng (mercado)

(二)

师傅： 先生， 您要 什么？②
Shīfu： Xiānsheng, nín yào shénme?

丁力波： 你好，师傅。③ 请问， 这 是 什么？
Dīng Lìbō： Nǐ hǎo, shīfu. Qǐngwèn, zhè shì shénme?

【解决语言困难】 Resolver problemas del idioma

师傅： 您 不认识 吗？这 是 香蕉苹果。
Shīfu： Nín bú rènshi ma? Zhè shì xiāngjiāopíngguǒ.

丁力波： 对不起，我是问： 这个 汉语 怎么 说？④
Dīng Lìbō： Duìbuqǐ, wǒ shì wèn: Zhège Hànyǔ zěnme shuō?

师傅： 啊，您是 外国 人。您 在 哪儿 工作？
Shīfu： À, nín shì wàiguó rén. Nín zài nǎr gōngzuò?

丁力波： 我 在 语言 学院 学习。
Dīng Lìbō： Wǒ zài Yǔyán Xuéyuàn xuéxí.

师傅： 您 学习汉语，是 不是？⑤ 您 跟 我 学，很 容易：
Shīfu： Nín xuéxí Hànyǔ, shì bu shì? Nín gēn wǒ xué, hěn róngyì:

这 叫 香蕉， 这 叫 香蕉苹果， 这 也是
Zhè jiào xiāngjiāo, zhè jiào xiāngjiāopíngguǒ, zhè yě shì

苹果， 那是 葡萄……
píngguǒ, nà shì pútao…

丁力波： 香蕉、 苹果、 香蕉苹果…… 一斤 苹果
Dīng Lìbō： Xiāngjiāo、píngguǒ、xiāngjiāopíngguǒ… Yì jīn píngguǒ

多少 钱？⑥
duōshao qián?

【买东西】De compras

师傅: 一斤三块二毛钱。⑦
Shīfu: Yì jīn sān kuài èr máo qián.

丁力波: 您的苹果真贵。
Dīng Lìbō: Nín de píngguǒ zhēn guì.

师傅: 一斤三块二不贵。您看，我的苹果大。好，
Shīfu: Yì jīn sān kuài èr bú guì. Nín kàn, wǒ de píngguǒ dà. Hǎo,
做个朋友，三块钱一斤。
zuò ge péngyou, sān kuài qián yì jīn.

丁力波: 一斤香蕉多少钱？
Dīng Lìbō: Yì jīn xiāngjiāo duōshao qián?

师傅: 两块七毛五分一斤，五块钱两斤。
Shīfu: Liǎng kuài qī máo wǔ fēn yì jīn, wǔ kuài qián liǎng jīn.

丁力波: 我买三斤香蕉和两斤香蕉苹果。
Dīng Lìbō: Wǒ mǎi sān jīn xiāngjiāo hé liǎng jīn xiāngjiāopíngguǒ.

师傅: 一共十四块钱。再送您一个苹果。您还
Shīfu: Yígòng shísì kuài qián. Zài sòng nín yí ge píngguǒ. Nín hái
要什么？
yào shénme?

丁力波: 不要了，谢谢。⑧ 给你钱。
Dīng Lìbō: Bú yào le, xièxie. Gěi nǐ qián.

师傅: 好，您给我二十块钱，我找您六块钱。
Shīfu: Hǎo, nín gěi wǒ èrshí kuài qián, wǒ zhǎo nín liù kuài qián.
再见！
Zàijiàn!

丁力波: 再见！
Dīng Lìbō: Zàijiàn!

生词 Palabras Nuevas

*1. 先生	N	xiānsheng	Sr., señor	张先生，王先生
*2. 要	V	yào	querer	要什么，要音乐光盘
3. 师傅	N	shīfu	profesional de un oficio	张师傅，王师傅
4. 香蕉苹果	N	xiāngjiāopíngguǒ	manzana con sabor a plátano	一个香蕉苹果
香蕉	N	xiāngjiāo	plátano	买香蕉

手写：难 nàn - difícil
手写：ōuyuán = euro / měijīn = dolar

	苹果	N	píngguǒ	manzana 一个苹果
*5.	对不起	EF	duìbuqǐ	lo siento
6.	怎么	PrI	zěnme	cómo 怎么说，怎么做，怎么去，怎么介绍
7.	容易	A	róngyì	fácil 很容易，不容易，真容易，不太容易
8.	葡萄	N	pútao	uva
9.	钱	N	qián	dinero 多少钱
10.	斤	Clas.	jīn	clasificador de peso-equivalente a medio kilo 一斤苹果，两斤葡萄
11.	块(钱)	Clas.	kuài(qián)	clasificador para unidades básicas de moneda china 两块钱，十二块钱，二十块钱
12.	毛(钱)	Clas.	máo(qián)	clasificador de unidades de moneda china 两毛钱，六毛钱
*13.	贵	A	guì	caro, apreciado 很贵，真贵，不太贵，不贵
*14.	做	V	zuò	hacer 做个朋友，做好朋友
15.	分(钱)	Clas.	fēn(qián)	clasificador de unidades de moneda China 一分钱，八分钱
16.	送	V	sòng	regalar 送蛋糕，送葡萄酒
17.	给	V	gěi	dar 给他，给师傅，给我，给香蕉
18.	找(钱)	V	zhǎo(qián)	dar cambio 找钱

手写（11旁）: no solo la moneda china

补充生词 Palabras Suplementarias

1.	元	Clas.	yuán	lo mismo que "块", pero utilizado en la lengua escrita
2.	笔	N	bǐ	lápiz
3.	支	Clas.	zhī	clasificador para utensilios con forma de palo, como lápices
4.	份	Clas.	fèn	clasificador para publicaciones como periódicos
5.	本	Clas.	běn	clasificador para cuadernos
6.	杯	Clas.	bēi	taza
7.	售货员	N	shòuhuòyuán	dependiente
8.	作家	N	zuòjiā	escritor
9.	便宜	A	piányi	barato, económico
10.	书店	N	shūdiàn	librería
11.	体育馆	N	tǐyùguǎn	gimnasio
12.	卖	V	mài	vender

song = regalar

二、注释　Notas

① 这个商场很大。

Cuando el pronombre demostrativo "这" o "那" se utiliza como un complemento del nombre, generalmente se inserta un clasificador entre dicho pronombre y el nombre al que modifica.

② 先生,您要什么?

Además de utilizarse como una forma general de dirigirse a un varón adulto, se puede utilizar como una fórmula respetuosa para dirigirse a un especialista o profesor, sin tener en cuenta el sexo. Algunas veces las esposas también usan "我先生" para referirse a sus esposos.

Las dos expresiones "您要什么?", "您还要什么?" se usan normalmente para preguntar a alguien lo que desea. Los dependientes o empleados de un hotel, a menudo, utilizan estas oraciones cuando ofrecen ayuda a sus clientes.

③ 你好,师傅。

"师傅" es la forma respetuosa de tratamiento para un trabajador del sector de servicios. Se puede usar para dirigirse a taxistas, conductores de autobús, expendedores de billetes, cocineros y a la plantilla de hoteles. En los últimos años se está dando una tendencia a incrementar el espectro de utilidades. A veces, los profesionales, entre ellos, también utilizan esta forma para dirigirse a los trabajadores de otro negocio o profesión.

④ 我是问:这个汉语怎么说?

Pregunto cómo decir esto en chino (¿Cómo se dice esto en chino?)

"怎么+ VP" se usa, a menudo, para preguntar por el modo en que se debe actuar o cómo se debe hacer algo. "怎么" es un adverbio que modifica un verbo. Por ejemplo:"怎么说?"、"怎么做?"

⑤ 您学习汉语,是不是?

"……,是不是?" (o "……,是吗?") es una frase que se utiliza de manera frecuente para expresar una opinión o especulación con la expectativa de una respuesta por parte del oyente. La respuesta afirmativa a esta pregunta es "是啊!" y la respuesta negativa es…… "不(是)". Por ejemplo:

A：你喜欢中国音乐,是吗?
B：是啊。

⑥ 一斤苹果多少钱?

¿Cuánto vale un jin (medio kilo) de manzanas?

－ 135 －

"一斤…多少钱？"es una frase que se utiliza de manera frecuente para preguntar el precio de algo cuando se va de compras. En la frase hay un sintagma nominal que funciona como predicado. El predicado"多少钱"se coloca inmediatamente detrás del sujeto"一斤苹果". Nótese que la primera parte, el sujeto, y la segunda parte, el predicado, se pueden invertir. También podemos decir:

A：多少钱一斤(苹果)？

B：三块二一斤。

Aunque el sistema oficial chino de pesos y medidas estipula que el kilo sea la unidad básica, los chinos están acostumbrados a usar"斤", que es el equivalente a medio kilo. En un supermercado, el cliente, normalmente, no negocia por el precio, pero en una feria o una tienda pequeña frecuentemente se regatea.

⑦ 一斤三块二毛钱。

Las diferentes unidades monetarias de la moneda china, Renminbi, son:"元(yuán)","角(jiǎo)", y"分(fēn)". En el chino hablado utilizamos: kuai para"元"y mao para"角". Cuando"毛"o"分"están al final,"毛钱"y"分钱"se pueden omitir. Por ejemplo:

1.75 元 —— 一块七毛五(分钱)

4.80 元 —— 四块八(毛钱)

Nota: Cuando"2 毛"está al principio de una cantidad de dinero, los chinos dicen"两毛". Cuando"2 分"está al final de una cantidad de dinero, se usa habitualmente la expresión"二分". Por ejemplo:

0.22 元 —— 两毛二(分)

⑧ 不要了,谢谢。

No, gracias.

三、练习与运用　Ejercicios y Práctica

重点句式　EXPRESIONES CLAVE

1. 这个商场很大。
2. 一斤香蕉多少钱？
3. 两块七毛五一斤。
4. 您在哪儿工作？
5. 我常常跟他来这儿。
6. 我送你一个苹果。
7. 您给我二十块钱。
8. 这个汉语怎么说？

1. 熟读下列词组 Dominar las siguientes expresiones

(1) 这张光盘　这个学生　这个人　这个学院　这个苹果　这个蛋糕
　　那张名片　那个朋友　那个小姐　那个系　那个学生　那瓶酒
　　哪张照片　哪个老师　哪个先生　哪个专业　哪个苹果　哪个本子

(2) 买光盘　送名片　给钱　吃寿面　看书　做工作　认识你　喜欢音乐
　　买苹果　给照片　找钱　喝酒　看报　学专业　给他　学习汉语

(3) 在中国学习　在外国工作　在这儿买书　在那儿看报　在商场工作
　　跟我来　跟他去　跟我学　跟老师说汉语　跟朋友去商场

2. 句型替换 Práctica de patrones

(1) A: 你在哪儿学习？
　　B: 我在音乐学院学习。
　　A: 你学习什么专业？
　　B: 我学习音乐专业。
　　A: 你忙不忙？
　　B: 我很忙。

中文系	文学
美术学院	美术
外语学院	外语

(2) A: 你爸爸在哪儿工作？
　　B: 他在北京工作。
　　A: 他做什么工作？
　　B: 他是教授。
　　A: 他好吗？
　　B: 谢谢你,他很好。

商场	售货员(shòuhuòyuán)
北京	作家(zuòjiā)
学院	医生

(3) A: 星期天你常常去哪儿？
　　B: 星期天我常常去商场。
　　A: 你跟谁去商场？
　　B: 我跟林娜去商场。

书店(shūdiàn)	我朋友
体育馆(tǐyùguǎn)	马大为
烤鸭店(kǎoyādiàn)	我弟弟

(4) A: 他送他朋友什么？
　　B: 他送他朋友一张光盘。
　　A: 这张光盘怎么样？
　　B: 这张光盘很贵。

一个大蛋糕	漂亮
一瓶葡萄酒	便宜(piányi)
一本书	有意思

(5) A: 他给谁二十块钱？
　　B: 他给师傅二十块钱。

一张名片	力波
一张照片	老师
一个本子	妹妹
一本外语书	弟弟

(6) A: 您买什么？
　　B: 我买两斤葡萄。一共多少钱？
　　A: 一共五块钱。

两瓶酒	79.8元
三支(zhī)笔(bǐ)	7.35元
一本书和一份(fèn)报	12.60元

(7) A: 这个师傅的葡萄大不大？
　　B: 这个师傅的葡萄不大，
　　　那个师傅的葡萄大。

外语系的学生	多	汉语系的学生
这课	容易	那课
这儿的烤鸭	贵	那儿的烤鸭
这张照片	漂亮	那张照片

3. 跟你的同学口头做下面的练习　Practicar los siguientes ejercicios con un compañero

Jugar a dar el cambio.

Ejemplo: A：一共3.24元，我给您5元。　　　B：我找您1.76元。
　　　　→A：一共三块两毛四，我给您五块。　B：我找您一块七毛六。

(1) A：一共7.69元，我给您8元。　　　B：我找您_____。
(2) A：一共13.12元，我给您15元。　　B：我找您_____。
(3) A：一共22.78元，我给您30元。　　B：我找您_____。
(4) A：一共31.49元，我给您50元。　　B：我找您_____。
(5) A：一共84.92元，我给您100元。　 B：我找您_____。

4. 根据下列陈述句用疑问代词提问题 Convertir las siguientes oraciones afirmativas en preguntas con pronombres interrogativos

(1) 这个商场很有名。(Haz dos preguntas)

(2) 一斤葡萄两块七毛钱。(Haz tres preguntas)

(3) 他送我三瓶酒。(Haz cuatro preguntas)

(4) 我哥哥在商场卖(mài)光盘。(Haz cinco preguntas)

(5) 林娜常常跟宋华学习汉语。(Haz seis preguntas)

5. 会话练习 Práctica de conversación

【喜欢不喜欢 Preferencias】

(1) A：你喜欢什么专业？

B：我喜欢_____。

A：你喜欢哪国文学？

B：我喜欢_____文学。

_____有很多有名的作家。

(2) A：你喜欢不喜欢哲学(zhéxué)？

B：我_____哲学，我喜欢历史。

A：历史很有意思，我哥哥也学历史专业。

(3) A：这本书怎么样？

B：这本书不太好。你喜欢不喜欢？

A：我也不太喜欢。

【买东西 De compras】

(1) A：您买什么？

B：师傅，有好的葡萄吗？

A：有，这都是。

B：_____？

A：两块五一斤。您要多少？

B：我要四斤。

A：_____。您给我五十，我找_____。

（2）A：小姐，这儿有本子吗？

　　　B：有。您看，都在这儿。

　　　A：多少钱一本？

　　　B：这本_____，那本_____。您要哪本？

　　　A：哪个本子好？

　　　B：都很好。

　　　A：好，我都要，买两本。

　　　B：一共_____。您给我二十，我找您两毛。

（3）A：先生，您要什么？

　　　B：我要一杯(bēi)咖啡(kāfēi)。

　　　A：还要什么？

　　　B：不要了，谢谢。

【解决语言困难 Resolución de problemas de la lengua】

（1）A：请问，这个汉语怎么说？

　　　B：对不起，我也不知道。

　　　C：这叫词典(cídiǎn)，汉语词典。

　　　A：谢谢。

（2）A：老师，"cheap"汉语怎么说？

　　　B：便宜(piányi)，这个本子很便宜。

（3）A：今年是马年，你属什么？

　　　B：对不起，请您再说一遍(yí biàn)。

6. 看图会话 Construir un diálogo basado en el dibujo

【介绍与认识　Identificar y presentar a la gente】

（1）A：你们认识吗？我来介绍一下。

　　　　这是_____，

　　　　这是_____。

　　　B：认识你很高兴。

　　　C：认识你，我也很高兴。

-140-

(2) 请问您贵姓？
请问您叫什么名字？
我们认识一下：
我姓_____，叫_____。
我的中文名字叫_____。

您是哪国人？
您是哪儿人？
您是我们学院的老师吗？
请问你是不是_____？

【询问 Pedir información】

(1)

那是谁？
他是_____吗？

他是谁？
他是不是_____？

(2) 请问学生宿舍在哪儿？
丁力波住几层几号？

A：丁力波在吗？
B：他不在。
A：他现在在哪儿？
B：他在_____。

7. 交际练习 Ejercicios de comunicación
(1) Habla con tu compañero de lo que te gusta y lo que no te gusta.
(2) Tu compañero es un dependiente de un comercio y tú eres un cliente.

四、阅读和复述 Comprensión Escrita y Reformulación Oral

马大为星期天常常跟林娜去商场。那个商场很大，东西(dōngxi, cosas)也很多。他们在那儿买音乐光盘，王小云也在。马大为喜欢中国音乐。他问王小云，什么音乐光盘好？王小云说《梁祝》很有名，外国朋友也喜欢。马大为很高兴，说："好，我买这张光盘。"马大为还要买书和报，这个商场不卖(mài)书，也不卖报。他跟王小云去买本子和笔(bǐ)。

- 141 -

马大为还常常去书店(shūdiàn)。那个书店也很大,书很多。他在书店买书,也看书。中国书不贵。下月二十号是他弟弟的生日。他弟弟喜欢中国功夫(gōngfu),马大为要送他弟弟一本《中国功夫》。

五、语法　Gramática

1. 介词词组　Sintagma preposicional

En la lección 5 estudiamos el verbo "在", el cual es también una preposición. Cuando combinamos "在" con palabras que expresan lugar (habitualmente un sustantivo o un sintagma) se forma un sintagma preposicional. Se coloca delante del predicado para indicar el lugar en el que se realiza la acción.

在　+　PL　+　V O

Sujeto	Predicado	
	Prep "在" + PL	V　　O
我	在　这儿	买　　　光盘。
您	在　哪儿	工作?
他	不　在　语言学院	学习。

La preposición "跟……", a menudo, se combina con un sustantivo o pronombre para formar un sintagma preposicional, y se coloca delante del predicado para indicar el modo de realizar una acción.

跟 + Pr. / N (persona) + V O

Sujeto	Predicado	
	Prep "跟" + Pr. / N	V　　O
我	跟　　力波	来　　这儿。
(你)	跟　　我	来。
您	跟　　我	学。

Nota: Los sintagmas preposicionales "在……" y "跟……" se deben colocar delante del verbo. No se puede decir … "我学习在语言学院","你来跟我"。

2. 双宾语动词谓语句(1) 给、送 Las oraciones con doble objeto (1): "给" y "送"

Algunos verbos pueden llevar dos objetos: uno delante que se refiere a personas y otro detrás, que se refiere a las cosas.

给/送 + Pr/N (persona) + SN(cosa)

Sujeto	Predicado		
	V	Objeto 1	Objeto 2
您	给	我	二十块钱。
我	找	您	十块钱。
（我）	送	您	一个苹果。

Nota: No todos los verbos chinos pueden llevar dos objetos.

3. 形容词谓语句和副词"很" "El adverbio" "很" en las oraciones con un predicado adjectival

Hemos estudiado, hasta ahora, muchas oraciones con un predicado adjetival. En este tipo de oraciones un adjetivo sigue al sujeto directamente y no necesita verbo "是". Si no hay otros adverbios tales como "真", "太" o "不" delante del adjetivo, el adverbio "很" se coloca habitualmente delante.

S + 很 + A

我很好。

我今天很忙。

这个商场很大。

En este tipo de oraciones, si el adjetivo no lleva un adverbio delante, la oración tiene sentido de comparación. Por ejemplo:

我忙,他不忙。

我的本子大。(他的本子小。)

Aquí el sentido de "很" "no es tan obvio". "我很忙" y "我忙" no son muy diferentes en grado. En preguntas V/A-no-V/A no se puede usar "很". Por ejemplo:"他高兴不高兴?". No se puede decir "他很高兴不很高兴?"

- 143 -

六、汉字　　　　Caracteres Chinos

1. 汉字的结构(3)　Estructura de los caracteres chinos (3)

La estructura arriba-abajo

a. Arriba-abajo iguales

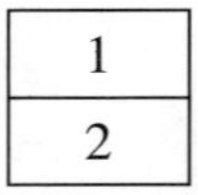

1
2

男 是

b. Arriba grande-abajo pequeña

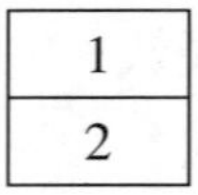

1
2

兴

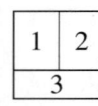

1	2
3	

然

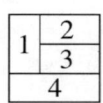

1	2
	3
	4

您

c. Arriba pequeña-abajo grande

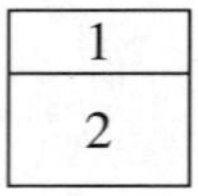

1
2

家

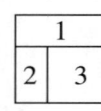

1	
2	3

宿

d. Arriba-centro-abajo iguales

1
2
3

意 贵

2. 认写基本汉字　Aprender y escribir caracteres chinos básicos

(1) 舟　　ノ ノ 丿 力 舟 舟　　　　　　6 trazos
zhōu　　barca

(2) 皿　　丨 冂 冂 皿 皿　　　　　　　5 trazos
mǐn　　el radical "recipiente para las
　　　　herramientas de casa"

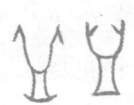

(3) 乐(樂)　一 ㄷ 乒 乐 乐　　　　　　5 trazos
yuè　　música

(4) 足　　丨 口 口 口 罕 足 足　　　　7 trazos
zú　　pie

(5) 书(書)　㇇ 乛 书 书　　　　　　　4 trazos
shū　　libro

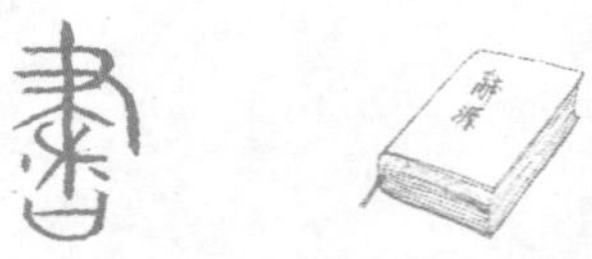

(6) 本　　一 十 才 木 本　　5 trazos
běn　raíz de árbol

(El carácter "一" debajo de "木" indica la raíz.)

(7) 平　　一 ㇐ 丷 立 平　　5 trazos
píng　plano

(8) 走　　一 十 土 キ キ 走 走　　7 trazos
zǒu　andar

(El carácter antiguo se parece a una persona corriendo.)

(9) 己　　㇇ ㇋ 己　　3 trazos
jǐ　uno mismo

(10) 穴　　丶 丷 宀 宂 穴　　5 trazos
xué　cueva

(11) 勿　　丿 勹 勺 勿　　4 trazos
wù　no

(12) 金　　丿 人 亼 今 全 余 金 金　　8 trazos
jīn　oro

(13) 斤　　一 厂 斤 斤　　4 trazos
jīn　(clasificador)

(El carácter antiguo parece un hacha. Ahora se usa como unidad de peso.)

(14) 毛　　丿 二 三 毛　　4 trazos
máo　(un décimo de yuan)

(15) 戈　　一 弋 戈 戈　　4 trazos
gē　un arma antigua

- 145 -

3. 认写课文中的汉字 Aprender y escribir los caracteres chinos que aparecen en los textos

(1) 光盘 guāngpán (光盤)

光 → ⺌ + 兀　　　　6 trazos

盘 → 舟 + 皿　　　　11 trazos

(2) 音乐 yīnyuè (音樂)

音 → 立 + 日　　　　9 trazos

土 (tǔzìpáng) (En el lado izquierdo de un carácter, el tercer trazo de 土, se escribe con un trazo ascendente. Se llama radical "tierra".) 一 十 土　　3 trazos

㐅 (chǎngzìbiān) (el radical "estadio") ㇇ 㐅 㐅　　3 trazos

(3) 商场 shāngchǎng (商場)

商 → 亠 + 丷 + 冂 + 八 + 口　　11 trazos

场 → 土 + 㐅　　　　6 trazos

⺌ (chángzìtóu) (el radical "constante") 丶 丨 ⺌ ⺌　　5 trazos

(4) 常常 chángcháng

常 → ⺌ + 口 + 巾　　　　11 trazos

足 (zúzìpáng) (En el lado izquierdo de un carácter, el séptimo trazo en "足" se escribe como un trazo ascendente.) 丨 口 口 卪 𧾷 足　　7 trazos

(5) 跟 gēn

跟 → 足 + 艮　　　　13 trazos

阝 (dān'ěrduo) (el radical "una sola oreja") 𠃌 阝　　2 trazos

(6) 报 bào (報)

报 → 扌 + 阝 + 又　　　　7 trazos

刃 (liángzìjiǎo) (el radical "mijo") 𠃌 刀 刃 刃　　4 trazos

(7) 梁祝 Liáng Zhù

梁 → 氵 + 刃 + 木　　　　11 trazos

-146-

牛 (tūwěiniú) (el radical "una vaca sin cola") 丿 𠂉 牛   4 trazos

(8) 先生 xiānsheng

先 → 牛 + 儿   6 trazos

(9) 要 yào

要 → 覀 + 女   9 trazos

(10) 师傅 shīfu (師傅)

傅 (fù) → 亻 + 甫 + 寸   12 trazos

(La parte con información semántica es "亻" y la parte con información fonética es "甫".)

(11) 香蕉 xiāngjiāo

香 → 禾 + 日   9 trazos

蕉 → 艹 + 隹 + 灬   15 trazos

(12) 苹果 píngguǒ (蘋果)

苹 → 艹 + 平   8 trazos

(La parte con información semántica es "艹" y la parte con información fonética es "平".)

(13) 对不起 duìbuqǐ (對不起)

对 → 又 + 寸   5 trazos

起 → 走 + 己   10 trazos

(14) 容易 róngyì

容 → 宀 + 八 + 口   10 trazos

易 → 日 + 勿   8 trazos

钅 (jīnzìpáng) (el radical "metal") (En el lado izquierdo de un caracter, "金" se escribe "钅".)

丿 𠂉 𠂊 ヒ 钅　　　　　　　　　　　　　　　　　　　　　5 trazos

(15) 钱 qián (錢)

钱 → 钅 + 一 + 戈　　　　　　　　　　　　10 trazos

(16) 块 kuài (塊)

块 → 土 + 夬　　　　　　　　　　　　　　7 trazos

(17) 分 fēn

分 → 八 + 刀　　　　　　　　　　　　　　4 trazos

(Cortar cosas por la mitad con un cuchillo.)

(18) 送 sòng

送 → ⸌ + 天 + 辶　　　　　　　　　　　　9 trazos

(19) 给 gěi (給)

给 → 纟 + 合　　　　　　　　　　　　　　9 trazos

(20) 找 zhǎo

找 → 扌 + 戈　　　　　　　　　　　　　　7 trazos

文化知识　　Notas Culturales

Moneda

La moneda de la República Popular China es el Renminbi, literalmente "Moneda del Pueblo", y su abreviatura es RMB. La unidad básica del RMB es el *yuan* o *kuai*. Una décima parte del *yuan* es un *jiao* o *mao*, y una centésima parte del *yuan* es un *fen*. La moneda china se emite en billetes y monedas con 13 valores nominales diferentes.

Billetes: 100 *yuan*, 50 *yuan*, 20 *yuan*, 10 *yuan*, 5 *yuan*, 2 *yuan*, 1 *yuan*, 5 *jiao*, 2 *jiao*, 1 *jiao*.

Monedas: 1 *yuan*, 5 *jiao*, 1 *jiao*, 5 *fen*, 2 *fen*, 1 *fen*.

中国人民银行
100
壹佰圆
DF25087633

中国人民银行
50
伍拾圆
EA11106291

中国人民银行
20
贰拾圆
FE00304423

中国人民银行
10
拾圆
CE94274377

中国人民银行
5
伍圆
CE02149791

中国人民银行
1
壹圆
BI05837188

中国人民银行
1
元
YI YUAN
2005

5
角
WU JIAO
2005

中国人民银行
1
角
YI JIAO
2005

5
伍分

2
贰分

1
壹分
2005

> A final de esta lección, estarás preparado para preguntar la hora, llamar a un taxi, preguntar si algo está permitido e indicar tu capacidad para llevar a cabo diferentes tareas. Prestaremos especial atención a la manera en que los chinos responden a los saludos.

第十一课 Lección 11

我 会 说 一点儿 汉语
Wǒ huì shuō yìdiǎnr Hànyǔ

一、课文　　Texto

(一)

【问时间】Preguntar la hora

司机： 小姐，您 去 哪儿？
Sījī： Xiǎojiě, nín qù nǎr?

林娜： 我 去 语言 学院。师傅，请问 现在 几 点？
Lín Nà： Wǒ qù Yǔyán Xuéyuàn. Shīfu, qǐngwèn xiànzài jǐ diǎn?

司机： 差 一 刻 八 点。您 会 说 汉语 啊！
Sījī： Chà yí kè bā diǎn. Nín huì shuō Hànyǔ a!

林娜： 我 会 说 一点儿 汉语。① 我 是 学生， 现在 回
Lín Nà： Wǒ huì shuō yìdiǎnr Hànyǔ.　Wǒ shì xuésheng, xiànzài huí

学院　　上课。
xuéyuàn shàngkè.

司机： 你们 几点 上课？
Sījī： Nǐmen jǐ diǎn shàngkè?

-150-

林娜:	八点上课。师傅,我们八点能到吗?	
Lín Nà:	Bā diǎn shàngkè. Shīfu, wǒmen bā diǎn néng dào ma?	
司机:	能到。您的汉语很好。	【表示能力】Expresar lo que uno es capaz de hacer
Sījī:	Néng dào. Nín de Hànyǔ hěn hǎo.	

林娜: 哪里,我的汉语不太好。② 您会不会说英语?
Lín Nà: Nǎli, wǒ de Hànyǔ bú tài hǎo. Nín huì bu huì shuō Yīngyǔ?

司机: 我不会说英语。我也喜欢外语,常常在
Sījī: Wǒ bú huì shuō Yīngyǔ. Wǒ yě xǐhuan wàiyǔ, chángcháng zài
家学点儿英语。
jiā xué diǎnr Yīngyǔ.

林娜: 谁教您英语?
Lín Nà: Shéi jiāo nín Yīngyǔ?

司机: 我孙女儿。
Sījī: Wǒ sūnnür.

林娜: 真有意思。她今年几岁?
Lín Nà: Zhēn yǒu yìsi. Tā jīnnián jǐ suì?

司机: 六岁。我的岁数太大了,学英语不容易。③
Sījī: Liù suì. Wǒ de suìshu tài dà le, xué Yīngyǔ bù róngyì.

林娜: 您今年多大岁数?④
Lín Nà: Nín jīnnián duō dà suìshu?

司机: 我今年五十二。语言学院到了。⑤ 现在差五
Sījī: Wǒ jīnnián wǔshí'èr. Yǔyán Xuéyuàn dào le. Xiànzài chà wǔ
分八点,您还有五分钟。⑥
fēn bā diǎn, nín hái yǒu wǔ fēnzhōng.

林娜: 谢谢,给您钱。
Lín Nà: Xièxie, gěi nín qián.

司机: 您给我二十,找您五块四,OK?
Sījī: Nín gěi wǒ èrshí, zhǎo nín wǔ kuài sì, OK?

林娜: 您会说英语!
Lín Nà: Nín huì shuō Yīngyǔ!

司机：　我 也 会 一点儿。拜拜！
Sījī:　Wǒ yě huì yìdiǎnr.　Báibái!

林 娜：　拜拜！
Lín Nà:　Báibái!

生词　Palabras Nuevas

1. 会	V. Aux.	huì	saber hacer, poder　会说汉语
2. (一)点儿	Nu. Clas.	(yì)diǎnr	un poco　会说一点儿汉语, 喝一点儿酒
3. 司机	N	sījī	conductor
4. 点(钟)	Clas.	diǎn(zhōng)	hora (unidad de tiempo)　两点(钟), 八点(钟)
5. 差	V	chà	ir corto de, carecer de　falta
6. 刻	Clas.	kè	un cuarto (de hora)　一刻(钟), 差一刻八点
7. 回	V	huí	volver　回学院, 回家, 回中国, 回北京
8. 上课	VO	shàngkè	ir a clase (tanto estudiantes como profesores)
上	V	shàng	ascender; ir　上汉语课, 上文化课
9. 能	V. Aux.	néng	poder; ser capaz de　能来上课
10. 到	V	dào	llegar　到家, 到学院, 到商场, 到北京
11. 哪里	EF	nǎli	no (expresión de negación que denota modestia)
12. 教	V	jiāo	enseñar　教汉语, 教文学
13. 英语	N	Yīngyǔ	inglés (lengua inglesa)　会说一点儿英语, 学习英语, 上英语课
14. 孙女儿	N	sūnnür	nieta por parte de hijo
女儿	N	nǚ'ér	hija
15. 岁数	N	suìshu	años (edad)　多大岁数
数	N	shù	número
16. 还	Adv.	hái	todavía　还有五分钟
17. 分	Clas.	fēn	minuto　八点五分, 差五分八点
18. 拜拜	EF	báibái	adiós (transliteración)

(二)

丁力波：　陈 老师，马 大为 今天 不 能 来 上课。
Dīng Lìbō:　Chén lǎoshī, Mǎ Dàwéi jīntiān bù néng lái shàngkè.

陈 老师：　他 为什么 不 能 来 上课？
Chén lǎoshī:　Tā wèishénme bù néng lái shàngkè?

-152-

丁力波: 昨天 是星期日，他 上午 去 商场 买
Dīng Lìbō: Zuótiān shì xīngqīrì, tā shàngwǔ qù shāngchǎng mǎi

东西，下午 去 朋友 家玩儿。他 晚上 十一
dōngxi, xiàwǔ qù péngyou jiā wánr. Tā wǎnshang shíyī

点 半 回 学院，十二 点 写 汉字，两 点
diǎn bàn huí xuéyuàn, shí'èr diǎn xiě Hànzì, liǎng diǎn-

钟 睡觉。现在 他 还 没有 起床。
zhōng shuìjiào. Xiànzài tā hái méiyǒu qǐchuáng.

陈老师: 他 应该 来 上课。
Chén lǎoshī: Tā yīnggāi lái shàngkè.

丁力波: 老师，我 能 不 能 问 您 一 个 问题？
Dīng Lìbō: Lǎoshī, wǒ néng bu néng wèn nín yí ge wèntí?

陈老师: 可以。
Chén lǎoshī: Kěyǐ.

【表示允许或禁止】
Expresar permiso o prohibición

丁力波: 我们 为什么 八 点 上课？
Dīng Lìbō: Wǒmen wèishénme bā diǎn shàngkè?

生词 Palabras Nuevas

1. 为什么	PrI	wèishénme	por qué	
为	Prep.	wèi	para	
2. 昨天	N	zuótiān	ayer	昨天上午, 昨天下午
3. 东西	N	dōngxi	cosas; objetos	买东西, 吃东西, 送东西
4. 玩儿	V	wánr	pasarlo bien, jugar	去朋友家玩儿, 跟朋友玩儿
*5. 晚上	N	wǎnshang	por la tarde, noche	昨天晚上, 星期六晚上, 五号晚上
晚	A	wǎn	tarde	来晚了
6. 半	Nu.	bàn	mitad, medio	九点半, 半天, 半年, 半个星期, 半个月, 半个苹果, 半斤葡萄
7. 写	V	xiě	escribir	
8. 汉字	N	Hànzì	carácter chino	写汉字, 一个汉字
字	N	zì	carácter	
9. 睡觉	VO	shuìjiào	dormir	十一点睡觉, 还没有睡觉
睡	V	shuì	dormir	

10. 起床	VO	qǐchuáng	levantarse	六点起床，还没有起床
起	V	qǐ	levantarse, ponerse en pie	
床	N	chuáng	cama 一张床	
11. 应该	V. Aux.	yīnggāi	debería 应该来，应该看，应该祝贺	
该	V. Aux.	gāi	debería	
12. 问题	N	wèntí	pregunta 一个问题，问问题，有问题，没问题	
13. 可以	V. Aux.	kěyǐ	poder 可以进来，可以问问题，可以去	
14. 陈	NP	Chén	(un apellido)	

补充生词 Palabras Suplementarias

1. 下课	VO	xiàkè	salir de clase; acabar la clase
2. 吃饭	VO	chīfàn	comer, tomar (una comida)
3. 开车	VO	kāichē	conducir un coche
4. 唱歌	VO	chànggē	cantar (una canción)
5. 跳舞	VO	tiàowǔ	bailar
6. 回答	V	huídá	responder
7. 礼物	N	lǐwù	regalo, obsequio
8. 打的	VO	dǎdī	tomar un taxi
9. 吸烟	VO	xīyān	fumar
10. 表	N	shǒu biǎo	reloj (de pulsera)
11. 难	A	nán	difícil

二、注释 Notas

① 我会说一点儿汉语。

"一点儿" es un clasificador impreciso que expresa la idea de una pequeña cantidad y se utiliza para modificar un nombre. Cuando el contexto no presenta ninguna ambigüedad, el nombre al que modifica se puede omitir. Por ejemplo:

A：您会说汉语啊！
B：我会说一点儿(汉语)。

Cuando "一点儿" no está situado al principio de la frase, "一" puede omitirse. Por ejemplo: "吃(一)点儿烤鸭""喝(一)点儿酒""看(一)点儿书".

② 哪里,我的汉语不太好。

"哪里" en realidad es un pronombre interrogativo, y tiene el mismo significado que "哪儿", pero aquí "哪里" tiene una connotación negativa. Normalmente se usa para expresar modestia cuando respondes a algún elogio. También podemos usar "是吗?" para expresar duda. Por ejemplo: "是吗?我的汉语不太好。" Tanto si usamos una palabra que expresa negación como duda, el propósito es mostrar una actitud de modestia hacia los cumplidos de otra gente. En la cultura china esto se considera una manera apropiada de responder.

③ 学英语不容易。

"Aprender inglés no es fácil."

④ 您今年多大岁数?

Esta es una manera educada de preguntar la edad a una persona anciana o mayor.

⑤ 语言学院到了。

"Estamos en el Instituto de Idiomas."

⑥ 您还有五分钟。

"Todavía te quedan cinco minutos."

Uno de los propósitos de "还", que ya hemos estudiado, es hacer una observación adicional. Otro uso de "还" es expresar la continuación de un estado o una acción. Por ejemplo:

晚上十一点他还工作。(A las once de la noche todavía está trabajando.)

他现在还不能看中文报。(Él todavía es incapaz de leer los periódicos chinos.)

他还没有起床。(Él todavía no se ha levantado de la cama. / Él todavía está en la cama.)

三、练习与运用 Ejercicios y Práctica

重点句式 EXPRESIONES CLAVE

1. 请问,现在几点?
2. 现在差五分八点,他还没有起床。
3. 你们几点上课?
4. 他昨天下午两点去朋友家玩儿。
5. 我会说一点儿汉语。
6. 他为什么不能来上课?
7. 他应该来。
8. 可以问您一个问题吗?

1. 熟读下列词组 Dominar las siguientes expresiones

(1) 会说汉语　　会说英语　　会写汉字　　不会问问题　　不会学习　　不会工作

(2) 能来学院　　能到商场　　能回家　　　不能看中文书　不能上课　　不能喝酒

(3) 可以进来　　　　可以坐　　　　　可以认识一下

　　不可以看　　　　不可以说英语　　不可以问问题

(4) 应该起床　　　　应该睡觉　　　　应该工作　　　　　应该玩儿

　　不应该说　　　　不应该问　　　　不应该喝酒　　　　不应该来

(5) 还没有起床　　　还没有睡觉　　　还没有写汉字

　　还不会说汉语　　还不能看中文书　还不认识他

(6) 说点儿英语　　　吃点儿蛋糕　　　喝点儿葡萄酒

　　买点儿东西　　　看点儿书　　　　有点儿时间

2. 句型替换 Práctica de patrones

(1) A: 现在几点？
　　B: 现在七点四十。

8:30	9:58
10:05	12:15
3:28	5:45

(2) A: 你几点起床？
　　B: 我六点十分起床。

下课(xiàkè)	11:50
吃饭(fàn)	12:15
写汉字	8:20
睡觉	10:50

(3) A: 你现在去哪儿？
　　B: 我现在回学院。
　　A: 你回学院做什么？
　　B: 我回学院上课。

去商场	买东西
去朋友家	玩儿
回家	看爸爸、妈妈

(4) A: 你今天下午有没有课？
　　B: 有课。
　　A: 你有什么课？
　　B: 我有汉语课。
　　A: 谁教你们汉语？
　　B: 陈老师教我们汉语。

文化(wénhuà)	张教授
文学	王先生
美术	马老师
音乐	丁小姐

(5) A: 你会游泳(yóuyǒng)吗？
　　B: 我会游泳。
　　A: 你今天能游泳吗？
　　B: 对不起，我今天不能游泳。

| 开车(kāichē) |
| 打球(dǎ qiú) |
| 跳舞(tiàowǔ) |
| 唱歌(chànggē) |

(6) A: 你能不能看中文报？
　　B: 我现在还不能看中文报。
　　A: 你为什么不能看中文报？
　　B: 我的汉语还不太好。

学	中国历史
教	汉语
回答(huídá)	他的问题

(7) A: 现在可以问问题吗？
　　B: 可以。

说	英语
回	家
看	书
坐	你的车(chē)

(8) A: 明天是不是林娜的生日？
　　B: 是她的生日。
　　A: 我们应该买点儿苹果。

吃	寿面
喝	葡萄酒
送	礼物(lǐwù)

3. **根据画线部分提出问题** Formular una pregunta respecto a las palabras subrayadas en cada una de las siguientes frases

　(1) 现在七点三十八分。
　(2) 他五点一刻回家。
　(3) 二月二十二号是他的生日。
　(4) 明天晚上八点他们有一个聚会。

4. **会话练习** Práctica de conversación

　【问时间　Preguntar la hora】

　(1) A：请问，您的表(biǎo)现在几点？
　　　B：_____，我的表快(kuài, rápido)一点儿。
　　　A：谢谢。

(2) A：今天晚上你有没有时间？

　　B：我有时间。

　　A：你来我家玩儿，好吗？

　　B：好啊。几点去？

　　A：_____，怎么样？

　　B：晚一点儿，_____好吗？

　　A：好。

【表示能力 Expresar la capacidad de uno mismo】

(1) A：你会不会_____？

　　B：我会一点儿。

　　A：你能教我吗？

　　B：好，有时间我们去体育馆(tǐyùguǎn)练习。

(2) A：这个汉字怎么写？

　　B：对不起，我也不会。

(3) A：你现在能不能选修(xuǎnxiū)哲学(zhéxué)课？

　　B：我现在还_____。

　　A：为什么？

　　B：我的汉语还不太好。

【表示允许或禁止 Expresar permiso o prohibición】

(1) A：可以进来吗？

　　B：对不起，请等(děng, esperar)一下。

(2) A：可以吸烟(xīyān)吗？

　　B：对不起，这儿不可以_____。

(3) A：老师，今天的课很难(nán)，我有问题，能不能问您？

　　B：可以。明天下午我有时间，你四点来，好吗？

　　A：好，谢谢。

5. 交际练习 Ejercicios de comunicación

(1) Tu compañero de clase es taxista y quieres ir a algún lugar en taxi. ¿Cómo conversas con el taxista?

(2) Tu reloj se ha parado. ¿Cómo preguntas a alguien la hora?

(3) Estás hablando de la familia con tu amigo. ¿Cómo le preguntas la edad de sus padres y los hijos que tienen sus hermanos y hermanas?

(4) Estás visitando un lugar y quieres saber si puedes hacer fotos o fumar. ¿Cómo lo preguntas?

便条 (biàntiáo, nota)

> 小云，你好！
>
> 今天下午我来找你，你不在。明天晚上你有时间吗？我们有一个聚会，你能不能参加？七点我们走，好吗？再见。
>
> 林娜　十月四日

四、阅读和复述 Comprensión Escrita y Reformulación Oral

星期日林娜到一个英国朋友家玩儿。星期一八点她有课，七点三刻她打的(dǎdī)回学院上课。这个司机今年五十二岁，他有一个孙女儿，今年六岁。他说林娜的汉语很好。他也喜欢外语，现在跟他孙女儿学英语。他们差五分八点到学院。

马大为星期天很忙。他上午去商场买东西，下午去朋友家玩儿，晚上很晚回学院。他十二点写汉字，两点钟睡觉。星期一八点上课，他八点十分还没有起床。陈老师很不高兴，她问丁力波：马大为在哪儿？丁力波说马大为现在还没有起床，他不能来上课。

五、语法　　Gramática

1. 钟点　La hora

Estas palabras se usan para expresar la hora en chino: 点、刻、分。

Cuando decimos la hora hemos de aplicar las siguientes reglas:

　2:00　两点(钟)　　(El "钟" en "点钟" puede omitirse.)
　2:05　两点(〇)五分　(Cuando "分" es un número inferior a diez, "〇" puede añadirse antes del número)
　2:10　两点十分
　2:12　两点十二(分)　(Cuando "分" es más de diez, "分" puede omitirse.)
　2:15　两点一刻 o 两点十五(分)
　2:30　两点半 o 两点三十(分)
　2:45　两点三刻 o 差一刻三点 o 两点四十五(分)
　2:55　差五分三点 o 两点五十五(分)

El orden a la hora de expresar la hora y la fecha es:

年　+　月　+　日　+　上午/下午/晚上　+　钟点
二〇〇二年　十二月　一日　　星期日　　晚上　　八点二十五分
2002年　　　12月　　1日　　星期日　　晚上　　8:25

2. 能愿动词谓语句(1): 会、能、可以、应该　Oraciones con verbos auxiliares (1): "会"、"能"、"可以" y "应该"

Los verbos auxiliares como "会", "能", "可以", "应该", y "要", que expresan capacidad, posibilidad, o voluntad, se colocan normalmente antes de los verbos.

Los verbos auxiliares como "会", "能", y "可以" indican la capacidad de hacer algo y pueden traducirse por "poder" o "ser capaz de".

Cabe destacar que "会" enfatiza las habilidades adquiridas durante el aprendizaje, mientras que "能" y "可以" expresa la posesión de habilidades en general.

(不) + V. Aux. + VO

Sujeto	Predicado			
	PT	V. Aux.	V	O
你		会不会	说	汉语？
他		不会	打	球。
我		会	写	这个汉字。
谁		会	游泳？	
他孙女儿		能	教	他英语吗？
马大为	今天	能不能	学习？	
你朋友		能	喝	多少酒？
你		可以不可以	介绍一下	你们系？

-160-

"能" y "可以" se suelen usar para expresar permiso o prohibición bajo circunstancias específicas. Por ejemplo:

Sujeto	Predicado			
	PT	V. Aux.	V	O
我们	八点	能不能	到	那儿？
我	明天	不能	上	课。
（我）		可以	进来	吗？
这儿		不可以	吃	东西。

El verbo auxiliar "应该" se usa para expresar lo que es necesario hacer desde un punto de vista moral u objetivo:

Sujeto	Predicado		
	V. Aux.	V	O
他	应该	来 上	课。
你	不应该	去	那儿。

Nota:

1. La oración que contiene un verbo auxiliar, su forma afirmativo-negativa (V/A-no-V/A) se forma por la yuxtaposición de la forma positiva y negativa del verbo auxiliar, que es V. Aux.-no-V. Aux.

V. Aux.	+	不	+ V. Aux.	+ V	O
会		不	会	说	汉语
能		不	能	去	
可以		不	可以	介绍	

2. Las formas negativas de "能" y "可以" son normalmente "不能" y "不可以." La última se usa únicamente para expresar prohibición. Por ejemplo："不可以吸烟（xīyān, fumar）". Si la respuesta a la pregunta "你可以不可以介绍一下你们系？" es negativa, suele ser "我不能介绍我们系。". No podemos decir "我不可以介绍我们系。".

3. Para responder de manera breve, podemos usar sólo el verbo auxiliar. Por ejemplo:

你会说汉语吗？——不会。

可以进来吗？——可以。

4. Algunos de los verbos auxiliares también se consideran verbos generales. Por ejemplo:

他会英语。
我要咖啡。

3. 连动句(1)：表示目的　Oraciones con una serie de predicado verbal (1): propósito

En una oración con predicado verbal, el sujeto puede contener dos verbos consecutivos o "predicados verbales". El orden de estos "predicados verbales" es fijo. En las oraciones con diversos "predicados verbales" introducidas en este capítulo, el segundo verbo indica el propósito de la acción que denota el primer verbo.

$$S + V_1O + V_2O$$

Sujeto	Predicado			
	PT	V₁	O	V₂ O
我	现在	回	学院	上 课。
他	下午	去不去	朋友家	玩儿?
他	下午	不去	朋友家	玩儿。

4. 双宾语动词谓语句 (2):教、问　Oraciones con doble objeto (2): "教" y "问"

Sujeto	Predicado		
	V	Objeto 1	Objeto 2
他孙女儿	教	他	英语。
哪个老师	教	你们	中国文化?
他	问	我	一个问题。
他	问	你	什么?

六、汉字　Caracteres Chinos

1. 汉字的结构(4)　Estructura de los caracteres chinos (4)

La estructura de cierre ①

a. Estructura de cierre por las cuatro partes

囗　国　回

b. Estructura de cierre por los lados izquierdo-arriba-derecho

囗　用　问

c. Estructura de cierre por los lados arriba-izquierdo

囗　应　属

d. Estructura de cierre por los lados arriba-izquierdo-abajo

囗　医

e. Estructura de cierre por los lados arriba-derecho

囗　可　司

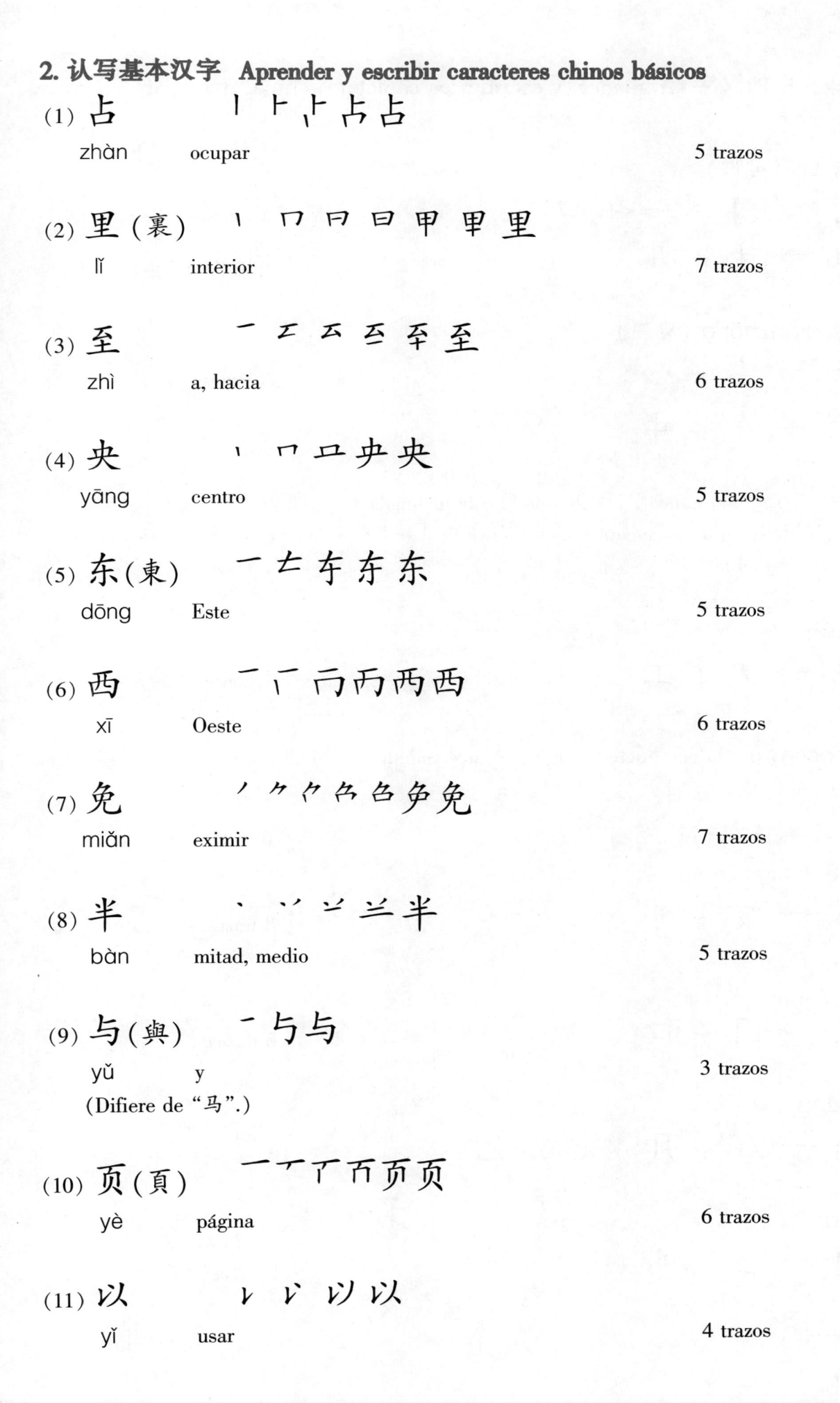

2. 认写基本汉字 Aprender y escribir caracteres chinos básicos

(1) 占 丨 卜 卜 占 占
zhàn   ocupar   5 trazos

(2) 里(裏) 丨 口 曰 曰 甲 甲 里
lǐ   interior   7 trazos

(3) 至 一 厶 云 云 至 至
zhì   a, hacia   6 trazos

(4) 央 丨 口 口 央 央
yāng   centro   5 trazos

(5) 东(東) 一 ㄷ 车 东 东
dōng   Este   5 trazos

(6) 西 一 厂 厂 丙 西 西
xī   Oeste   6 trazos

(7) 免 ノ ク ヶ 凸 臽 臽 免
miǎn   eximir   7 trazos

(8) 半 、 丷 丷 ⺌ 半
bàn   mitad, medio   5 trazos

(9) 与(與) 一 与 与
yǔ   y   3 trazos
(Difiere de "马".)

(10) 页(頁) 一 T 厂 页 页 页
yè   página   6 trazos

(11) 以 ㄣ ㄣ 以 以
yǐ   usar   4 trazos

- 163 -

3. 认写课文中的汉字 Aprender y escribir los caracteres chinos que aparecen en los textos

(1) 司机 sījī (司機)

司 → 丁 + 一 + 口   5 trazos

机 → 木 + 几   6 trazos

(2) 点钟 diǎnzhōng (點鐘)

点 → 占 + 灬   9 trazos

钟 → 钅 + 中   9 trazos

𦍌 (piěwěiyáng) (el radical "la cabra de la cola inclinada")
(En la parte superior de un carácter, el trazo vertical en "羊" se escribe de manera descendente hacia la izquierda "丿".) 丶 丷 兰 兰 𦍌   6 trazos

(3) 差 chà

差 → 𦍌 + 工   9 trazos

刂 (lìdāopáng) (En la parte derecha de un carácter múltiple, "刀" se escribe "刂". Se le llama radical "cuchillo".) 丨 刂   2 trazos

亥 hài 丶 亠 㐅 亥 亥   6 trazos

(4) 刻 kè

刻 → 亥 + 刂   8 trazos

(5) 回 huí

回 → 囗 + 口   6 trazos

(6) 能 néng

能 → 厶 + 月 + 匕 + 匕   10 trazos

(7) 到 dào

到 → 至 + 刂   8 trazos

(8) 英语 Yīngyǔ (英語)

英 → 艹 + 央   8 trazos

(9) 孙女儿 sūnnǚr (孫女兒)

孙 → 子 + 小   6 trazos

(10) 岁数 suìshu (歲數)

数 → 米 + 女 + 攵   13 trazos

手 (piěshǒu) (Cuando el radical "la mano inclinada", aparece en la parte izquierda de un carácter, el cuarto trazo en "手" se escribe como "丿".) ノ二三手
4 trazos

(11) 拜拜 báibái

拜 → 手 + 一 + 丰   9 trazos

(12) 昨天 zuótiān

昨 → 日 + 乍   9 trazos

(El radical "sol", "日", muestra que el carácter tiene una connotación temporal.)

(13) 玩儿 wánr (玩兒)

玩 → 王 + 元   8 trazos

(14) 写 xiě (寫)

写 → 冖 + 与   5 trazos

(15) 晚上 wǎnshang

晚 → 日 + 免   11 trazos

(El radical "sol", "日", muestra que el carácter tiene una connotación temporal.)

垂 chuí (千 + 艹 + 二) ノ二千手乒乐垂垂   8 trazos

(16) 睡觉 shuìjiào (睡覺)

睡 → 目 + 垂   13 trazos

(Por favor, fíjate que la parte izquierda del carácter es el radical "ojo" "目", no el radical "sol" "日". El carácter de "dormir" está relacionado con los "ojos".)

- 165 -

觉 → 𭕄 + 见　　　　　　　　　　　　　9 trazos

(La parte superior de este carácter es la parte superior de "estudiar", no la de "constante".)

(17) 起床 qǐchuáng

床 → 广 + 木　　　　　　　　　　　　7 trazos

(18) 应该 yīnggāi (應該)

应 → 广 + 丷　　　　　　　　　　　　7 trazos

该 → 讠 + 亥　　　　　　　　　　　　8 trazos

(19) 问题 wèntí (問題)

题 → 是 + 页　　　　　　　　　　　　15 trazos

(20) 陈 chén (陳)

陈 → 阝 + 东　　　　　　　　　　　　7 trazos

文化知识　　　Notas Culturales

Préstamos

Al igual que otras lenguas, el chino toma palabras prestadas de lenguas extranjeras. Muchas de ellas vienen del inglés, francés, japonés o ruso. Éstas se dividen principalmente en cinco grupos: el primer grupo consta de traducciones interpretadas o equivalentes semánticos. Ambos términos hacen referencia a la utilización de palabras chinas para traducir conceptos importados. Las palabras de esta categoría normalmente no son aparentemente de origen extranjero. Un ejemplo es la palabra 电视 *dianshi* "televisión", en la que 电 *dian* (en un principio "iluminación", y más adelante "electricidad") se ha adaptado de manera libre para referirse al prefijo "tele" (en un principio venía del griego clásico con el significado "lejos"), y 视 *shi* traducido literalmente como "visión". Las palabras 电话 *dianhua* "teléfono", y 电报 *dianbao* "telegrama" se situarían en la misma categoría.

El segundo grupo son transliteraciones, interpretaciones que imitan el sonido de la palabra originaria. En este grupo de palabras destacan las de origen no nativo, por ejemplo: 沙发 *shafa* "sofá", 咖啡 *kafei* "café", 可口可乐 *kekoukele* para "coca-cola", y 夹克 *jiake* "chaqueta".

El tercer grupo es una combinación del primer y del segundo procedimiento descritos más arriba: en parte paráfrasis libre/juego semántico y en parte transliteración. Podemos encontrar ejemplos en 啤酒 *pijiu* "cerveza", 摩托车 *motuoche* "moto", y 坦克车 *tankeche* "depósito". Mientras 啤 *pi* es una transliteración de "cerveza", 摩托 *motuo* de "motor", y 坦克 *tanke* para "depósito"; 酒 *jiu* "bebida alcohólica" y 车 *che* "vehículo" son traducciones.

El cuarto grupo contiene letras latinas más palabras chinas como: AA 制 *zhi* "pagar individualmente", BP 机 *ji* "buscapersonas", y B 超 *chao* "ultrasonido". El quinto grupo consiste en usar sólo letras del alfabeto latino, préstamos que mantienen el acrónimo original, por ejemplo: "CD", "DVD", "CPU" y "ADN". Por norma general, los préstamos se añaden al léxico chino sólo en caso de que las expresiones chinas disponibles sean inadecuadas para describir nuevos conceptos, situaciones, u otros fenómenos que se presenten cuando la cultura china se relaciona con una cultura extranjera. Sin embargo, palabras como 拜拜 *baibai* "bye-bye" (adiós) y "OK" no representan nuevos conceptos y pueden ser reemplazadas por palabras de origen chino. Muchas personas, especialmente los jóvenes, utilizan estas expresiones precisamente por su admiración por lo extranjero.

> ¿Qué puedes hacer en China si no te encuentras bien? En esta lección aprenderás a describir los problemas de salud a un médico. Aprenderás también cómo expresar voluntad e indicar necesidad, así como otras formas de hacer preguntas.

第十二课　Lección 12

我 全身 都 不 舒服
Wǒ quánshēn dōu bù shūfu

一、课文　Texto

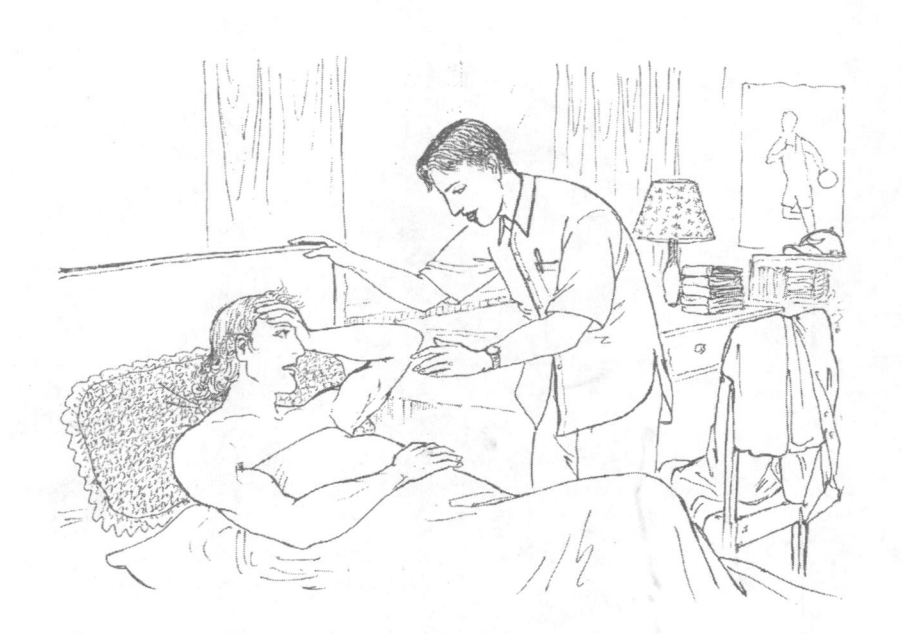

(一)

丁力波: 大为，你 每 天 都 六 点 起床 去 锻炼，①
Dīng Lìbō: Dàwéi, nǐ měi tiān dōu liù diǎn qǐchuáng qù duànliàn,

现在 九 点 一刻，你 怎么 还 不 起床？②
xiànzài jiǔ diǎn yí kè, nǐ zěnme hái bù qǐchuáng?

马大为: 我 头 疼。
Mǎ Dàwéi: Wǒ tóu téng.

-168-

丁力波： 你 嗓子 怎么样？
Dīng Lìbō： Nǐ sǎngzi zěnmeyàng?

马大为： 我 嗓子 也 疼。
Mǎ Dàwéi： Wǒ sǎngzi yě téng.

【谈论身体状况】
Hablar de tu salud con alguien

丁力波： 我 想， 你 应该 去 医院 看病。③
Dīng Lìbō： Wǒ xiǎng, Nǐ yīnggāi qù yīyuàn kànbìng.

【表示意愿】
Expresar deseo

马大为： 我 身体 没 问题，④ 不用 去 看病。
Mǎ Dàwéi： Wǒ shēntǐ méi wèntí, búyòng qù kànbìng.

我 要 睡觉， 不 想 去 医院。
Wǒ yào shuìjiào, bù xiǎng qù yīyuàn.

丁力波： 你 不 去 看病， 明天 你 还 不 能 上课。
Dīng Lìbō： Nǐ bú qù kànbìng, míngtiān nǐ hái bù néng shàngkè.

马大为： 好 吧。我 去 医院。⑤ 现在 去 还是 下午 去？
Mǎ Dàwéi： Hǎo ba. Wǒ qù yīyuàn. Xiànzài qù háishi xiàwǔ qù?

丁力波： 当然 现在 去，我 跟 你 一起 去。⑥ 今天 天气 很
Dīng Lìbō： Dāngrán xiànzài qù, wǒ gēn nǐ yìqǐ qù. Jīntiān tiānqì hěn

冷，你 要 多 穿 点儿 衣服。
lěng, nǐ yào duō chuān diǎnr yīfu.

【表示必要】
Expresar necesidad

生词 Palabras Nuevas

1. 全身	N	quánshēn	todo (el cuerpo)	全身疼，全身不舒服
全	A	quán	completo	
身	N	shēn	cuerpo	
2. 舒服	A	shūfu	cómodo, bien	不舒服，很舒服，舒服不舒服
3. 每	Pr.	měi	cada	每天，每年，每个学生，每瓶酒
4. 锻炼	V	duànliàn	hacer ejercicio físico	去锻炼
5. 头	N	tóu	cabeza	
6. 疼	A	téng	doloroso	头疼，手疼
7. 嗓子	N	sǎngzi	garganta	嗓子疼，嗓子不舒服

8. 想	V. Aux.	xiǎng	pensar, querer hacer algo	想睡觉，想喝水
9. 医院	N	yīyuàn	hospital	去医院，有一个医院
10. 看病	VO	kànbìng	ir al médico	去看病，去医院看病
病	N/V	bìng	enfermedad/ponerse enfermo	看病，有病，没有病
11. 身体	N	shēntǐ	cuerpo, salud	身体好，锻炼身体
*12. 要	V. Aux.	yào	deber, querer hacer algo	要看病，要锻炼
13. 吧	PtM	ba	(partícula modal) orden	
14. 还是	Conj.	háishi	o	现在还是晚上，睡觉还是起床
15. 一起	Adv.	yìqǐ	juntos	跟他一起，一起去，一起锻炼
16. 冷	A	lěng	frío	天气很冷
17. 穿	V	chuān	llevar puesto	
18. 衣服	N	yīfu	ropa	穿衣服，买衣服，做衣服

(二)

丁力波：你 在 这儿 休息 一下，我 去 给 你 挂号。⑦
Dīng Lìbō: Nǐ zài zhèr xiūxi yíxià, wǒ qù gěi nǐ guàhào.

马大为：好。
Mǎ Dàwéi: Hǎo.

医生：8 号，8 号 是 谁？
Yīshēng: Bā hào, bā hào shì shéi?

丁力波：我 是 8 号。
Dīng Lìbō: Wǒ shì bā hào.

医生：你 看病 还是 他 看病？
Yīshēng: Nǐ kànbìng háishi tā kànbìng?

丁力波：他 看病。
Dīng Lìbō: Tā kànbìng.

医生：请 坐 吧。你 叫 马 大为，是 不 是？
Yīshēng: Qǐng zuò ba. Nǐ jiào Mǎ Dàwéi, shì bu shì?

马大为：是，我 叫 马 大为。
Mǎ Dàwéi: Shì, wǒ jiào Mǎ Dàwéi.

医生：你 今年 多 大？
Yīshēng: Nǐ jīnnián duō dà?

马大为: 我 今年 二十二 岁。
Mǎ Dàwéi: Wǒ jīnnián èrshí'èr suì.

【看病】Ver al médico

医生: 你 哪儿 不 舒服？⑧
Yīshēng: Nǐ nǎr bù shūfu?

马大为: 我 头 疼， 全身 都 不 舒服。
Mǎ Dàwéi: Wǒ tóu téng, quánshēn dōu bù shūfu.

医生: 我 看 一下。你 嗓子 有点儿 发炎，⑨ 还 有点儿
Yīshēng: Wǒ kàn yíxià. Nǐ sǎngzi yǒudiǎnr fāyán, hái yǒudiǎnr

发烧， 是 感冒。
fāshāo, shì gǎnmào.

丁力波: 他 要 不要 住院？
Dīng Lìbō: Tā yào bu yào zhùyuàn?

医生: 不用。你要 多 喝 水，还 要 吃 点儿 药。你
Yīshēng: Búyòng. Nǐ yào duō hē shuǐ, hái yào chī diǎnr yào. Nǐ

愿意 吃 中药 还是 愿意 吃 西药？
yuànyì chī zhōngyào háishi yuànyì chī xīyào?

马大为: 我 愿意 吃 中药。
Mǎ Dàwéi: Wǒ yuànyì chī zhōngyào.

医生: 好，你 吃 一点儿 中药， 下 星期一 再 来。
Yīshēng: Hǎo, nǐ chī yìdiǎnr zhōngyào, xià xīngqīyī zài lái.

生词 Palabras Nuevas

1. 休息	V	xiūxi	descansar	休息一下，应该休息
*2. 给	Prep.	gěi	a, para	给他买，给他介绍，给我们上课
3. 挂号	VO	guàhào	registrarse (en un hospital…)	给他挂号
号	N	hào	(número)	八号，四九二号
4. 有点儿	Adv.	yǒudiǎnr	un poco, bastante	有点儿疼，有点儿不舒服
5. 发炎	VO	fāyán	inflamarse	有点儿发炎
6. 发烧	VO	fāshāo	tener fiebre	有点儿发烧
烧	V	shāo	quemar	
7. 感冒	V/N	gǎnmào	tener un resfriado	有点儿感冒
8. 住院	VO	zhùyuàn	estar en el hospital, estar hospitalizado	

- 171 -

9.	水	N	shuǐ	agua 喝水
10.	药	N	yào	medicina 吃药，买药
11.	愿意	V. Aux.	yuànyì	dispuesto a hacer algo 愿意学习，愿意上课，不愿意
12.	中药	N	zhōngyào	medicina tradicional china
13.	西药	N	xīyào	medicina occidental
	西	N	xī	oeste, occidente

补充生词 Palabras Suplementarias

1.	牙	N	yá	diente
2.	肚子	N	dùzi	abdomen, estómago
3.	开刀	VO	kāidāo	operarse
4.	化验	V	huàyàn	hacerse una prueba médica
5.	血	N	xiě	sangre
6.	大便	N	dàbiàn	heces
7.	小便	N	xiǎobiàn	orina
8.	打针	VO	dǎzhēn	ponerse una inyección
9.	热	A	rè	calor, caliente
10.	凉快	A	liángkuai	fresco
11.	生活	N	shēnghuó	vida
12.	英文	N	Yīngwén	inglés

二、注释 Notas

① 你每天都六点起床去锻炼。

Cuando el pronombre "每" modifica a un nombre, hay que usar un clasificador antes del sustantivo que modifica, como en los siguientes ejemplos: "每个学生"，"每斤苹果". Sin embargo, no se puede utilizar el clasificador delante de los sustantivos "天" y "年". El uso del clasificador es opcional en el caso de "月", podemos decir "每天"，"每年" y también "每月" o "每个月". A menudo se usa "每" en combinación con "都". Por ejemplo:

他每天都来学院。
我每月都回家。

② 你怎么还不起床？

¿Por qué estás todavía en la cama?

"怎么"también puede utilizarse para preguntar la causa de algo. La diferencia entre "怎么" y "为什么" es que la primera conlleva un sentido de sorpresa por parte del hablante. Por ejemplo:

> 八点上课,你怎么八点半才来？

> 今天天气很好,你怎么不去锻炼？

> Nota: tanto "怎么" como "怎么样" son pronombres interrogativos, pero "怎么" se usa frecuentemente como un adverbio en una oración; mientras que "怎么样" normalmente tiene función de predicado como en "你怎么样". Cuando se pregunta por la razón de algo, no se puede utilizar "怎么样" y, por lo tanto, no podemos decir "你怎么样还不起床？".

③ 我想,你应该去医院看病。

Creo que tienes que ir al médico.

En esta oración, "想" es un verbo común.

④ 我身体没问题。

No tengo problemas de salud.

"身体" significa "cuerpo", pero puede tener el significado también de "salud". "你身体怎么样" también es una forma de saludo entre amigos y conocidos. La frase "没问题" significa "no hay problema" y se suele utilizar en el chino hablado para indicar actitud afirmativa y confiada. Por ejemplo:

> A：明天你能来吗？

> B：没问题！我能来。

⑤ 好吧。我去医院。

La partícula modal "吧" tiene muchos usos. Se puede utilizar para suavizar el tono del discurso y también en oraciones que expresan petición, orden, persuasión y consulta. Por ejemplo:

> 请吧。　　请坐吧。　　我问一下吧。

⑥ 我跟你一起去。

"Iré contigo"

Cuando el sintagma preposicional "跟 + Pr/SN" se coloca delante de un verbo como un modificador adverbial, se usa generalmente con el adverbio "一起"; juntos forman el sintagma "跟 + Pr/SN + 一起". Por ejemplo:

> 他跟他的朋友一起做练习。

> 他跟宋华一起锻炼。

⑦ 我去给你挂号。

"给" es un verbo (véase lección 10), pero puede funcionar también como una preposición. Cuando se usa como preposición, "给" y el nombre o sintagma nominal que le sigue (normalmente el receptor, beneficiario de la acción) forman un sintagma preposicional, que se coloca delante del verbo predicativo e indica que el objeto de "给" se ve afectado indirectamente por la actividad del predicado.

⑧ 你哪儿不舒服？

"¿Qué le pasa?"

Esta es una expresión común utilizada por los médicos cuando se dirigen a sus pacientes.

⑨ 你嗓子有点儿发炎。

El sintagma "有(一)点儿" (a menudo con "一" omitido) se utiliza delante de algunos adjetivos o verbos como un modificador adverbial que indica moderación. Cuando se utiliza antes de un adjetivo suele implicar insatisfacción o negación. Por ejemplo:

有点儿不高兴　　有点儿贵　　有点儿晚　　有点儿发烧

Nota: hay una diferencia entre "有一点儿" y "一点儿"; "有一点儿" se usa adverbialmente, modifica el verbo o el adjetivo que le sigue; mientras que "一点儿" se utiliza como un complemento del nombre que modifica a un sustantivo. Por ejemplo:

一点儿东西　　一点儿钱　　一点儿书

La construcción "一点儿 + N" se coloca normalmente después de un verbo como su objeto. Por ejemplo:

我去买一点儿东西。

No se puede sustituir "有一点儿" por "一点儿". Por ejemplo:

他有点儿不高兴。(No se puede decir "他一点儿不高兴。")

我有点儿发烧。(No se puede decir "我一点儿发烧。")

三、练习与运用　Ejercicios y Práctica

重点句式　EXPRESIONES CLAVE

1. 你怎么还不起床？
2. 我头疼，有点儿发烧。
3. 我跟你一起去。
4. 我要睡觉，不想去看病。
5. 他要不要住院？
6. 你愿意吃中药还是愿意吃西药？
7. 今天天气很冷，要多穿点儿衣服。
8. 我身体没问题，不用去看病。

1. 熟读下列词组 Dominar las siguientes expresiones

(1) 头疼　　手疼　　全身疼　　学习很好　　身体不太好　　天气很冷

(2) 下午还是晚上　　　　今天还是明天　　　　两点还是三点

　　你还是我　　　　　　他们还是她们　　　　老师还是学生

　　睡觉还是起床　　　　工作还是休息　　　　学习还是玩儿

　　认识还是不认识　　　买衣服还是买本子　　吃中药还是吃西药

　　要香蕉还是要苹果　　学习语言还是学习文学　　喜欢香蕉还是喜欢苹果

(3) 要喝水　　　　　要回家　　　　想认识他

　　想看京剧(jīngjù)　　不想吃　　　　不想学美术

(4) 愿意参加　　　　愿意写汉字　　　　愿意学习汉语

　　不愿意喝酒　　　不愿意住院　　　　不愿意起床

(5) 要看病　要挂号　要锻炼　要不要吃药　不用介绍　不用找钱

2. 句型替换 Práctica de patrones

(1) A: 你想不想<u>学习</u><u>音乐</u>?
　　B: 我很想<u>学习</u><u>音乐</u>。

去	加拿大
认识	陈老师
看	京剧(jīngjù)

(2) A: 现在五点,你要<u>学习</u>还是要<u>锻炼</u>?
　　B: 我要<u>锻炼</u>。
　　A: 我不想<u>锻炼</u>,我要<u>学习</u>。

回家	去商场
看书	写汉字
去买衣服	去买苹果
看中文报	看英文(Yīngwén)报

(3) A: 你愿意吃<u>中药</u>还是愿意吃<u>西药</u>?
　　B: 我愿意吃<u>中药</u>。你呢?
　　A: 我愿意吃<u>西药</u>。

吃蛋糕	吃寿面
学习语言	学习文学
去游泳(yóuyǒng)	去打球(dǎ qiú)
今天去	明天去
两点来	两点半来

(4) A: 医生,他要不要<u>住院</u>?
　　B: <u>不用</u>。

开刀(kāidāo)	不用
化验(huàyàn)血(xiě)	要
化验(huàyàn)大便(dàbiàn)	不用
化验(huàyàn)小便(xiǎobiàn)	要

(5) A: 现在是八点一刻,你怎么还不起床?
    B: 我不太舒服。
    A: 你哪儿不舒服?
    B: 我头有点儿疼。

9:30	去上课	嗓子
4:20	锻炼	牙(yá)
11:45	睡觉	肚子(dùzi)

(6) A: 你常常去看你朋友吗?
    B: 我常常去看他。
    A: 他身体怎么样?
    B: 他身体没问题。

工作	有点儿忙
学习	不太好
生活(shēnghuó)	很快乐

(7) A: 他跟谁一起去?
    B: 他跟力波一起去。

住	他朋友
锻炼	老师
说汉语	中国朋友

(8) A: 你每天晚上都做什么?
    B: 我每天晚上都写汉字。

中午(zhōngwǔ)	看书
下午	锻炼身体
上午	上课

3. 看图造句 Construir frases basadas en el dibujo

他哪儿不舒服?
他_____。

要不要_____?
你愿意_____还是
愿意_____?

4. 会话练习 Práctica de conversación

【谈论身体状况 Hablar de tu salud con alguien】

(1) A：你怎么样？不太舒服吗？

　　B：我_____有点儿疼。

　　A：要不要去医院？

　　B：不用，我想休息一下。

(2) A：我今天怎么全身不舒服？

　　B：啊，你有点儿发烧。你现在不能去上课，要休息一下。

　　A：你跟陈老师说一下，好吗？

　　B：没问题。

(3) A：你身体真好。

　　B：是啊，我很少去医院。

　　A：你每天都锻炼身体吗？

　　B：我每天下午都锻炼。

【表达意愿与必要 Expresar deseo o necesidad】

(1) A：明天是星期天，你想做什么？

　　B：我不想做什么，我想在家休息。你想去哪儿？

　　A：我要去市场买点儿东西。

(2) A：你明天有时间吗？我们去打球(dǎ qiú)，好吗？

　　B：对不起，我明天要去学太极拳 (tàijíquán, Taichi)。你会打太极拳(tàijíquán)吗？

　　A：我会一点儿。

　　B：太好了！我想学，你能教我吗？

(3) A：你为什么要学习汉语？

　　B：我喜欢汉语。我想做一个汉语老师。

　　A：我也喜欢教孩子(háizi)们汉语。

5. 交际练习 Ejercicios de comunicación

(1) Te sientes mal mientras estás con un compañero de clase en la biblioteca. ¿Cómo se lo dices?

(2) A tu amigo le duelen las muelas. ¿Cómo le ayudarías para que se lo explicase al médico?

(3) Quieres ir a China a estudiar chino y visitar la ciudad de Shanghai, pero tu amigo cree que para estudiar chino sería mejor ir a Pekín. ¿Cómo habláis del tema?

请假条(qǐngjiàtiáo, Pedir permiso)

陈老师：

我今天头疼，还有点儿发烧，很不舒服。医生说应该休息两天。对不起，我明天不能来上课。

马大为 十一月二十八日

四、阅读和复述 Comprensión Escrita y Reformulación Oral

大为，你怎么还不起床？什么？你头疼？你全身都不舒服？你要睡觉，不想起床？你应该去看病。你要睡觉，不愿意去医院？大为，你不能睡觉，你应该去医院，你得去看病。我跟你一起去医院。现在去还是下午去？当然现在去。我们应该现在去。

医生，他是8号，他的中文名字叫马大为，今年22岁。他头疼，全身都不舒服。您给他看一下。您说他发烧，嗓子还有点儿发炎。是感冒！他要不要住院？不用住院，要吃药。大为，你愿意吃中药还是愿意吃西药？你可以吃西药。什么？你不愿意吃西药？你愿意吃中药？好吧，医生，您给他一点儿中药。

五、语法 Gramática

1. **主谓谓语句** Oraciones con un sujeto-predicado como predicado

El principal elemento del predicado en este tipo de oración es un sintagma sujeto-predicado. En muchas ocasiones, la persona o cosa a la que se refiere el sujeto del sintagma sujeto-predicado (sujeto 2) es una parte de la persona u objeto indicado por el sujeto de toda la frase (sujeto 1).

Sujeto 1	Predicado 1	
	Sujeto 2	Predicado 2
马大为	头	疼。
他	全身	都 不 舒服。
你	身体	好 吗?
宋华	学习	怎么样?
今天	天气	冷 不 冷?

El adverbio de negación "不" se coloca normalmente delante del predicado del sintagma sujeto-predicado (predicado 2). Su forma A/V no V/A viene dada por la yuxtaposición de las formas afirmativa y negativa del predicado 2.

2. 选择疑问句 Preguntas alternativas

Una pregunta alternativa se crea cuando dos posibles situaciones, A y B, se conectan mediante la conjunción "还是". Se espera que la persona a la que se dirige la pregunta elija una de las dos opciones.

Pregunta			Respuesta
Alternativo A	还是	Alternativo B	
现在去	还是	下午去?	现在去。(Alternativo A)
你看病	还是	他看病?	他看病。(Alternativo B)
你愿意吃中药	还是	愿意吃西药?	我愿意吃中药。(Alternativo A)
你是老师	还是	学生?	我是学生。(Alternativo B)

3. 能愿动词谓语句(2): 要、想、愿意 Oraciones con verbos auxiliares (2): "要", "想" y "愿意"

Los dos verbos auxiliares "要" y "想" expresan intención subjetiva y deseo. Su significado es básicamente el mismo. A veces "要" enfatiza intención o petición, mientras que "想" pone más énfasis en la intención o la esperanza. Por ejemplo:

我要吃烤鸭。

我想去北京吃烤鸭。

La forma negativa para ambos "要" y "想" (indicando deseo) es "不想".

También se utiliza "愿意" para expresar deseos. Significa voluntad de hacer algo o deseo de que algo ocurra según las aspiraciones del sujeto.

Sujeto	Predicado	
	V. Aux.	V O
马大为	要	睡觉。
丁力波	想	学习　美术。
他	不　想	去　　医院。
她	愿意　不愿意	参加　聚会？

El verbo auxiliar "要" también se utiliza para expresar necesidad. Su forma negativa es "不用". Por ejemplo:

他要不要住院？

明天天气怎么样？要多穿衣服吗？

明天不用多穿衣服。

六、汉字　Caracteres Chinos

1. 汉字的结构(5)　Estructura de los caracteres chinos(5)

La estructura de cierre ②

a. Encierre partiendo de la izquierda hacia abajo y a la derecha

凵　出　画

b. Encierre de izquierda hacia abajo y a la derecha

匚　这　起　题

2. 认写基本汉字　Aprender y escribir caracteres chinos básicos

(1) 予　　フマ云予

yǔ　　dar　　　　　　　　　　　　　　4 trazos

(2) 母　　乚乚马母母

mǔ　　madre　　　　　　　　　　　　5 trazos

(3) 冬　　ノク冬冬冬

dōng　invierno　　　　　　　　　　　5 trazos

(4) 令　　ノ人人今令

lìng　　decreto, orden　　　　　　　　5 trazos

(5) 牙　　　一 二 于 牙
　　yá　　diente, muela　　　　　　　4 trazos

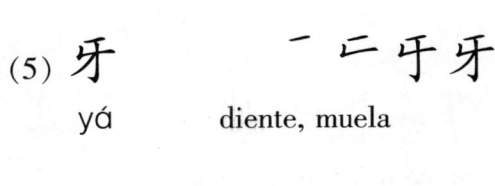

(6) 衣　　　丶 一 亠 亣 衣 衣
　　yī　　ropa　　　　　　　　　　6 trazos

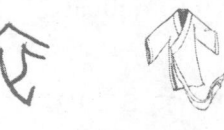

(7) 自　（丿 + 目）　丿 亻 冂 自 自 自
　　zì　　uno mismo　　　　　　　6 trazos

(8) 发(發)　　一 ナ 发 发 发
　　fā　　enviar　　　　　　　　　5 trazos

(9) 主　（丶 + 王）　丶 一 二 キ 主
　　zhǔ　　propietario o dueño　　　5 trazos

(10) 厂(廠)　　一 厂
　　chǎng　　fábrica　　　　　　　2 trazos

3. 认写课文中的汉字 Aprender y escribir los caracteres chinos que aparecen en los textos

(1) 全身 quánshēn

　　全 → 人 + 王　　　　　　　　6 trazos

(2) 舒服 shūfu

　　舒 → 人 + 舌 + 予　　　　　　12 trazos
　　服 → 月 + 卩 + 又　　　　　　8 trazos

　　 ㇒ (měizìtóu)　ノ 一　　　　　　2 trazos
(3) 每 měi

　　每 → ㇒ + 母　　　　　　　　7 trazos

疒 (bìngzìpáng) (el radical "enfermedad", que denota enfermedad o dolencia)　丶 一 广 疒 疒
　　　　　　　　　　　　　　　　　　　　　　5 trazos

- 181 -

(4) 疼 téng

疼 → 疒 + 冬　　　　　　　　　　　　　　　　　10 trazos

(El radical "疒" enfermedad denota el significado; "冬" indica la pronunciación.)

(5) 嗓子 sǎngzi

嗓 → 口 + ㄡ + ㄡ + ㄡ + 木　　　　　　　　　　13 trazos

东 jiǎn 一 t 午 东 东　　　　　　　　　　　　　5 trazos

火 (huǒzìpáng) (La parte de la izquierda es un carácter con más de un componente. El cuarto trazo en "火" se escribe como un punto, es el radical "fuego".) 丶 丷 ⺌ 火　　4 trazos

(6) 锻炼 duànliàn (鍛煉)

锻 → 钅 + 段　　　　　　　　　　　　　　　　14 trazos

(La parte con información semántica es "钅" y la parte con información fonética es "段".)

炼 → 火 + 东　　　　　　　　　　　　　　　　9 trazos

(7) 想 xiǎng

想 → 木 + 目 + 心　　　　　　　　　　　　　　13 trazos

(La parte con información semántica es "心" y la parte con información fonética es "相".)

(8) 病 bìng

病 → 疒 + 丙　　　　　　　　　　　　　　　　10 trazos

(La parte con información semántica es "疒" y la parte con información fonética es "丙".)

(9) 身体 shēntǐ (身體)

体 → 亻 + 本　　　　　　　　　　　　　　　　7 trazos

(10) 吧 ba

吧 → 口 + 巴　　　　　　　　　　　　　　　　7 trazos

(La parte con información semántica es "口" y la parte con información fonética es "巴".)

冫 (liǎngdiǎnshuǐ) (el radical de dos gotas de agua) 丶 冫　　2 trazos

(11) 冷 lěng

冷 → 冫 + 令　　　　　　　　　　　　　　　　7 trazos

-182-

(12) 穿 chuān

穿 → 宀 + 牙　　　　　　　　　　　　　　9 trazos

(13) 休息 xiūxi

休 → 亻 + 木　　　　　　　　　　　　　　6 trazos

息 → 自 + 心　　　　　　　　　　　　　　10 trazos

(14) 挂号 guàhào (掛號)

挂 → 扌 + 土 + 土　　　　　　　　　　　9 trazos

(15) 发炎 fāyán (發炎)　　　　　　　　　　　8 trazos

炎 → 火 + 火

尧 (yáozìtóu) (el radical de eminente)　一 弋 尧　　3 trazos

(Difiere de "戈".)

(16) 发烧 fāshāo (發燒)

烧 → 火 + 尧 + 兀　　　　　　　　　　　10 trazos

(17) 感冒 gǎnmào

感 → 戊 + 一 + 口 + 心　　　　　　　　13 trazos

冒 → 曰 + 目　　　　　　　　　　　　　　9 trazos

(18) 住院 zhùyuàn

住 → 亻 + 主　　　　　　　　　　　　　　7 trazos

(La parte con información semántica es "亻" y la parte con información fonética es "主".)

(19) 中药 zhōngyào (中藥)

药 → 艹 + 纟 + 勺　　　　　　　　　　　9 trazos

(20) 愿意 yuànyì (願意)

愿 → 厂 + 白 + 小 + 心　　　　　　　　14 trazos

- 183 -

Notas Culturales

Medicina Herbal China

La medicina herbal china se utiliza en la práctica médica china tradicional y tiene miles de años de historia. Según la tradición, un emperador de la antigüedad llamado Shenong "Santo Granjero" experimentó con muchos tipos de hierbas para poder curar a sus pacientes. La medicina tradicional china se diferencia de la medicina occidental moderna básicamente en que no utiliza productos químicos artificiales, sino sólo sustancias naturales extraídas directamente de la naturaleza.

Podemos dividir los remedios chinos tradicionales en tres categorías según su origen. Primero tenemos la medicina de origen vegetal, como raíces, hojas o los frutos de las plantas. En segundo lugar, la medicina de origen animal, incluso sus órganos y secreciones, como los cálculos biliares de las vacas, el veneno de serpiente y el almizcle de ciervo. En tercer lugar, la medicina de origen mineral, como el yeso, entre otros.

La medicina tradicional china puede ser efectiva en el tratamiento de los problemas de salud más frecuentes como el constipado común y la fiebre. La mayoría de los médicos se muestran de acuerdo en que los efectos secundarios de las medicinas herbales son moderados. En la actualidad, médicos con conocimientos tanto de la medicina china como de la occidental, están buscando el modo de combinar las dos tradiciones para usarlas tanto en tratamientos como en terapias de prevención.

Ma Dawei ha conocido, hace poco a una nueva amiga. En esta lección, nos enseñará a llamar por teléfono, a alquilar una habitación, a pedir ayuda e invitar a gente a su casa.

第十三课 Lección 13

我认识了一个漂亮的姑娘
Wǒ rènshile yí ge piàoliang de gūniang

一、课文 Texto

(一)

宋 华: 大为，听说你得了感冒，现在你身体
Sòng Huá: Dàwéi, tīngshuō nǐ déle gǎnmào, xiànzài nǐ shēntǐ

怎么样？
zěnmeyàng?

马大为: 我去了医院，吃了很多中药。① 现在我头
Mǎ Dàwéi: Wǒ qùle yīyuàn, chīle hěn duō zhōngyào. Xiànzài wǒ tóu

还有点儿疼。
hái yǒudiǎnr téng.

- 185 -

宋　华：　你　还　应该　多　休息。
Sòng Huá: Nǐ hái yīnggāi duō xiūxi.

马大为：　宋　华，我　想　告诉　你一件　事儿。
Mǎ Dàwéi: Sòng Huá, wǒ xiǎng gàosu nǐ yí jiàn shìr.

宋　华：　什么　事儿？　　　　【谈已经发生的事】Hablar de lo sucedido
Sòng Huá: Shénme shìr?

马大为：　我　认识了　一个　漂亮　的　姑娘，她　愿意　做我
Mǎ Dàwéi: Wǒ rènshile yí ge piàoliang de gūniang, tā yuànyì zuò wǒ
　　　　　女　朋友。我们　常常　一起　散步，一起　看
　　　　　nǚ péngyou. Wǒmen chángcháng yìqǐ sànbù, yìqǐ kàn
　　　　　电影、喝　咖啡，一起　听　音乐。
　　　　　diànyǐng、hē kāfēi, yìqǐ tīng yīnyuè.

宋　华：　祝贺　你！这　是　好　事　啊。
Sòng Huá: Zhùhè nǐ! Zhè shì hǎo shì a.

马大为：　谢谢。是　好　事，可是　我　的　宿舍　太　小，她　不　能
Mǎ Dàwéi: Xièxie. Shì hǎo shì, kěshì wǒ de sùshè tài xiǎo, tā bù néng
　　　　　常　来我　这儿。②我　想　找　一间　房子。
　　　　　cháng lái wǒ zhèr. Wǒ xiǎng zhǎo yì jiān fángzi.

宋　华：　你　想　租　房子？③　　　【租房】Alquilar una casa
Sòng Huá: Nǐ xiǎng zū fángzi?

马大为：　是啊，我　想　租　一间　有　厨房　和　厕所　的　房子，④
Mǎ Dàwéi: Shì a, wǒ xiǎng zū yì jiān yǒu chúfáng hé cèsuǒ de fángzi,
　　　　　房租　不　能　太　贵。
　　　　　fángzū bù néng tài guì.

宋　华：　星期六　我　跟　你　一起　去租　房　公司，好　吗？
Sòng Huá: Xīngqīliù wǒ gēn nǐ yìqǐ qù zū fáng gōngsī, hǎo ma?

马大为：　太　好　了。
Mǎ Dàwéi: Tài hǎo le.

生词 Palabras Nuevas

1.	姑娘	N	gūniang	chica　漂亮的姑娘，小姑娘
2.	听说	V	tīngshuō	oír decir, oír hablar de..., se dice que
	听	V	tīng	escuchar
3.	得	V	dé	tener, conseguir　得感冒，得病
4.	告诉	V	gàosu	decir
5.	件	Clas.	jiàn	pieza, parte　一件工作
6.	事儿	N	shìr	asunto, cosa　一件事儿，什么事儿
7.	散步	VO	sànbù	dar un paseo, caminar　一起散步
	步	N	bù	paso
8.	电影	N	diànyǐng	película　看电影，中国电影
	电	N	diàn	electricidad
	影	N	yǐng	sombra
*9.	咖啡	N	kāfēi	café　喝咖啡
10.	可是	Conj.	kěshì	pero
*11.	宿舍	N	sùshè	habitación　学生宿舍，回宿舍
*12.	找	V	zhǎo	buscar　找房子，找人，找东西
13.	房子	N	fángzi	casa　住房子，没有房子，买房子
14.	租	V	zū	alquilar　租房子，租光盘
15.	间	Clas.	jiān	clasificador para habitación, casa　一间房子
16.	厨房	N	chúfáng	cocina　一间厨房
17.	厕所	N	cèsuǒ	servicio　一间厕所，男厕所，女厕所
18.	房租	N	fángzū	alquiler (de una casa, piso, etc)
19.	公司	N	gōngsī	empresa　小公司，大公司，租房公司

（二）

【征求建议】
Pedir sugerencias

（宋华与马大为在家美租房公司。）

马大为：　那　间　房子　房租　太贵，你说，我　应该　怎么　办？⑤
Mǎ Dàwéi： Nà jiān fángzi fángzū tài guì, nǐ shuō, wǒ yīnggāi zěnme bàn?

宋　华：　你 想 租 还是 不 想 租？
Sòng Huá:　Nǐ xiǎng zū háishi bù xiǎng zū?

马 大为：　当然　　　想 租。
Mǎ Dàwéi:　Dāngrán xiǎng zū.

宋　华：　我 给 陆 雨平 打 个 电话，　让 他 来 帮助
Sòng Huá:　Wǒ gěi Lù Yǔpíng dǎ ge diànhuà, ràng tā lái bāngzhù
我们。
wǒmen.

马 大为：　他 很 忙，会 来 吗？
Mǎ Dàwéi:　Tā hěn máng, huì lái ma?

宋　华：　他 会 来。
Sòng Huá:　Tā huì lái.

（宋华给陆雨平打电话。）

【打电话】Llamar por teléfono

陆 雨平：　喂，哪 一 位 啊？⑥
Lù Yǔpíng:　Wèi, nǎ yí wèi a?

宋　华：　我 是 宋 华，我 和 大为 现在 在 家美 租 房
Sòng Huá:　Wǒ shì Sòng Huá, wǒ hé Dàwéi xiànzài zài Jiāměi Zū Fáng
公司。
Gōngsī.

陆 雨平：　你们　怎么 在 那儿？
Lù Yǔpíng:　Nǐmen zěnme zài nàr?

宋　华：　大为　要 租 房子。
Sòng Huá:　Dàwéi yào zū fángzi.

陆 雨平：　你们 看 没 看 房子？
Lù Yǔpíng:　Nǐmen kàn méi kàn fángzi?

宋　华：　我们　看 了 一 间 房子。那 间 房子 很 好，可是
Sòng Huá:　Wǒmen kànle yì jiān fángzi. Nà jiān fángzi hěn hǎo, kěshì
房租 有点儿 贵。
fángzū yǒudiǎnr guì.

陆 雨平：　你们　找 了 经理 没有？⑦
Lù Yǔpíng:　Nǐmen zhǎole jīnglǐ méiyǒu?

-188-

宋 华:	我们 没有 找 经理。
Sòng Huá:	Wǒmen méiyǒu zhǎo jīnglǐ.

陆雨平:	宋 华, 这个 公司 的 经理 是 我 朋友, 我 跟
Lù Yǔpíng:	Sòng Huá, zhège gōngsī de jīnglǐ shì wǒ péngyou, wǒ gēn
	他 说 一下,请 他 帮助 你们,我 想 可能
	tā shuō yíxià, qǐng tā bāngzhù nǐmen, wǒ xiǎng kěnéng
	没有 问题。
	méiyǒu wèntí.

【邀请】Invitar a alguien

宋 华:	好 啊。晚上 我们 请 你 和 你 朋友 吃饭。⑧
Sòng Huá:	Hǎo a. Wǎnshang wǒmen qǐng nǐ hé nǐ péngyou chīfàn.

陆雨平:	好,你们 在 公司 等 我,再见。
Lù Yǔpíng:	Hǎo, nǐmen zài gōngsī děng wǒ, zàijiàn.

宋 华:	再见。
Sòng Huá:	Zàijiàn.

生词 Palabras Nuevas

1. 办	V	bàn	hacer 怎么办
2. 打电话	VO	dǎ diànhuà	llamar por teléfono 给她打电话
电话	N	diànhuà	llamada telefónica 一个电话,你的电话
3. 让	V	ràng	permitir, dejar
4. 帮助	V	bāngzhù	ayudar
5. 喂	Exc.	wèi	hola
6. 位	Clas.	wèi	clasificador para referirse a personas de manera educada 一位小姐,一位老师,一位医生,哪一位
7. 经理	N	jīnglǐ	gerente
8. 可能	V. Aux.	kěnéng	quizás 可能来,可能感冒,可能住院
9. 吃饭	VO	chīfàn	comer
饭	N	fàn	comida 饭店
10. 等	V	děng	esperar 等人,等他们,等一下
11. 家美	NP	Jiāměi	(nombre de una agencia inmobiliaria)

补充生词 Palabras Suplementarias

1.	客厅	N	kètīng	cuarto de estar
2.	卧室	N	wòshì	dormitorio
3.	书房	N	shūfáng	estudio
4.	套	Clas.	tào	juego, serie
5.	方便	A	fāngbiàn	conveniente
6.	巧	A	qiǎo	casual
7.	合适	A	héshì	adecuado
8.	热心	A	rèxīn	entusiasta
9.	包括	V	bāokuò	incluir
10.	水电费	N	shuǐdiànfèi	gasto de agua y luz
11.	新	A	xīn	nuevo
12.	回信	N/VO	huíxìn	responder (a una carta)

二、注释 Notas

① 我吃了很多中药。

Cuando se usan los adjetivos "多" y "少" como complementos del nombre, se deben colocar adverbios como "很" precediéndoles. Por ejemplo: "很多中药" o "很多学生", y no "多中药", "多学生". "的" se quita después de "很多".

② 她不能常来我这儿。

"Ella no puede venir a mi casa muy a menudo."

Los objetos de los verbos "来, 去, 到, 在" y la preposición "在" generalmente son palabras que indican lugar; cuando no indican lugar se les debe añadir "这儿" y "那儿". Por ejemplo: "来我这儿", "去力波那儿", "到我朋友那儿", "在老师这儿".

No se puede decir: "来我" o "在老师"

Generalmente, "常常" y "常" se usan indistintamente.

③ 你想租房子？

Una oración afirmativa puede transformarse en interrogativa si se lee con entonación interrogativa.

④ 我想租一间有厨房和厕所的房子。

"Quiero alquilar una casa que tenga cocina y baño."

Se debe añadir "的" a un verbo o sintagma verbal para que se convierta en complemento del nombre. Por ejemplo:

有厨房的房子 (un piso con cocina)

给她的蛋糕 (la tarta que se le ha dado a ella)

今天来的人 (las personas que vendrán hoy)

Como se ha dicho, la partícula "的" debe colocarse delante de la palabra que modifica.

⑤ 你说，我应该怎么办？

"¿Qué crees que debería hacer?"

"你说" (o "你看") se usa para pedir la opinión del interlocutor.

⑥ 喂，哪一位啊？

"Hola, ¿quién es?"

"喂" es una interjección utilizada habitualmente en llamadas telefónicas como forma para saludar o responder, por ejemplo:

喂，是丁力波吗？

喂，我是马大为，请问您找谁？

喂，您好，我想找一下王小云。

El clasificador "位" se aplica sólo a personas y es más educado que "个". Por ejemplo:

这位先生　　二十位老师　　两位教授

⑦ 你们找了经理没有？

"¿Habéis (visto y) hablado con el gerente?"

"找经理" aquí significa "hablar con el gerente"

⑧ 晚上我们请你和你朋友吃饭。

"Os invitamos a ti y a tu amigo/a a cenar esta noche."

"吃饭" significa "comer (una comida)". "请……吃饭" significa "invitar a alguien a cenar (o comer)".

三、练习与运用　Ejercicios y Práctica

> **重点句式　EXPRESIONES CLAVE**
> 1. 你们看没看房子?
> 2. 我们看了一间房子。
> 3. 你们找了经理没有?
> 4. 我们没有找经理。
> 5. 我给陆雨平打个电话,让他来帮助我们。
> 6. 晚上我们请你和你朋友吃饭。
> 7. 他会来吗?
> 8. 她不能常来我这儿。
> 9. 我想租一间有厨房和厕所的房子。

1. 熟读下列词组　Dominar las siguientes expresiones

(1) 看了一间房子　认识了一位教授　买了两斤香蕉　找了两块钱
　　说了一件事　送了一张光盘　参加了一个聚会　写了十个汉字
　　吃了一个蛋糕　喝了红葡萄酒

(2) 找没找　租没租　等没等　买没买　看没看　问没问　来没来　送没送
　　上课没上课　休息没休息　起床没起床　锻炼没锻炼　帮助没帮助

(3) 这儿　他那儿　老师那儿　医生那儿　我朋友那儿　我哥哥这儿　王经理那儿

(4) 可能来　可能去　可能做　不可能等　不可能租　不可能帮助　可能不可能得

(5) 一件事儿　一件工作　这件衣服　那间厨房　这间宿舍
　　这位小姐　那位医生　一位朋友　一位经理　一位记者

(6) 让他帮助你　　　让他去那儿　　　让他写汉字
　　请他们吃饭　　　请小姐喝咖啡　　请我朋友教我

2. 句型替换　Práctica de patrones

(1) A: 我想告诉你一件事儿。
　　B: 什么事儿?
　　A: 我认识了<u>一个姑娘</u>。
　　B: 好啊。

看	一个中国电影
买	一件衣服
参加	一个聚会
写	二十个汉字

(2) A: 他们看没看房子？
B: 他们看了一间房子。
A: 你呢？
B: 我没有看。

买	苹果	五斤
吃	蛋糕	很多
喝	葡萄酒	一瓶

(3) A: 你去了租房公司没有？
B: 我去了租房公司。
A: 租房公司怎么样？
B: 租房公司很好。

吃	生日蛋糕
买	那本中文书
听	那张光盘
租	那间房子

(4) A: 你给大为打个电话，好吗？
B: 什么事儿？
A: 让他去租房公司。
B: 没有问题。

来	我这儿
去	老师那儿
等	他女朋友
找	张教授

(5) A: 你请他做什么？
B: 我请他吃饭。
A: 他会来吗？
B: 他会来。

看电影	去
散步	来
喝咖啡	去
介绍中国文化(wénhuà)	来

(6) A: 喂，哪一位啊？
B: 我是马大为。
A: 我现在在租房公司。
B: 你怎么在那儿？
A: 我要租房子。

王小云	丁力波宿舍	帮助他学习
宋华	汉语系	找陈老师
陆雨平	宋华家	祝贺他的生日
丁力波	医院	看病

3. 看图造句　Construir frases basadas en el dibujo

A: 他想买什么？
B: 他_____。

A: 他买了什么？
B: 他_____。

A: 他要什么？
B: 他_____。

A: 他要了咖啡还是要了酒？
B: 他_____。

4. 会话练习　Práctica de conversación

【打电话 Llamar por teléfono】

（1）A：喂，哪一位啊？

　　B：我是_____。

　　A：是你啊。你怎么样？有什么事儿？

　　B：_____。

（2）A：喂，你好，请问您找谁？

　　B：我找丁力波，我是他朋友。

　　A：好，请等一下。

　　C：喂，我是丁力波。

　　B：你好，力波，我想告诉你一件事儿。

（3）A：喂，是403号宿舍吗？

　　B：是啊，您找谁？

A：王小云在吗？
B：她不在。
A：请问，她家的电话号码是多少？
B：82305647。
A：谢谢。

【租房 Alquilar una casa】
(1) A：我想租一间房子。
B：你的宿舍不好吗？
A：我的宿舍＿＿＿＿＿＿＿＿＿，想＿＿＿＿＿＿＿＿。
B：好，我跟你一起去租房公司。
(2) A：您想租房子吗？
B：是，我想租一间有＿＿＿＿＿＿、＿＿＿＿＿＿的房子。
A：我们家美租房公司有很多好房子。
B：房租贵不贵？
A：不贵，每月＿＿＿＿＿＿＿＿＿元。
B：包括(bāokuò)水电费(shuǐdiànfèi)吗？
A：不包括。
B：可以看一下吗？
A：当然可以。

【征求建议 Pedir sugerencias】
(1) A：明天是我姐姐的生日。你说，我应该给她买什么？
B：你可以买＿＿＿＿＿＿＿。
A：我应该在哪儿买＿＿＿＿＿＿＿＿？
B：＿＿＿＿＿＿＿＿＿＿＿＿。
(2) A：我想跟你说一件事儿。
B：什么事儿？
A：星期日是我女朋友的生日，可是宋华让我参加一个聚会。你说，我应该怎么办？
B：＿＿＿＿＿＿＿＿＿＿＿＿＿＿＿＿＿。

【邀请 Invitar a alguien】

(1) A：星期天你有时间吗？

　　B：我_____。

　　A：我想请你_____。

　　B：_____。

(2) A：白小姐，晚上我请你_____，好吗？

　　B：对不起，我_____。

　　A：你什么时候有时间？

　　B：_____。

5. 交际练习　Ejercicios de comunicación

(1) Desde la residencia universitaria llama a un amigo tuyo para contarle que recientemente te ha ocurrido algo importante en la vida o en los estudios.

(2) Tus padres vienen a China a verte y quieres alquilar una casa para ellos. Pide a la inmobiliaria una casa grande con cocina y baño para una semana.

(3) Se acerca el día de Año Nuevo (新年, xinnián) y quieres invitar a unos buenos amigos a cenar. Algunos pueden y otros no.

(4) Estás en el supermercado comprando comida para el día de Año Nuevo ¿Cómo le pedirías ayuda al vendedor?

Canta una canción

康定 情歌
Kāngdìng Qínggē

稍慢 饱满地 　　　　　　　　　　　　　　　　　　　　　四川民歌

1=F 3 5 6 6 5 ｜ 6 · 3　2 ｜ 3 5 6 6 5 ｜ 6 3 · ｜

跑 马 溜 溜 的　 山 　上，　一 朵 溜 溜 的　 云 　 哟，
Pǎomǎ liū liūde　shān shàng,　yì duǒ liū liūde　yún yo,

李 家 溜 溜 的　 大 　姐，　人 才 溜 溜 的　 好 　 哟，
Lǐ jiā liū liūde　dà jiě,　rén cái liū liūde　hǎo yo,

一 来 溜 溜 的　 看 　上，　人 才 溜 溜 的　 好 　 哟，
Yī lái liū liūde　kàn shàng,　rén cái liū liūde　hǎo yo,

世 间 溜 溜 的　 女 　子，　任 我 溜 溜 的　 爱 　 哟，
Shì jiān liū liūde　nǚ zǐ,　rèn wǒ liū liūde　ài yo,

3 5 6 6 5 ｜ 6 · 3　2 ｜ 5 3　2 3 2 1 ｜ 2 6 · ｜

端 端 溜 溜 的　 照 　在　康 定 溜 溜 的　 城 　 哟，
duānduān liū liūde　zhào zài　Kāngdìng liū liūde　chéng yo,

张 家 溜 溜 的　 大 　哥　看 上 溜 溜 的　 她 　 哟，
Zhāngjiā liū liūde　dà gē　kànshàng liū liūde　tā yo,

二 来 溜 溜 的　 看 　上　会 当 溜 溜 的　 家 　 哟，
èr lái liū liūde　kàn shàng　huì dāng liū liūde　jiā yo,

世 间 溜 溜 的　 男 　子　任 你 溜 溜 的　 求 　 哟，
shì jiān liū liūde　nán zǐ　rèn nǐ liū liūde　qiú yo,

6 2 · ｜ 5 3 · ｜ 2 1 6 · ｜ 5 3　2 3 2 1 ｜ 2 6 · ‖

月 亮　 弯 　 弯，　康 定 溜 溜 的 城 哟！
Yuèliàng　wān　wān,　Kāngdìng liū liūde chéng yo!

月 亮　 弯 　 弯，　看 上 溜 溜 的 她 哟！
Yuèliàng　wān　wān,　kàn shàng liū liūde tā yo!

月 亮　 弯 　 弯，　会 当 溜 溜 的 家 哟！
Yuèliàng　wān　wān,　huì dāng liū liūde jiā yo!

月 亮　 弯 　 弯，　任 你 溜 溜 的 求 哟！
Yuèliàng　wān　wān,　rèn nǐ liū liūde qiú yo!

四、阅读和复述 Comprensión Escrita y Reformulación Oral

马大为给女朋友小燕子(Xiǎoyànzi)的一封信

亲爱(qīn'ài, querida)的小燕子:

你好吗？我很想(xiǎng, echar de menos)你。

星期三我得了感冒,头疼,嗓子有点儿发炎,还有点儿发烧。可是现在我好了。

我想跟你说一件事儿。小燕子,我很喜欢你。我想让你常常来看我,跟我一起听音乐,喝咖啡。可是我住的宿舍太小,也不方便(fāngbiàn)。我想租一间房子,有厨房,有厕所,房租不能太贵。我请宋华帮助我找房子。

星期六我和宋华一起去了家美租房公司,我们看了一间房子,房子很好,很大,有厨房、厕所,可是房租太贵。宋华给陆雨平打了一个电话,问他我们应该怎么办。真巧(qiǎo),家美租房公司的经理是陆雨平的朋友,陆雨平请他帮助我们。这位经理很热心(rèxīn),他让我们看了很多房子。我租了一间很合适(héshì)的房子,房租不太贵。晚上我们请陆雨平和经理去吃了北京烤鸭。我真高兴。

小燕子,我想请你来看一下我的新(xīn)房子。你说,什么时候合适？

我等你的回信(huíxìn)。

你的大为
12月10日

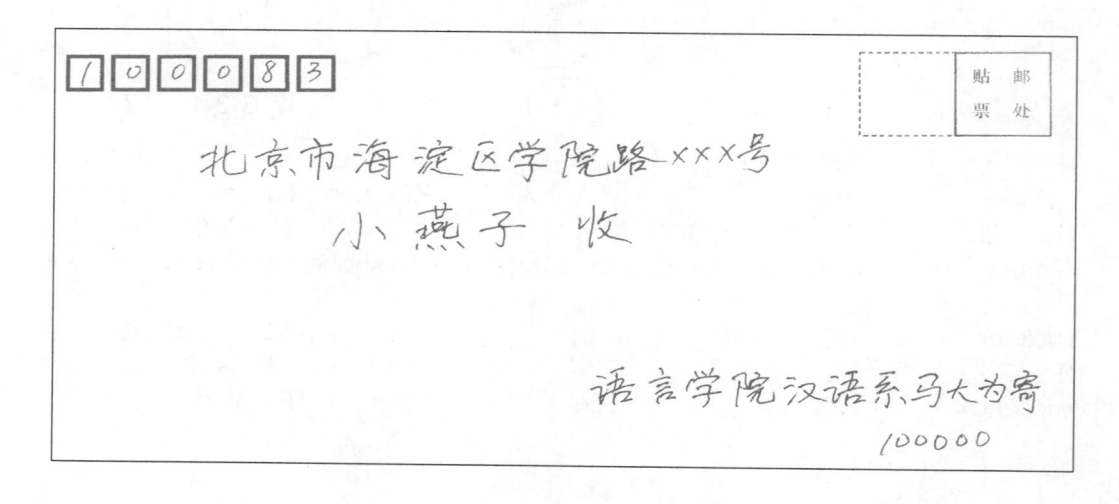

100083

北京市海淀区学院路×××号

小燕子 收

语言学院汉语系马大为寄

100000

五、语法　　Gramática

1. 助词"了"(1)　La partícula "了" (1)

La partícula "了" se puede colocar después de un verbo para indicar la realización y la finalización de una acción. Por ejemplo:

你买了几个苹果？　　　　　　Comparar:　　你买几个苹果？

(¿Cúantas manzanas has comprado?)　　　　(¿Cuántas manzanas vas a comprar?)

我买了五个苹果。　　　　　　　　　　　　我买五个苹果。

(He comprado cinco manzanas.)　　　　　(Voy a comprar cinco manzanas.)

Si el verbo con "了" tiene un objeto, éste normalmente tiene un complemento de nombre, que puede ser una palabra contable, un pronombre o un adjetivo.

V + 了 + Nu. Clas. /Pr. /A + O

Sujeto	Predicado			
	Verbo	了	Nu. Clas. / Pr. / A	Objeto
我们	看	了	一　　间	房子。
王小云	买	了	两　　瓶	酒。
马大为	认识	了	一　　个　　漂亮的	姑娘。
大为	吃	了	很多	中药。
我	介绍	了	那位	教授。
他	看	了	有名的	京剧。
她朋友	租	了	她的	房子。

Si el objeto no tiene complemento de nombre (p.ej. "他买了苹果" o "大为得了感冒"), se necesitan otros elementos en el predicado para completar la oración. Por ejemplo:

听说你得了感冒,现在你身体怎么样？

我去了医院,也吃了很多中药。

La forma negativa de este tipo de oraciones se hace colocando "没" o "没有" antes del verbo y eliminando el "了".

没有 + V O

我们没有找经理。

他没买酒。

"不" no se puede utilizar en este tipo de oraciones con valor negativo.

La forma negativa y afirmativa de este tipo de oraciones se hace utilizar: "V + 没(有) + V" o "V + 了没(有)".

V + 没(有)V + O

你们看没看房子？

你们找没找经理？

- 199 -

V + 了 + O + 没有

你们看了房子没有？

你们找了经理没有？

Nota: "了" indica únicamente el estado de realización o finalización de una acción, pero no el tiempo (presente, pasado, futuro). Al respecto de este tipo de oraciones, en muchos casos, la acción es pasada. Pero también es posible que la finalización de la acción vaya a ocurrir en el futuro.

明天下午我买了本子去吃饭。

(Mañana por la tarde voy a cenar después de comprar un cuaderno.)

No todas las acciones pasadas necesitan la partícula "了". Dicha partícula no se usa cuando una acción es frecuente o una frase describe una acción pasada que no enfatiza su finalización.

过去（en el pasado）他常常来看我，现在他不常来看我。

去年（el año pasado）我在美术学院学习美术。

2. 兼语句 Construcciones pivotales

Las oraciones con un objeto de doble función son aquellas que tienen como predicado dos verbos, es decir, su predicado está compuesto por dos verbos en forma no personal. El objeto del primer verbo es el sujeto del segundo. El primer verbo de este tipo de frases debería ser uno con sentido de "hacer" o "pedir" a alguien que haga algo, como "请" o "让".

Tanto "请" como "让" tienen el significado de pedir a otros que hagan algo. "请" se utiliza en situaciones formales. También significa "invitar". Por ejemplo:

晚上我们请你和你朋友吃饭。

Sujeto	Predicado			
	Verbo 1	Objeto 1(Sujeto 2)	Verbo 2	Objeto 2
宋华	让	陆雨平	来帮助	他们。
陆雨平	请	经理	帮助	马大为。
妈妈	不让	她	喝	咖啡。

3. 能愿动词谓语句(3)：可能、会

Oraciones con verbos auxiliares (3): "可能" y "会"

El verbo auxiliar "可能" expresa posibilidad. "会" expresa posibilidad y capacidad.

今年八月他可能去上海。

现在八点，他不可能睡觉。

明天他会不会来上课？

他得了感冒，明天不会来上课。

六、汉字　Caracteres Chinos

1. 部首查字法　Consultar un diccionario chino usando radicales

Muchos diccionarios de caracteres chinos están ordenados por el orden de los radicales. Los radicales son elementos comunes, localizados en la parte superior, inferior, izquierda, derecha o exterior del carácter, que habitualmente indican el significado del carácter al que pertenecen. Por ejemplo: "好", "她", "妈", "姐", "妹", "姓", y "娜" están agrupados bajo el radical "女", que está situado a la izquierda de todos ellos. Sin embargo, "意", "思", "想", "您", y "愿" están agrupados bajo el radical "心", situado en la parte inferior del carácter.

En el índice del diccionario, los radicales están ordenados según el número de trazos. También hay un índice donde se agrupan los caracteres con el mismo radical, según el número de trazos del carácter sin tener en cuenta los del radical en cuestión.

Por lo tanto, después de determinar el radical de un carácter, se debe contar el número de trazos del radical y consultar el índice de radicales. Posteriormente, hay que contar el número de trazos aparte y buscarlo en la lista de caracteres agrupados. Por ejemplo, el carácter "锻" está bajo el radical "钅" en la sección de los caracteres con 9 trazos, aparte de los del radical.

2. 认写基本汉字　Aprender y escribir caracteres chinos básicos

(1) 古　　　（十+口）
gǔ　　　antiguo　　　　　　　　　　　　　　5 trazos

(2) 良　　　（丶+艮）
liáng　　bueno　　　　　　　　　　　　　　7 trazos

(3) 斥　　　´ 厂 斥 斥 斥
chì　　　reñir　　　　　　　　　　　　　　5 trazos

(4) 事　　　一 丆 亓 亓 写 写 写 事
shì　　　asunto　　　　　　　　　　　　　　8 trazos

(5) 步　　　丨 卜 止 止 牛 井 步
bù　　　paso　　　　　　　　　　　　　　　7 trazos

(El carácter antiguo representa andar con dos pies.)

- 201 -

(6) 电(電)　　　(日+乚)

　　diàn　　electricidad　　　　　　　　　5 trazos

　　(El carácter antiguo representa rayo.)

(7) 户　　　　（丶+尸）

　　hù　　puerta　　　　　　　　　　　　4 trazos

　　(El carácter antiguo parece una puerta de una sola hoja.)

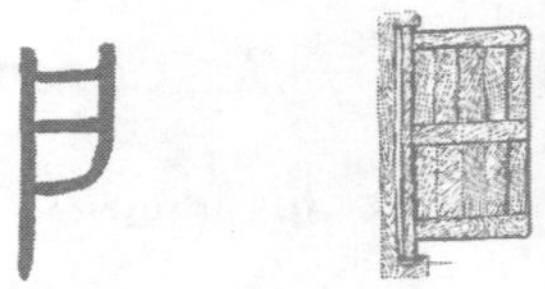

(8) 方　　　　（丶+万）

　　fāng　　cuadrado　　　　　　　　　　4 trazos

(9) 豆　　　一 ｢ 丆 可 豆 豆

　　dòu　　soja　　　　　　　　　　　　7 trazos

(10) 办(辦)　　フ 力 加 办

　　bàn　　hacer　　　　　　　　　　　　4 trazos

(11) 竹　　　ノ ト 仁 仁 竹 竹

　　zhú　　bambú　　　　　　　　　　　　6 trazos

　　(El carácter antiguo parece unas hojas de bambú.)

(12) 反　　　一 厂 反 反

　　fǎn　　reverso　　　　　　　　　　　4 trazos

3. 认写课文中的汉字 Aprender y escribir los caracteres chinos que aparecen en los textos

(1) 姑娘 gūniang

姑 → 女 + 古　　　　　　　　　　　　8 trazos

(La parte con información semántica es "女" y la parte con información fonética es "古".)

娘 → 女 + 良　　　　　　　　　　　　10 trazos

("女" propone que el carácter se relaciona con un sentido femenino.)

(2) 听说 tīngshuō (聽説)

听 → 口 + 斤　　　　　　　　　　　　7 trazos

-202-

(3) 得 dé

得 → 彳 + 日 + 一 + 寸　　　　　11 trazos

(4) 告诉 gàosu (告訴)

告 → 丄 + 口　　　　　7 trazos

(La parte semántica es "口".)

诉 → 讠 + 斥　　　　　7 trazos

(La parte con información semántica es "讠". Date cuenta en la diferencia que hay entre "斥" y "斤".)

(5) 件 jiàn

件 → 亻 + 牛　　　　　6 trazos

(6) 散步 sànbù

散 → 艹 + 月 + 攵　　　　　12 trazos

(7) 电影 diànyǐng (電影)

影 → 日 + 京 + 彡　　　　　15 trazos

(8) 咖啡 kāfēi

咖 → 口 + 力 + 口　　　　　8 trazos

啡 → 口 + 非　　　　　11 trazos

(La parte con información semántica es "口", y la parte con información fonética es "非".)

(9) 宿舍 sùshè

宿 → 宀 + 亻 + 百　　　　　11 trazos

("宀" denota una casa, "百" muestra una estera y "亻" propone una persona.)

舍 → 人 + 舌　　　　　8 trazos

("人" denota un refugio y "舌" indica la pronunciación.)

(10) 房子 fángzi

房 → 户 + 方　　　　　8 trazos

(La parte con información semántica es "户", la parte con información fonética es "方".)

(11) 租 zū

租 → 禾 + 且   10 trazos

(12) 厨房 chúfáng (廚房)

厨 → 厂 + 豆 + 寸   12 trazos

(13) 厕所 cèsuǒ (廁所)

厕 → 厂 + 贝 + 刂   8 trazos

所 → 户 + 斤   8 trazos

(14) 公司 gōngsī

公 → 八 + 厶   4 trazos

(15) 打 dǎ

打 → 扌 + 丁   5 trazos

(16) 电话 diànhuà (電話)

话 → 讠 + 舌   8 trazos

(Hablar se relaciona con la lengua.)

(17) 让 ràng (讓)

让 → 讠 + 上   5 trazos

(18) 帮助 bāngzhù (幫助)

帮 → 邦 + 巾   9 trazos

(La parte con información fonética es "邦".)

助 → 且 + 力   7 trazos

㇏ 一 ㇀ ㇁ ㇏   4 trazos

(19) 喂 wèi

喂 → 口 + 田 + ㇏   12 trazos

-204-

(20) 位 wèi

位 → 亻 + 立   7 trazos

圣 フ ス ヌ ア 圣   5 trazos

(21) 经理 jīnglǐ (經理)

经 → 纟 + 圣   8 trazos

理 → 王 + 里   11 trazos

("里" indica la pronunciación.)

⺮ (zhúzìtóu) (El trazo vertical y el trazo horizontal con un gancho en "竹", ambos se escriben como un punto, cuando este carácter está por encima de un carácter multicomponente.)

丿 𠂉 𠂉 ⺮ ⺮ ⺮   6 trazos

(22) 等 děng

等 → ⺮ + 土 + 寸   12 trazos

饣 (shízìpáng) (el radical "comida") 丿 𠂉 饣   3 trazos

(23) 吃饭 chīfàn (吃飯)

饭 → 饣 + 反   7 trazos

文化知识　　Notas Culturales

El Colegio Mayor

Una de las particularidades de las universidades chinas es que los Colegios Mayores están normalmente integrados en el campus universitario. A diferencia de muchas universidades occidentales, donde los Colegios Mayores no suelen cubrir las necesidades de los estudiantes. En China, habitualmente, hay un área residencial donde vive el personal de la universidad, y grandes residencias donde los estudiantes están obligatorios a vivir.

Muchos estudiantes prefieren vivir en estos Colegios Mayores, ya que los edificios están en el campus, cerca de las clases y de las instalaciones. Los alumnos pueden desplazarse a pie y ahorrar tiempo. Además, la vida en la residencia favorece la socialización, el intercambio de ideas y el aprendizaje interactivo.

Sin embargo, para algunos estudiantes a veces compartir habitación tiene ciertas pegas. Por ejemplo, en una habitación compartida no se puede tener la privacidad necesaria para una cita. En esta lección, Ma Dawei está entusiasmado con la idea de marcharse de la residencia para disfrutar de cierta intimidad.

¡Llegaste a la última lección de este libro! Cuando la acabes, sabrás 1) formular una queja o una disculpa; 2) dar saludos de parte de alguien; 3) preguntar a un amigo cómo le va; 4) felicitar a alguien en una fiesta. Esta lección contiene también un resumen y una revisión de los puntos gramaticales más importantes estudiados en las lecciones anteriores. Si empiezas a repasar, te darás cuenta de todo lo que has aprendido durante el curso y podrás evaluar tu propio progreso. ¡Felicidades por todo lo que has conseguido hasta ahora!

第十四课 Lección 14 (复习 Repaso)

祝 你 圣诞 快乐
Zhù nǐ Shèngdàn kuàilè

一、课文 Texto

马大为: 力波， 上午 十点半，你妈妈 给你 打了一个
Mǎ Dàwéi: Lìbō, shàngwǔ shí diǎn bàn, nǐ māma gěi nǐ dǎle yí ge

电话。 我 告诉 她 你 不在。我 让 她 中午 再
diànhuà. Wǒ gàosu tā nǐ bú zài. Wǒ ràng tā zhōngwǔ zài

给 你 打。
gěi nǐ dǎ.

丁力波: 谢谢。我 刚才 去 邮局 给我 妈妈 寄了点儿 东西。
Dīng Lìbō: Xièxie. Wǒ gāngcái qù yóujú gěi wǒ māma jìle diǎnr dōngxi.

大为， 我 今天 打扫了 宿舍， 你的 脏 衣服太 多 了。
Dàwéi, wǒ jīntiān dǎsǎole sùshè, nǐ de zāng yīfu tài duō le.

马大为: 不 好意思。① 这 两 天 我 太 忙 了，我 想
Mǎ Dàwéi: Bù hǎoyìsi. Zhè liǎng tiān wǒ tài máng le, wǒ xiǎng

星期六 一起 洗。②
xīngqīliù yìqǐ xǐ.

【抱怨与致歉】
Formular una queja o una disculpa

(力波的妈妈给他打电话)

马大为 / Mǎ Dàwéi: 喂，你好，你找谁？啊，丁力波在，请等一下。力波，你妈妈的电话。
Wèi, nǐ hǎo, nǐ zhǎo shéi? À, Dīng Lìbō zài, qǐng děng yíxià. Lìbō, nǐ māma de diànhuà.

丁力波 / Dīng Lìbō: 谢谢。妈妈，你好！
Xièxie. Māma, nǐ hǎo!

丁云 / Dīng Yún: 力波，你好吗？
Lìbō, nǐ hǎo ma?

丁力波 / Dīng Lìbō: 我很好。你和爸爸身体怎么样？
Wǒ hěn hǎo. Nǐ hé bàba shēntǐ zěnmeyàng?

丁云 / Dīng Yún: 我身体很好，你爸爸也很好。我们工作都很忙。你外婆身体好吗？
Wǒ shēntǐ hěn hǎo, nǐ bàba yě hěn hǎo. Wǒmen gōngzuò dōu hěn máng. Nǐ wàipó shēntǐ hǎo ma?

【转达问候】Dar recuerdos de parte de alguien

丁力波 / Dīng Lìbō: 她身体很好。她让我问你们好。③
Tā shēntǐ hěn hǎo. Tā ràng wǒ wèn nǐmen hǎo.

丁云 / Dīng Yún: 我们也问她好。你哥哥、弟弟怎么样？
Wǒmen yě wèn tā hǎo. Nǐ gēge、dìdi zěnmeyàng?

丁力波 / Dīng Lìbō: 他们也都很好。哥哥现在在一个中学打工，弟弟在南方旅行。我们都很想你们。
Tāmen yě dōu hěn hǎo. Gēge xiànzài zài yí ge zhōngxué dǎgōng, dìdi zài nánfāng lǚxíng. Wǒmen dōu hěn xiǎng nǐmen.

丁云 / Dīng Yún: 我们也想你们。你现在怎么样？你住的宿舍大不大？④ 住几个人？
Wǒmen yě xiǎng nǐmen. Nǐ xiànzài zěnmeyàng? Nǐ zhù de sùshè dà bu dà? Zhù jǐ ge rén?

丁力波 / Dīng Lìbō: 我们留学生楼两个人住一间。⑤我跟一
Wǒmen liúxuéshēng lóu liǎng ge rén zhù yì jiān. Wǒ gēn yí

- 207 -

个 美国 人 住，他的 中文 名字 叫 马 大为。
ge Měiguó rén zhù, tā de Zhōngwén míngzi jiào Mǎ Dàwéi.

丁云 Dīng Yún: 他也学习 汉语 吗？
Tā yě xuéxí Hànyǔ ma?

丁力波 Dīng Lìbō: 对，他也 学习汉语。我 还 有 很 多 中国 朋友， 他们 常常 帮助 我 念 生词、复习 课文、 练习 口语。我 还 常常 问 他们 语法 问题，他们 都 是我的 好 朋友。
Duì, tā yě xuéxí Hànyǔ. Wǒ hái yǒu hěn duō Zhōngguó péngyou, tāmen chángcháng bāngzhù wǒ niàn shēngcí、fùxí kèwén、liànxí kǒuyǔ. Wǒ hái chángcháng wèn tāmen yǔfǎ wèntí, tāmen dōu shì wǒ de hǎo péngyou.

丁云 Dīng Yún: 这 很 好。力波，今年 你 要 在 中国 过 圣诞 节，不 能 回家，我 和 你爸爸要 送 你 一件 圣诞 礼物。
Zhè hěn hǎo. Lìbō, jīnnián nǐ yào zài Zhōngguó guò Shèngdàn Jié, bù néng huí jiā, wǒ hé nǐ bàba yào sòng nǐ yí jiàn Shèngdàn lǐwù.

丁力波 Dīng Lìbō: 谢谢 你们。我 也 给 你们 寄了 圣诞 礼物。
Xièxie nǐmen. Wǒ yě gěi nǐmen jìle Shèngdàn lǐwù.

丁云 Dīng Yún: 是 吗？ 圣诞 节我和你爸爸 想 去 欧洲 旅行。你呢？你去不去旅行？
Shì ma? Shèngdàn Jié wǒ hé nǐ bàba xiǎng qù Ōuzhōu lǚxíng. Nǐ ne? Nǐ qù bu qù lǚxíng?

丁力波 Dīng Lìbō: 我 要 去 上海 旅行。
Wǒ yào qù Shànghǎi lǚxíng.

丁云 Dīng Yún: 上海 很 漂亮。祝 你 旅行 快乐！
Shànghǎi hěn piàoliang. Zhù nǐ lǚxíng kuàilè!

丁力波 Dīng Lìbō: 谢谢。我 也 祝 你 和 爸爸 圣诞 快乐！
Xièxie. Wǒ yě zhù nǐ hé bàba Shèngdàn kuàilè!

【节日祝愿】
Felicitaciones en festividades

生词 Palabras Nuevas

1. 中午	N	zhōngwǔ	mediodía	今天中午，明天中午，星期一中午
2. 刚才	Adv.	gāngcái	ahora mismo	
3. 邮局	N	yóujú	oficina de correos	
邮	V	yóu	enviar por correo	
局	N	jú	oficina	
4. 寄	V	jì	enviar	寄书，寄光盘，寄东西
5. 打扫	V	dǎsǎo	limpiar	打扫房子，打扫宿舍
扫	V	sǎo	barrer	
6. 脏	A	zāng	sucio	脏衣服
7. 不好意思	EF	bù hǎoyìsi	sentirse avergonzado	不好意思说，不好意思去
8. 洗	V	xǐ	lavar	洗衣服，洗手，洗苹果
*9. 外婆	N	wàipó	abuela por parte de madre	
10. 中学	N	zhōngxué	colegio, escuela secundaria	中学老师，中学生
11. 打工	V	dǎgōng	trabajar a tiempo parcial	在中学打工，在哪儿打工
12. 南方	N	nánfāng	sur	中国南方，去南方
13. 旅行	V	lǚxíng	viajar	去旅行，去北京旅行，去加拿大旅行
*14. 想	V	xiǎng	añorar, echar de menos	想妈妈，想家
15. 留学生	N	liúxuéshēng	estudiante extranjero	中国留学生，外国留学生，留学生宿舍
16. 住	V	zhù	vivir	
17. 楼	N	lóu	edificio	八号楼，四楼，留学生楼
18. 对	A	duì	correcto	不对
19. 念	V	niàn	leer	
20. 生词	N	shēngcí	palabra nueva	念生词，写生词，学习生词，教生词
生	A	shēng	nuevo	
词	N	cí	palabra	
21. 复习	V	fùxí	repasar	复习生词，复习外语，复习汉字
22. 课文	N	kèwén	texto	念课文，学习课文，复习课文，教课文
23. 练习	V/N	liànxí	practicar, ejercicio	练习生词，做练习
练	V	liàn	practicar	

- 209 -

24. 口语	N	kǒuyǔ	lengua hablada 练习口语，教口语
25. 语法	N	yǔfǎ	gramática 学习语法，教语法
26. 过	V	guò	pasar (tiempo); celebrar (un cumpleaños, vacaciones) 过圣诞节，过生日
27. 节	N	jié	fiesta
*28. 礼物	N	lǐwù	regalo 一件礼物，圣诞礼物，送他礼物
29. 圣诞	NP	Shèngdàn	Navidad 圣诞快乐
30. 欧洲	NP	Ōuzhōu	Europa
*31. 上海	NP	Shànghǎi	Shanghai

补充生词 Palabras Suplementarias

1. 整理	V	zhěnglǐ	ordenar, arreglar
2. 电视	N	diànshì	televisión
3. 乱	A	luàn	desordenado, hecho un desastre
4. 日记	N	rìjì	diario
5. 晴	A	qíng	soleado
6. 包裹	N	bāoguǒ	paquete
7. 惊喜	N	jīngxǐ	grata sorpresa
8. 圣诞老人	N	Shèngdàn Lǎorén	Papá Noel
9. 元旦	N	Yuándàn	Día de Año Nuevo
10. 春节	N	Chūn Jié	Fiesta de Primavera
11. 感恩节	N	Gǎn'ēn Jié	Día de Acción de Gracias
12. 复活节	N	Fùhuó Jié	Día de Pascua

二、注释　Notas

① 不好意思。

"不好意思" en su origen significaba "tener vergüenza" o "sentir incómodo por hacer algo". Por ejemplo: 不好意思说　不好意思问　不好意思吃

Ahora, esta frase se utiliza para pedir disculpas. Por ejemplo:

不好意思，我的宿舍很脏。

让你们等我，真不好意思。

② 这两天我太忙了，我想星期六一起洗。

"He estado muy ocupado durante estos días. Quiero lavarlos todos el sábado."

"这两天" significa "durante estos (últimos) días".

③ 她让我问你们好。

"Quiere que os mande saludos de su parte."

"问+ Pr/SN + 好" es una construcción que se utiliza para mandar saludos. Por ejemplo:

他问你好。(Me pidió que te diese recuerdos.)

(我请你)问他好。(Dale recuerdos de mi parte.)

④ 你住的宿舍大不大？

¿La habitación donde vives es grande?

Cuando la construcción sujeto-verbo se utiliza como complemento del nombre, " 的 " debe colocarse entre el complemento del nombre y la palabra a la que modifica. Por ejemplo:

他租的房子怎么样？

这是谁给你的书？

他常去买东西的商场很大。

⑤ 我们留学生楼两个人住一间。

"En una habitación de nuestro edificio para estudiantes extranjeros viven dos estudiantes."

三、练习与运用　Ejercicios y Práctica

重点句式　EXPRESIONES CLAVE

1. 你不在，我让她中午再给你打。
2. 我刚才去邮局给妈妈寄了点儿东西。
3. 她让我问你们好。
4. 我们也问她好。
5. 你住的宿舍大不大？
6. 祝你们圣诞快乐！

1. 熟读下列词组 Dominar las siguientes expresiones

(1) 给你　给爸爸　给田医生　给司机钱　给他香蕉　给大为中药
　　给他打了一个电话　　给妈妈寄了一件礼物　　给他做了一件事儿
　　给宋华买了一个生日蛋糕　给陆雨平打了一个电话　给马大为租了一间房子

(2) 再打一个电话　再吃一个苹果　再洗一件衣服　再说一遍(biàn)

(3) 刚才在餐厅　　刚才在汉语系　　刚才在留学生楼　　刚才在陆雨平家
　　刚才去了邮局　刚才打扫了宿舍　刚才看了外婆　　　刚才看了电影

(4) 他问你好　杨老师问白小姐好　外婆问丁云和古波好　(我)请你问林娜好

(5) 常常去锻炼　常常回家　常常去旅行　常常在家喝咖啡　常常在一起说汉语

(6) 祝你生日快乐　祝你旅行快乐　祝你圣诞快乐　祝你工作快乐

2. 句型替换 Práctica de patrones

(1) A: 刚才丁力波给你来了一个电话。
　　B: 他说什么？
　　A: 他下午再给你打。

你哥哥	让你去邮局
陆雨平	给你租了一间大房子
张教授	请你星期四去一下学院

(2) A: 你的宿舍太脏了。
　　B: 不好意思。这两天太忙了，我想明天打扫。

衣服	脏	洗
书和本子	多	整理(zhěnglǐ)
厨房	脏	打扫

(3) A: 爸爸，您身体好吗？
　　B: 我身体很好。你妈妈问你好。
　　A: 我也问她好。

田医生	陈老师
外婆	你姐姐
张教授	林娜

(4) A: 你每天下午做什么？
　　B: 我每天下午锻炼。
　　A: 晚上呢？
　　B: 晚上复习课文。

上课	做练习
复习语法	写汉字
练习口语	看电视(diànshì)

(5) A: 他住的宿舍怎么样？
　　B: 他住的宿舍很大。

租	房子	舒服
买	礼物	漂亮
寄	东西	贵
打工	公司	有名
穿	衣服	漂亮

(6) A: 今年你在哪儿过圣诞节？
　　B: 我在北京过圣诞节。
　　A: 我要送你一件圣诞礼物。祝你圣诞快乐！

元旦	元旦	元旦快乐
春节	春节	春节快乐
感恩节	感恩节	感恩节快乐
复活节	复活节	复活节快乐
生日	生日	生日快乐

3. 完成对话 Completar la siguiente conversación

A：刚才你男朋友来了。你不在，我让他_____。

B：谢谢。我刚才去学院_____。

A：你男朋友今年多大？

B：_____。

A：他在哪儿工作？

B：_____。

A：他家有几口人？

B：_____。

4. 会话练习 Práctica de conversación

【抱怨与致歉 Formular una queja o una disculpa】

(1) A：你看一下你的表(biǎo, reloj)，现在几点？

　　B：_____，我刚才有点儿事儿，来晚了。

(2) A：今天星期天，我要休息一下。

　　B：你能不能整理(zhěnglǐ)一下你的书？你的东西太多。

　　A：不好意思。我现在_____，我不想今天整理。

　　B：你想什么时候整理？

　　A：_____。

【转达问候　Dar recuerdos de parte de alguien】

(1) A：张先生，你好吗？

　　B：我_____，你爸爸妈妈身体怎么样？

　　A：他们_____。

　　B：你爸爸妈妈今年多大岁数？

　　A：我爸爸今年_____，妈妈_____。

　　B：请你问他们好。

　　A：谢谢。

(2) A：雨平，你怎么样？工作忙不忙？

　　B：我_____，你呢？

　　A：我现在在_____学习法语，也很忙。

　　B：你女朋友好吗？

　　A：她很好。她让我问你好。

　　B：谢谢。请你也_____。

【节日祝愿　Felicitaciones en festividades】

(1) A：今天是元旦(Yuándàn)，祝你_____。

　　B：我也_____。

　　A：我有一件礼物给你。

　　B：啊，是_____。谢谢你。

(2) A：喂，哪一位啊？

　　B：我是_____。

　　A：是_____啊！你好吗？

　　B：_____。今天是你的_____生日，我要祝你_____！

　　A：谢谢。你的生日是哪天？

　　B：明天是我的生日。

　　A：我也祝你生日快乐！

【建议与邀请 Proposiciones e invitaciones】

(1) A：明天你有时间吗？

　　B：明天我有时间。什么事儿？

　　A：我们去游泳(yóuyǒng)，好吗？

　　B：太好了！几点去？

　　A：_____。

(2) A：星期五你忙不忙？

　　B：不太忙。什么事儿？

　　A：我们有个聚会，你能不能参加？

　　B：很抱歉(bàoqiàn)，_____。

5. 交际练习　Ejercicios de comunicación

(1) Tu nuevo compañero de habitación se trasladó ayer. Hoy llegas a tu cuarto y lo encuentras todo manga por hombro, incluidos la cocina y el baño. Mientras te quejas, tu compañero no deja de disculparse.

(2) Te encuentras con un amigo al que no has visto desde hace mucho tiempo. Le preguntas cómo le va y mandas saludos para su familia.

(3) En Nochebuena tus amigos y tú os dais la enhorabuena y os deseáis lo mejor. Uno de ellos dice que hoy cumple dieciocho años y todos le deseáis un feliz cumpleaños.

亲爱的爸爸妈妈：

May peace, love, and joy be yours at Christmas time and always

祝你们
圣诞快乐
力波
12月20日

四、阅读和复述　Comprensión Escrita y Reformulación Oral

丁力波的日记

12月18日　　星期五　　天气　晴(qíng)

下星期五是圣诞节。这是我第一次(dì-yī cì, la primera vez)在中国过圣诞节。我要跟小云一起去上海旅行。现在中国年轻(niánqīng, los jóvenes)人也很喜欢过圣诞节。很多商场都有圣诞老人(lǎorén, anciano)。商场东西很多,买东西的人也很多。

上午十点,我去邮局给爸爸妈妈寄了一个包裹(bāoguǒ, paquete),是十张京剧光盘。爸爸很喜欢京剧,妈妈也喜欢,我想给他们一个惊喜(jīngxǐ, sorpresa)。我很想家,也想加拿大。

上午十点半,妈妈给我打了一个电话。我不在,大为让妈妈中午再给我打。

中午我接到(jiēdào, recibir)了妈妈的电话。我真高兴。爸爸妈妈身体都很好,他们工作都很忙。妈妈让我问外婆好。我告诉她哥哥弟弟也都很好,哥哥在中学打工,教英语;弟弟在南方旅行。我还给她介绍了我的好朋友马大为。爸爸妈妈圣诞节要去欧洲旅行,我祝他们旅行快乐。

爸爸妈妈也给我寄了一件圣诞礼物,我不知道那是什么礼物。

五、语法　Gramática

1. 四种汉语句子　Cuatro tipos de oraciones simples

En chino, las oraciones simples pueden clasificarse en cuatro tipos según los elementos que componen la parte principal de los predicados.

(1)动词谓语句　Oraciones con predicado verbal

En chino, la mayoría de las oraciones tienen un predicado verbal y son relativamente complejas. Hemos estudiado ya varios tipos e iremos viendo más ejemplos en las próximas lecciones. Por ejemplo:

　　　　林娜的男朋友是医生。

他有一个姐姐。

我们学习汉语。

她回学院上课。

我们请他吃饭。

(2) 形容词谓语句 Oraciones con predicado adjetival

En una oración con predicado adjetival, "是" no es necesario. Por ejemplo:

我很好。

他这两天太忙。

(3) 名词谓语句 Oraciones con predicado nominal

En una oración con predicado nominal, los sustantivos, sintagmas nominales o contables numéricos constituyen exactamente los elementos principales del predicado, los cuales describen especialmente edad o precio. En el lenguaje oral, se utiliza también para expresar el tiempo, el lugar de nacimiento, etc. Por ejemplo:

马大为二十二岁。

一斤苹果两块五。

现在八点半。

今天星期天。

宋华北京人。

(4) 主谓谓语句 Oraciones con un sujeto-predicado que funciona como predicado

En este tipo de oraciones compuestas de sujeto-predicado con función de predicado, el referente del sujeto suele ser una parte de aquello que denota el sujeto de la oración completa. El sintagma sujeto-predicado describe o explica el sujeto de toda la oración. Por ejemplo:

你身体怎么样?

我头疼。

他学习很好。

2. 六种提问方法　Seis tipos de pregunta

(1) 用"吗"提问　Preguntas con "吗"

Éste es el modelo de pregunta más utilizado. La persona que pregunta se hace una idea de la posible respuesta. Por ejemplo:

您是张教授吗?

你现在很忙吗?

明天你不来学院吗?

- 217 -

(2) 正反疑问句 Pregunta V/A-no-V/A

Este tipo de pregunta también es muy frecuente. La persona que pregunta desconoce cuál puede ser la respuesta. Por ejemplo:

> 你朋友认识不认识他？
>
> 你们学院大不大？
>
> 你有没有弟弟？
>
> 他去没去那个公司？

(3) 用疑问代词的问句 Preguntas con un pronombre interrogativo

Utilizando "谁", "什么", "哪", "哪儿", "怎么", "怎么样", "多少" y "几", este tipo de preguntas sirve para preguntar quién, qué, cuál, dónde, cómo o cuánto. Por ejemplo:

> 今天几号？
>
> 他是哪国人？
>
> 他的房子怎么样？

(4) 用"还是"的选择问句 Preguntas de tipo alternativo mediante "还是"

Con este tipo de preguntas damos dos (o más) opciones de elección a la persona a quien preguntamos. Por ejemplo:

> 他是英国人还是美国人？
>
> 我们上午去还是下午去？
>
> 你喜欢香蕉还是喜欢苹果？

(5) 用"好吗？"（或"是不是？"、"是吗？"、"可以吗？"）的问句 Coletillas interrogativas con "好吗？", "是不是？", "是吗？", "可以吗？"

Las preguntas con "好吗？" o "可以吗？" suelen utilizarse para preguntar a alguien por su opinión sobre aquello expuesto en la primera parte de la oración. Las preguntas con "是不是？" o "是吗？" suelen utilizarse para confirmar aquello que se afirma en la primera parte de la oración. Por ejemplo:

> 我们去锻炼，好吗？
>
> 您学习汉语，是不是？

(6) 用"呢"的省略式问句 Preguntas elípticas con la partícula interrogativa "呢"

El significado de este tipo de preguntas suele verse claramente gracias a la frase anterior. Por ejemplo:

> 我很好，你呢？
>
> 他上午没有课，你呢？

六、汉字　　Caracteres Chinos

1. 音序查字法　Consultar un diccionario de chino por el orden alfabético del Pinyin

En muchos diccionarios de lengua china, las entradas están ordenadas alfabéticamente según la fonética china (Hanyu Pinyin). Los caracteres que presentan la misma grafía en Pinyin se agrupan en una misma entrada y se subdividen según los tonos. Los caracteres que tienen el mismo tono se agrupan según su número de trazos. En este tipo de diccionarios es muy fácil encontrar un carácter cuando se conoce su pronunciación.

2. 认写基本汉字　Aprender y escribir caracteres chinos básicos

(1) 才　　一十才
cái　　solo/ahora mismo　　　　　　　　　　　　3 trazos

(2) 由　　丨冂日日由
yóu　　por　　　　　　　　　　　　　　　　　　5 trazos

(3) 州　　丶丿丬州州州
zhōu　　estado　　　　　　　　　　　　　　　　6 trazos

("川" indica el río, los tres puntos en "川" indican la tierra.)

3. 认写课文中的汉字　Aprender y escribir los caracteres chinos que aparecen en el texto

又 (jiànzhīpáng) (el radical de construcción)　　　　3又　　2 trazos

(1) 圣诞 Shèngdàn（聖誕）

　　圣 → 又 + 土　　　　　　　　　　　　　　5 trazos

　　诞 → 讠 + 正 + 又　　　　　　　　　　　　8 trazos

(2) 刚才 gāngcái（剛纔）

　　刚 → 冈 + 刂　　　　　　　　　　　　　　6 trazos

　　(La pronunciación está indicada con "冈".)

(3) 邮局 yóujú（郵局）

　　邮 → 由 + 阝　　　　　　　　　　　　　　7 trazos

　　(La parte "由" indica la pronunciación.)

– 219 –

$$局 \rightarrow 尸 + 可$$ 7 trazos

(4) 寄 jì

$$寄 \rightarrow 宀 + 大 + 可$$ 11 trazos

(5) 打扫 dǎsǎo（打掃）

$$扫 \rightarrow 扌 + 彐$$ 6 trazos

(El significado se indica con "扌".)

(6) 脏 zāng（髒）

$$脏 \rightarrow 月 + 广 + 土$$ 10 trazos

(7) 洗 xǐ

$$洗 \rightarrow 氵 + 先$$ 9 trazos

(8) 外婆 wàipó

$$婆 \rightarrow 波 + 女$$ 11 trazos

(El significado se sugiere con "女".)

羊 丶丷丷兰羊 5 trazos

(9) 南方 nánfāng

$$南 \rightarrow 十 + 冂 + ¥$$ 9 trazos

𠂆 (lǚzìbiān) (el radical "viaje") ´ 𠃌 𠂆 𠂆 4 trazos

亍 chù 一二亍 3 trazos

(10) 旅行 lǚxíng

$$旅 \rightarrow 方 + ㇇ + 𠂆$$ 10 trazos

$$行 \rightarrow 彳 + 亍$$ 6 trazos

𠂉 (liúzìjiǎo) (el radical "quedarse") ´ 𠂉 𠂉 3 trazos

(11) 留学生 liúxuéshēng（留學生）

$$留 \rightarrow 𠂉 + 刀 + 田$$ 10 trazos

(12) 念 niàn (唸)

念 → 今 + 心　　　　　　　　　　　8 trazos

(13) 生词 shēngcí (生詞)

词 → 讠 + 司　　　　　　　　　　　7 trazos

(La parte con información semántica es "讠".)

(14) 复习 fùxí (複習)

复 → 亠 + 日 + 夂　　　　　　　　9 trazos

(15) 练习 liànxí (練習)

练 → 纟 + 东　　　　　　　　　　　8 trazos

(16) 语法 yǔfǎ (語法)

法 → 氵 + 去　　　　　　　　　　　8 trazos

(17) 节 jié (節)

节 → 艹 + 卩　　　　　　　　　　　5 trazos

牛 (niúzìpáng) (el radical de vaca) (Cuando aparece en el lado izquierdo de un carácter multicomponente, el carácter "牛" se escribe como "牛".) ノ ㇑ 丨 牛　4 trazos

(18) 礼物 lǐwù (禮物)

礼 → 礻 + 乚　　　　　　　　　　　5 trazos

物 → 牛 + 勿　　　　　　　　　　　8 trazos

(La pronunciación está indicada con "勿".)

(19) 欧洲 Ōuzhōu (歐洲)

欧 → 区 + 欠　　　　　　　　　　　8 trazos

洲 → 氵 + 州　　　　　　　　　　　9 trazos

(La parte con información semántica es "氵", y la parte con información fonética es "州". El carácter "洲" significa una isla en un río o un continente en el océano.)

(20) 上海 Shànghǎi

海 → 氵 + 每　　　　　　　　　　　10 trazos

文化知识 Notas Culturales

Beijing, Shanghai, el Río Changjiang, el Río Amarillo y la Gran Muralla

Pekín es la capital de la República Popular China y su principal centro cultural y político. Pekín ha sido la capital durante los últimos ochocientos años, es una ciudad rica en lugares históricos (el Museo del Palacio Imperial, el Palacio de Verano, y el Templo del Cielo). El Pekín moderno está convirtiéndose, cada vez más rápido, en una ciudad cosmopolita a medida que se desarrolla su actividad económica.

Shanghai es una de las ciudades más grandes, si tenemos en cuenta su población, y también, el mayor centro económico de China.

El Changjiang, literalmente, el "Río Largo", es el río más largo de China y uno de los más largos del mundo. Desde su origen en el oeste de China, se extiende 6,300 kilómetros hasta su desembocadura en el Mar de China Oriental, cerca de Shanghai.

El Huanghe, literalmente, el "Río Amarillo", es el segundo río más largo del país. Tiene más de 5,464 kilómetros de longitud y su valle es considerado por muchos la cuna de la antigua civilización china.

La construcción de la Gran Muralla comenzó hace más de 2,200 años. Se encuentra entre las siete maravillas arquitectónicas del mundo antiguo y es la única creación del ser humano que puede distinguirse desde el espacio exterior a simple vista. La actual Gran Muralla se extiende a través de más de dos mil quinientos kilómetros, pero en realidad existen más de seis mil kilómetros de muralla, pues hay muchos tramos en los que varias murallas se disponen en paralelo. Seis mil kilómetros son más de doce mil *li*, por lo que la Gran Muralla es también conocida como la *Wanli ChangCheng* o la "Larga Muralla de diez mil lis".

Mapa de China

附录 Apéndices

■繁体字课文 Textos en caracteres tradicionales

第一課 Lección 1

你好

(一)

陸雨平：力波，你好。
丁力波：你好，陸雨平。

(二)

丁力波：林娜，你好嗎？
林　娜：我很好，你呢？
丁力波：也很好。

第二課 Lección 2

你忙嗎

(一)

林　娜：陸雨平，你好嗎？
陸雨平：我很好。你爸爸、媽媽好嗎？
林　娜：他們都很好。你忙嗎？
陸雨平：我不忙。你男朋友呢？
林　娜：他很忙。

(二)

丁力波：哥哥，你要咖啡嗎？
哥　哥：我要咖啡。
弟　弟：我也要咖啡。
丁力波：好，我們都喝咖啡。

-224-

第三課　Lección 3

她是哪國人

(一)

哥　　哥：力波,那是誰?
丁力波：那是我們老師。
哥　　哥：她是哪國人?
丁力波：她是中國人。我們老師都是中國人。

(二)

丁力波：陳老師,您好! 這是我哥哥,他是外語老師。
陳老師：你好。
丁力波：這是我朋友。
陳老師：你好! 你也是老師嗎?
朋　　友：您好! 我不是老師,我是醫生。
陳老師：力波,這是你奶奶嗎?
丁力波：不是,她是我外婆。
陳老師：外婆,您好!

第四課　Lección 4

認識你很高興

(一)

老　　師：可以進來嗎?
林　　娜：請進! 楊老師,您好。這是我朋友,他是記者。
老　　師：請問,您貴姓?
陸雨平：我姓陸,叫陸雨平。
老　　師：你好,陸先生,認識你很高興。
陸雨平：楊老師,認識您,我也很高興。

(二)

林　　娜：我是語言學院的學生。我姓林,叫林娜。我是英國人。你姓甚麼?
馬大為：我姓馬,叫馬大為。
林　　娜：你是加拿大人嗎?
馬大為：我不是加拿大人,我是美國人,也是語言學院的學生。我學習漢語。

第五課 Lección 5

餐廳在哪兒

(一)

馬大爲：請問，這是王小雲的宿舍嗎？
女學生：是。請進，請坐。
馬大爲：謝謝。王小雲在嗎？
女學生：她不在。
馬大爲：她在哪兒？
女學生：對不起，我不知道。
馬大爲：沒關係。好，再見。
女學生：再見。

(二)

馬大爲：小姐，請問餐廳在哪兒？
小　　姐：在二層二〇四號。
馬大爲：謝謝。
小　　姐：不用謝。
宋　　華：大爲，我們在這兒。
馬大爲：對不起，我來晚了。
王小雲：沒關係。

第六課 Lección 6 複習 (Repaso)

我們去游泳，好嗎

(一)

王小雲：林娜，昨天的京劇怎麼樣？
林　　娜：很有意思。今天天氣很好，我們去游泳，好嗎？
王小雲：太好了！甚麼時候去？
林　　娜：現在去，可以嗎？
王小雲：可以。

(二)

丁力波：楊老師，明天您有時間嗎？
楊老師：對不起，請再說一遍。
丁力波：明天您有時間嗎？我們去打球，好嗎？
楊老師：很抱歉，明天我很忙，恐怕不行。謝謝你們。

第七課　Lección 7

你認識不認識他

（一）

林　　娜：力波，明天開學，我很高興。你看，他是不是我們學院的老師？
丁力波：我問一下。請問，您是我們學院的老師嗎？
張教授：是，我是語言學院的老師。
丁力波：您貴姓？
張教授：我姓張，我們認識一下，這是我的名片。
丁力波：謝謝。（看名片）啊，您是張教授。我叫丁力波，她叫林娜。我們都是語言學院的學生。
林　　娜：您是語言學院的教授，認識您，我們很高興。
張教授：認識你們，我也很高興。你們都好嗎？
林　　娜：謝謝，我們都很好。張教授，您忙不忙？
張教授：我很忙。好，你們請坐，再見！
丁力波：
林　　娜：再見！

（二）

丁力波：林娜，那是誰？
林　　娜：那是馬大爲。你認識不認識他？
丁力波：我不認識他。
林　　娜：我來介紹一下。你好，大爲，這是我朋友——
丁力波：你好！我姓丁，叫丁力波。請問，你叫甚麼名字？
馬大爲：我的中文名字叫馬大爲。你是不是中國人？
丁力波：我是加拿大人。我媽媽是中國人，我爸爸是加拿大人。你也是加拿大人嗎？
馬大爲：不是，我不是加拿大人，我是美國人。你學習甚麼專業？
丁力波：我學習美術專業。你呢？
馬大爲：我學習文學專業。現在我學習漢語。
林　　娜：現在我們都學習漢語，也都是漢語系的學生。

第八課 Lección 8

你們家有幾口人

(一)

林　娜：這是不是你們家的照片？
王小雲：是啊。
林　娜：我看一下。你們家有幾口人？
王小雲：我們家有四口人。這是我爸爸、我媽媽，這是我哥哥和我。你們家呢？
林　娜：我有媽媽，有一個姐姐和兩個弟弟。我們家一共有六口人。
王小雲：這是五口人，還有誰？
林　娜：還有貝貝。
王小雲：貝貝是你妹妹嗎？
林　娜：不，貝貝是我的小狗。
王小雲：小狗也是一口人嗎？
林　娜：貝貝是我們的好朋友，當然是我們家的人。我有一張貝貝的照片，你看。
王小雲：真可愛。
林　娜：你們家有小狗嗎？
王小雲：我們家沒有小狗。林娜，你有沒有男朋友？
林　娜：我有男朋友。
王小雲：他做甚麼工作？
林　娜：他是醫生。

(二)

林　娜：語言學院大不大？
王小雲：不太大。
林　娜：語言學院有多少個系？
王小雲：有十二個系。
林　娜：你喜歡你們外語系嗎？
王小雲：我很喜歡外語系。
林　娜：你們外語系有多少老師？
王小雲：外語系有二十八個中國老師，十一個外國老師。你們系呢？
林　娜：我們漢語系很大。我們系的老師也很多，有一百個。他們都是中國人。我們系沒有外國老師。

第九課　Lección 9

他今年二十歲

（一）

王小雲：林娜，你怎麼樣？忙不忙？
林　娜：我今天很忙。
王小雲：明天上午你有沒有課？
林　娜：明天是星期幾？
王小雲：明天是星期四。
林　娜：我上午、下午都有課。
王小雲：你星期日有時間嗎？
林　娜：星期日是幾號？
王小雲：星期日是十月二十七號，是宋華的生日。
林　娜：是嗎？他今年多大？
王小雲：宋華一九八二年十月二十七日出生，屬狗。他今年二十歲。
林　娜：他是哪兒人？
王小雲：他是北京人。他爸爸、媽媽都在北京。星期日下午我們有一個聚會，祝賀他的生日。力波、大爲都去，你參加不參加？
林　娜：太好了！我當然參加。中國人生日吃蛋糕嗎？
王小雲：吃蛋糕。
林　娜：我買一個大蛋糕，好嗎？
王小雲：好啊。我買兩瓶紅葡萄酒。

（二）

林　娜：宋華，這是生日蛋糕。祝你生日快樂！
宋　華：謝謝。蛋糕真漂亮。你們來，我很高興。
馬大爲：今天我們吃北京烤鴨。我很喜歡吃烤鴨。
丁力波：我們喝甚麼酒？
王小雲：當然喝紅葡萄酒，我們還吃壽面。
林　娜：吃壽麵？真有意思。
宋　華：林娜，你的生日是哪天？
林　娜：十一月十二號。
宋　華：好，十一月十二號我們再來吃壽麵。

第十課　Lección 10

我在這兒買光盤

（一）

王小雲：大爲，你在這兒買什么？
馬大爲：我買音樂光盤。
王小雲：你常常來這兒嗎？
馬大爲：我不常來這兒。星期天我常常跟林娜去小商場。這個商場很大。
王小雲：你喜歡甚麼音樂？
馬大爲：我喜歡中國音樂。這張光盤怎麼樣？
王小雲：這張很好，是《梁祝》，很有名。
馬大爲：好，我買這張。這兒有沒有書和報？
王小雲：這兒沒有書，也沒有報。
馬大爲：本子呢？
王小雲：有，在那兒買。跟我來，我也買本子。

（二）

師　　傅：先生，您要甚麼？
丁力波：你好，師傅。請問，這是甚麼？
師　　傅：您不認識嗎？這是香蕉蘋果。
丁力波：對不起，我是問：這個漢語怎麼說？
師　　傅：啊，您是外國人。您在哪兒工作？
丁力波：我在語言學院學習。
師　　傅：您學習漢語，是不是？您跟我學，很容易：這叫香蕉，這叫香蕉蘋果，這也是蘋果，那是葡萄……
丁力波：香蕉、蘋果、香蕉蘋果……一斤蘋果多少錢？
師　　傅：一斤三塊二毛錢。
丁力波：您的蘋果真貴。
師　　傅：一斤三塊二不貴。您看，我的蘋果大。好，做個朋友，三塊錢一斤。
丁力波：一斤香蕉多少錢？
師　　傅：兩塊七毛五分一斤，五塊錢兩斤。
丁力波：我買三斤香蕉和兩斤香蕉蘋果。
師　　傅：一共十四塊錢。再送您一個蘋果。您還要甚麼？
丁力波：不要了，謝謝。給你錢。
師　　傅：好，您給我二十塊錢，我找您六塊錢。再見！
丁力波：再見！

第十一課 Lección 11

我會說一點兒漢語

（一）

司　機：小姐,您去哪兒?
林　娜：我去語言學院。師傅,請問現在幾點?
司　機：差一刻八點。您會說漢語啊!
林　娜：我會說一點兒漢語。我是學生,現在回學院上課。
司　機：你們幾點上課?
林　娜：八點上課。師傅,我們八點能到嗎?
司　機：能到。您的漢語很好。
林　娜：哪里,我的漢語不太好。您會不會說英語?
司　機：我不會說英語。我也喜歡外語,常常在家學點兒英語。
林　娜：誰教您英語?
司　機：我孫女兒。
林　娜：真有意思。她今年幾歲?
司　機：六歲。我的歲數太大了,學英語不容易。
林　娜：您今年多大歲數?
司　機：我今年五十二。語言學院到了。現在差五分八點,您還有五分鐘。
林　娜：謝謝,給您錢。
司　機：您給我二十,找您五塊四,OK?
林　娜：您會說英語!
司　機：我也會一點兒。拜拜!
林　娜：拜拜!

（二）

丁力波：陳老師,馬大爲今天不能來上課。
陳老師：他爲甚麼不能來上課?
丁力波：昨天是星期日,他上午去商場買東西,下午去朋友家玩兒。他晚上十一點半回學院,十二點寫漢字,兩點鐘睡覺。現在他還沒有起牀。
陳老師：他應該來上課。
丁力波：老師,我能不能問您一個問題?
陳老師：可以。
丁力波：我們爲甚麼八點上課?

第十二課　Lección 12

我全身都不舒服

（一）

丁力波：大爲，你每天都六點起牀去鍛煉，現在九點一刻，你怎麼還不起牀？
馬大爲：我頭疼。
丁力波：你嗓子怎麼樣？
馬大爲：我嗓子也疼。
丁力波：我想，你應該去醫院看病。
馬大爲：我身體沒問題，不用去看病。我要睡覺，不想去醫院。
丁力波：你不去看病，明天你還不能上課。
馬大爲：好吧。我去醫院。現在去還是下午去？
丁力波：當然現在去，我跟你一起去。今天天氣很冷，你要多穿點兒衣服。

（二）

丁力波：你在這兒休息一下，我去給你掛號。
馬大爲：好。
醫　生：8號，8號是誰？
丁力波：我是8號。
醫　生：你看病還是他看病？
丁力波：他看病。
醫　生：請坐吧。你叫馬大爲，是不是？
馬大爲：是，我叫馬大爲。
醫　生：你今年多大？
馬大爲：我今年二十二歲。
醫　生：你哪兒不舒服？
馬大爲：我頭疼，全身都不舒服。
醫　生：我看一下。你嗓子有點兒發炎，還有點兒發燒，是感冒。
丁力波：他要不要住院？
醫　生：不用。你要多喝水，還要吃點兒藥。你願意吃中藥還是願意吃西藥？
馬大爲：我願意吃中藥。
醫　生：好，你吃一點兒中藥，下星期一再來。

第十二課　Lección 13

我認識了一個漂亮的姑娘

（一）

宋　華：大爲，聽說你得了感冒，現在你身體怎麼樣？

馬大爲：我去了醫院，吃了很多中藥。現在我頭還有點兒疼。

宋　華：你還應該多休息。

馬大爲：宋華，我想告訴你一件事兒。

宋　華：甚麼事兒？

馬大爲：我認識了一個漂亮的姑娘，她願意做我女朋友。我們常常一起散步，一起看電影、喝咖啡，一起聽音樂。

宋　華：祝賀你！這是好事啊。

馬大爲：謝謝。是好事，可是我的宿舍太小，她不能常來我這兒。我想找一間房子。

宋　華：你想租房子？

馬大爲：是啊，我想租一間有廚房和廁所的房子，房租不能太貴。

宋　華：星期六我跟你一起去租房公司，好嗎？

馬大爲：太好了。

（二）

（宋華與馬大爲在家美租房公司。）

馬大爲：那間房子房租太貴，你說，我應該怎麼辦？

宋　華：你想租還是不想租？

馬大爲：當然想租。

宋　華：我給陸雨平打個電話，讓他來幫助我們。

馬大爲：他很忙，會來嗎？

宋　華：他會來。

（宋華給陸雨平打電話。）

陸雨平：喂，哪一位啊？

宋　華：我是宋華，我和大爲現在在家美租房公司。

陸雨平：你們怎麼在那兒？

宋　華：大爲要租房子。

陸雨平：你們看沒看房子？

宋　華：我們看了一間房子。那間房子很好，可是房租有點兒貴。

陸雨平：你們找了經理沒有？

宋　華：我們沒有找經理。

陸雨平：宋華，這個公司的經理是我朋友，我跟他說一下，請他幫助你們，我想可能沒有問題。

宋　華：好啊。晚上我們請你和你朋友吃飯。
陸雨平：好,你們在公司等我,再見。
宋　華：再見。

第十四課　Lección 14 複習 (Repaso)

祝你聖誕快樂

馬大爲：力波,上午十點半,你媽媽給你打了一個電話。我告訴她你不在。我讓她中午再給你打。
丁力波：謝謝。我剛纔去郵局給我媽媽寄了點兒東西。大爲,我今天打掃了宿舍,你的髒衣服太多了。
馬大爲：不好意思。這兩天我太忙了,我想星期六一起洗。
(力波的媽媽給他打電話)
馬大爲：喂,你好,你找誰?啊,丁力波在,請等一下。力波,你媽媽的電話。
丁力波：謝謝。媽媽,你好!
丁　雲：力波,你好嗎?
丁力波：我很好。你和爸爸身體怎麼樣?
丁　雲：我身體很好,你爸爸也很好。我們工作都很忙。你外婆身體好嗎?
丁力波：她身體很好。她讓我問你們好。
丁　雲：我們也問她好。你哥哥、弟弟怎麼樣?
丁力波：他們也都很好。哥哥現在在一個中學打工,弟弟在南方旅行。我們都很想你們。
丁　雲：我們也想你們。你現在怎麼樣?你住的宿舍大不大?住幾個人?
丁力波：我們留學生樓兩個人住一間。我跟一個美國人住,他的中文名字叫馬大爲。
丁　雲：他也學習漢語嗎?
丁力波：對,他也學習漢語。我還有很多中國朋友,他們常常幫助我唸生詞、復習課文、練習口語。我還常常問他們語法問題,他們都是我的好朋友。
丁　雲：這很好。力波,今年你要在中國過聖誕節,不能回家,我和你爸爸要送你一件聖誕禮物。
丁力波：謝謝你們。我也給你們寄了聖誕禮物。
丁　雲：是嗎?聖誕節我和你爸爸想去歐洲旅行。你呢?你去不去旅行?
丁力波：我要去上海旅行。
丁　雲：上海很漂亮。祝你旅行快樂!
丁力波：謝謝。我也祝你和爸爸聖誕快樂!

-234-

语法术语缩略形式一览表
Abreviaturas de los términos gramáticales

Abreviatura	Términos de gramática en español	Términos de gramática en chino	Términos de gramática en pinyin
PrI	Pronombre Interrogativo	疑问代词	yíwèn dàicí
PtI	Partícula Interrogativa	疑问助词	yíwèn zhùcí
PT	Palabra de Tiempo	时间词	shíjiāncí
V	Verbo	动词	dòngcí
VC	Verbo más Complementos	动补式动词	dòngbǔshì dòngcí
VC	Verbo más Objeto	动宾式动词	dòngbīnshì dòngcí
SV	Sintagma Verbal	动词词组	dòngcí cízǔ
PtV	Partículas Verbales	动态助词	dòngtài zhùcí
Object	Objeto	宾语	bīnyǔ
Ono.	Onomatopeya	象声词	xiàngshēngcí
EF	Expresión Fija	习惯用语	xíguàn yòngyǔ
SN	Sintagma Nominal	名词词组	míngcí cízǔ
Interj.	Interjección	叹词	tàncí
V. Aux.	Verbo Auxiliar	能愿动词	néngyuàn dòngcí
PtM	Partículas Modales	语气助词	yǔqì zhùcí
Pr.	Pronombre	代词	dàicí
S	Sujeto	主语	zhǔyǔ
Adv.	Adverbio	副词	fùcí
Prep.	Preposición	介词	jiècí
A	Adjetivo	形容词	xíngróngcí
Pref.	Prefijo	词头	cítóu
NP	Nombre Propio	专有名词	zhuānyǒu míngcí
Conj.	Conjunción	连词	liáncí
PtE	Partícula Estructural	结构助词	jiégòu zhùcí
Suf.	Sufijo	词尾	cíwěi
N	Nombre	名词	míngcí
Clas.	Clasificador	量词	liàngcí
Pt.	Partícula	助词	zhùcí
PL	Palabra de Lugar	地点词	dìdiǎncí
Nu.	Numeral	数词	shùcí

生词索引(简繁对照)
Índice de vocablos (Comparación de los caracteres tradicionales con los caracteres simplificados)

词条	繁体	词性	拼音	西译	课号
A					
啊		(Int)	à	ah, oh	7
爱	愛	(V)	ài	amar	8
B					
吧		(PtM)	ba	(partícula modal)	12
爸爸		(N)	bàba	papá	2, 7
拜拜		(EF)	báibái	adiós	11
百		(Nu)	bǎi	cien	8
办	辦	(V)	bàn	hacer	13
半		(Nu.)	bàn	mitad, medio	11
帮助	幫助	(V)	bāngzhù	ayudar	13
报		(N)	bào	periódico	10
抱歉		(A)	bàoqiàn	lo siento	6
北京		(PN)	Běijīng	Pekín	9
贝贝	貝貝	(PN)	Bèibei	(nombre de un perro)	8
本子		(N)	běnzi	cuaderno	10
遍		(Clas.)	biàn	número de veces (de una acción)	6
病		(N/V)	bìng	enfermedad/caer enfermo	12
不		(Adv.)	bù	no	2
不好意思		(EF)	bù hǎoyìsi	sentirse avergonzado	14
不用		(Adv.)	búyòng	no necesitar	5
步		(N)	bù	paso	13
C					
参加	參加	(V)	cānjiā	participar; asistir	9
餐厅	餐廳	(N)	cāntīng	comedor	5
厕所	廁所	(N)	cèsuǒ	servicio	13
层	層	(Clas.)	céng	piso, planta	5
差		(V)	chà	ir corto de, carecer de	11
常常		(Adv.)	chángcháng	a menudo	10
常		(Adv.)	cháng	a menudo	10
陈	陳	(NP)	Chén	(un apellido)	3, 11
吃	喫	(V)	chī	comer	9

-236-

吃饭	喫飯	(V)	chī fàn	comer	13
出		(V)	chū	nacer	9
出生		(V)	chūshēng	nacer	9
厨房	廚房	(N)	chúfáng	cocina	13
穿		(V)	chuān	llevar puesto	12
床	牀	(N)	chuáng	cama	11
词	詞	(N)	cí	palabra	14

D

打		(V)	dǎ	jugar	6
打电话	打電話	(VO)	dǎ diànhuà	llamar por teléfono	13
打工		(V)	dǎgōng	trabajar a media jornada	14
打球		(VO)	dǎ qiú	jugar a la pelota	6
打扫	打掃	(V)	dǎsǎo	limpiar	14
大		(A)	dà	grande	8, 9
蛋		(N)	dàn	huevo	9
蛋糕		(N)	dàngāo	pastel	9
当然	當然	(Adv.)	dāngrán	como debe ser	8
到		(V)	dào	llegar	11
得		(V)	dé	tener, conseguir	13
的		(Pt.)	de	partícula que indica la posesión, o que está entre un sustantivo y su modificador	4
等		(V)	děng	esperar	13
弟弟		(N)	dìdi	hermano menor	2, 8
点(钟)	點(鐘)	(Clas.)	diǎn(zhōng)	en punto	11
电	電	(N)	diàn	electricidad	13
电话	電話	(N)	diànhuà	llamada telefónica	13
电影	電影	(N)	diànyǐng	película	13
丁		(NP)	Dīng	(un apellido)	2
丁力波		(NP)	Dīng Lìbō	nombre de un estudiante canadiense	7
东西	東西	(N)	dōngxi	cosas; objetos	11
都		(Adv.)	dōu	ambos, todo	2, 3
锻炼	鍛煉	(V)	duànliàn	hacer ejercicio físico	12
对	對	(A)	duì	correcto	14
对不起	對不起	(EF)	duìbuqǐ	lo siento, perdón	5, 10
多		(A)	duō	mucho	8
多		(Adv.)	duō	¿cuánto (s)?	9
多大		(PrI)	duō dà	¿cuántos años (edad)?	9
多少		(PrI)	duōshao	cuánto	8

- 237 -

E

| 二 | | (Nu) | èr | dos | 5 |

F

发烧	發燒	(VO)	fāshāo	tener fiebre	12
发炎	發炎	(VO)	fāyán	inflamarse	12
饭	飯	(N)	fàn	comida	13
房子		(N)	fángzi	casa	13
房租		(N)	fángzū	alquilar (de una casa, piso, etc)	13
分		(Clas.)	fēn	minuto	11
分(钱)	分(錢)	(Clas.)	fēn(qián)	clasificador de unidades de moneda de China	10
复习	複習	(V)	fùxí	repasar	14

G

该	該	(V. Aux.)	gāi	debería	11
感冒		(V/N)	gǎnmào	tener un resfriarse	12
刚才	剛纔	(Adv.)	gāngcái	ahora mismo	14
高		(A)	gāo	alto	7
高兴	高興	(A)	gāoxìng	feliz, satisfecho	4, 7
糕		(N)	gāo	pastel	9
告诉	告訴	(V)	gàosu	decir	13
哥哥		(N)	gēge	hermano mayor	2
个	個	(Clas.)	gè	clasificador de uso general	8
给	給	(V)	gěi	dar	10
给	給	(Prep.)	gěi	a, para	12
跟		(Prep./V)	gēn	con, seguir	10
工作		(V/N)	gōngzuò	trabajo, trabajar	8
公司		(N)	gōngsī	empresa	13
狗		(N)	gǒu	perro	8
姑娘		(N)	gūniang	chica	13
挂号	掛號	(V)	guàhào	registrarse (en un hospital…)	12
光盘	光盤	(N)	guāngpán	CD	10
贵	貴	(A)	guì	caro, apreciado	10
贵姓	貴姓	(PrI)	guìxìng	¿Cómo se llama? (se apellida)	4
国	國	(N)	guó	país, nación	3
过	過	(V)	guò	pasar (tiempo); celebrar (cumpleaños, vacaciones)	14

H

| 还 | 還 | (Adv.) | hái | además | 8, 11 |

-238-

还是	還是	(Conj.)	háishi	o	12
汉语	漢語	(N)	Hànyǔ	idioma chino	4
汉字	漢字	(N)	Hànzì	carácter chino	11
好		(A)	hǎo	bien, bueno, OK	1, 5
号	號	(N)	hào	número	5, 9
喝		(V)	hē	beber	2, 9
和		(Conj.)	hé	y	8
很		(Adv.)	hěn	muy	1, 7
红	紅	(A)	hóng	rojo	9
红葡萄酒	紅葡萄酒	(N)	hóng pútaojiǔ	vino tinto	9
回		(V)	huí	volver	11
会	會	(N)	huì	reunión	9
会	會	(V. Aux.)	huì	saber hacer, poder	11

J

几	幾	(PrI)	jǐ	cuántos	8
记者	記者	(N)	jìzhě	periodista	4
寄		(V)	jì	enviar	14
加拿大		(NP)	Jiānádà	Canadá	4, 7
家		(N)	jiā	familia, hogar	8
家美		(NP)	Jiāměi	(nombre de una agencia inmobiliaria)	13
间	間	(Clas.)	jiān	modificador para habitación, casa	13
件		(Clas.)	jiàn	pieza, parte	13
叫		(V)	jiào	llamar(se)	4
教		(V)	jiāo	enseñar	7
教授		(N)	jiàoshòu	profesor universitario	7
节	節	(N)	jié	fiesta	14
姐姐		(N)	jiějie	hermana mayor	8
介绍	介紹	(V)	jièshào	presentar	7
斤		(Clas.)	jīn	clasificador de peso(equivalente a medio kilo)	10
今年		(N)	jīnnián	este año	9
今天		(N)	jīntiān	hoy	6, 9
进	進	(V)	jìn	entrar	4, 5
进来	進來	(VO)	jìnlai	entrar	4
京剧	京劇	(N)	jīngjù	Ópera de Pekín	6
经理	經理	(N)	jīnglǐ	gerente	13
酒		(N)	jiǔ	vino o licor	9
局		(N)	jú	oficina	14

聚会	聚會	(N)	jùhuì	fiesta	9

K

咖啡		(N)	kāfēi	café	2, 13
开	開	(V)	kāi	empezar	7
开学	開學	(VO)	kāixué	empezar el colegio	7
看		(V)	kàn	mirar, ver	7
看病		(VO)	kànbìng	ver al médico	12
烤鸭	烤鴨	(N)	kǎoyā	pato laqueado	9
可爱	可愛	(A)	kě'ài	adorable, agradable	8
可能		(V. Aux.)	kěnéng	quizás	13
可是		(Conj.)	kěshì	pero	13
可以		(V. Aux.)	kěyǐ	poder	4, 11
刻		(Clas.)	kè	un cuarto (de hora)	11
课	課	(N)	kè	clase; lección	9
课文	課文	(N)	kèwén	texto	14
恐怕		(Adv.)	kǒngpà	quizás, temer que	6
口		(Clas.)	kǒu	clasificador usado principalmente para referirse al número de miembros de una familia	8
口语	口語	(N)	kǒuyǔ	lengua hablada	14
块(钱)	塊(錢)	(Clas.)	kuài (qián)	clasificador para unidades básicas de moneda china	10
快乐	快樂	(A)	kuàilè	feliz	9

L

来	來	(V)	lái	venir	4, 7
老师	老師	(N)	lǎoshī	profesor	3
了		(Pt.)	le	partícula de aspecto, partícula modal	5, 9
冷		(A)	lěng	frío	12
礼物	禮物	(N)	lǐwù	regalo	14
力波		(NP)	Lìbō	(nombre de un estudiante canadiense)	1
练	練	(V)	liàn	practicar	14
练习	練習	(V/N)	liànxí	practicar, ejercicio	14
梁祝		(NP)	Liáng Zhù	nombre de un concierto para violín chino	10
两		(Nu.)	liǎng	dos	8
林娜		(NP)	Lín Nà	(nombre de una estudiante británica)	1
〇		(Nu.)	líng	cero	5
留学生	留學生	(N)	liúxuéshēng	estudiante extranjero	14
楼	樓	(N)	lóu	edificio	14

| 陆雨平 | 陸雨平 | (NP) | Lù Yǔpíng | (nombre de un periodista chino) | 1 |
| 旅行 | | (V) | lǚxíng | viajar | 14 |

M

妈妈	媽媽	(N)	māma	madre	2
马大为	馬大爲	(NP)	Mǎ Dàwéi	(nombre de un estudiante estadounidense)	4, 7
吗	嗎	(Pt)	ma	(partícula interrogativa para preguntas que esperan la respuesta Sí/No)	1, 2
买	買	(V)	mǎi	comprar	9
忙		(A)	máng	ocupado	2, 6
毛(钱)	毛(錢)	(Clas.)	máo (qián)	clasificador de unidades de moneda china	10
没		(Adv.)	méi	no	8
没关系	没關係	(EF)	méi guānxi	no importa	5
每		(Pr.)	měi	cada	12
美		(A)	měi	bello	7
美国	美國	(NP)	Měiguó	Estados Unidos	4, 7
美术	美術	(N)	měishù	bellas artes	7
妹妹		(N)	mèimei	hermana menor	8
们	們		men	(usada tras los pronombres 我, 你, 他 o ciertos nombres para denotar plural)	2, 3
面	麵	(N)	miàn	tallarines	9
名片		(N)	míngpiàn	tarjeta de presentación	7
名字		(N)	míngzi	nombre	7
明天		(N)	míngtiān	mañana	6

N

哪		(PrI)	nǎ	de cuál, de qué	3
哪儿	哪兒	(PrI)	nǎr	dónde	5
哪里	哪裏	(EF)	nǎli	no (expresión de negación para expresar modestia)	11
那		(Pr.)	nà	ése, ésa, aquél, aquélla	3
那儿	那兒	(Pr.)	nàr	allí	10
奶奶		(N)	nǎinai	abuela paterna	3
男		(A)	nán	varón, hombre	2, 8
南方		(N)	nánfāng	sur	14
呢		(Pt.)	ne	(partícula modal para preguntas elípticas)	1, 2
能		(V. Aux.)	néng	poder; ser capaz de	11
你		(Pr.)	nǐ	tú	1, 3
你们	你們	(Pr.)	nǐmen	vosotros	6

- 241 -

年		(N)	nián	año	9
念	唸	(V)	niàn	leer	14
您		(Pr.)	nín	usted	3, 4
女		(A)	nǚ	mujer	5
女儿		(N)	nǚ'ér	hija	11

O

欧洲	歐洲	(NP)	Ōuzhōu	Europa	14

P

朋友		(N)	péngyou	amigo	2, 4
漂亮		(A)	piàoliang	guapa (chica), bonito (cosas)	9
瓶		(Clas.)	píng	botella	9
苹果	蘋果	(N)	píngguǒ	manzana	10
葡萄		(N)	pútao	uva	10

Q

起		(V)	qǐ	levantarse, ponerse en pie	11
起床	起牀	(VO)	qǐchuáng	levantarse	11
钱	錢	(N)	qián	dinero	10
请	請	(V)	qǐng	por favor	4
请问	請問	(V)	qǐngwèn	¿podría preguntar…?	4, 5
球		(V)	qiú	pelota	6
去		(V)	qù	ir	6
全		(A)	quán	completo	12
全身		(N)	quánshēn	todo el cuerpo	12

R

让	讓	(V)	ràng	permitir, dejar	13
人		(N)	rén	gente, persona	3
认识	認識	(V)	rènshi	conocer (a alguien)	4
容易		(A)	róngyì	fácil	10

S

散步		(VO)	sànbù	dar un paseo, caminar	13
嗓子		(N)	sǎngzi	garganta	12
扫		(V)	sǎo	barrer	14
商		(N)	shāng	comercio, negocio	10
商场	商場	(N)	shāngchǎng	centro comercial	10
上		(N)	shàng	encima; pasado	9
上		(V)	shàng	ascender; ir	11
上海		(NP)	Shànghǎi	Shanghai	14
上课	上課	(VO)	shàngkè	ir a clase (tanto estudiantes como profesores)	11

上午		(N)	shàngwǔ	mañana, por la mañana	9
烧	燒	(V)	shāo	quemar	12
谁	誰	(PrI)	shéi	quién, a quién	3, 7
身		(N)	shēn	cuerpo	12
身体	身體	(N)	shēntǐ	cuerpo, salud	12
什么	甚麽	(PrI)	shénme	qué	4, 6
生		(V)	shēng	nacer	9
生		(A)	shēng	nuevo	14
生词	生詞	(N)	shēngcí	palabra nueva	14
生日		(N)	shēngri	cumpleaños	9
圣诞	聖誕	(NP)	shèngdàn	Navidad	14
师傅	師傅	(N)	shīfu	profesional de un oficio	10
时候	時候	(N)	shíhou	tiempo; momento	6
时间	時間	(N)	shíjiān	tiempo	6
事儿	事兒	(N)	shìr	asunto	13
是		(V)	shì	ser	3
寿面	壽麵	(N)	shòumiàn	tallarines de la longevidad	9
书	書	(N)	shū	libro	10
舒服		(A)	shūfu	cómodo, bien	12
属	屬	(V)	shǔ	nacer en el año de	9
数	數	(N)	shù	número	11
水		(N)	shuǐ	agua	12
睡		(V)	shuì	dormir	11
睡觉	睡覺	(VO)	shuìjiào	dormir	11
说	説	(V)	shuō	hablar	6
司机	司機	(N)	sījī	conductor	11
四		(Nu)	sì	cuatro	5
宋华	宋華	(NP)	Sòng Huá	Songhua	5, 9
送		(N)	sòng	regalar	10
宿舍		(N)	sùshè	dormitorio	5, 13
岁	歲	(N)	suì	años (edad)	9
岁数	歲數	(N)	suìshu	años (edad)	11
孙女儿	孫女兒	(N)	sūnnǔr	nieta por parte de hijo	11

T

他		(Pr.)	tā	él	2, 3
他们	他們	(Pr.)	tāmen	ellos, a ellos, sus	2, 3
她		(Pr.)	tā	ella	3
太		(Adv.)	tài	demasiado	6

疼		(A)	téng	doloroso	12
天		(N)	tiān	día	6
天气	天氣	(N)	tiānqì	atmosférico	6
听	聽	(V)	tīng	escuchar	13
听说	聽說	(V)	tīngshuō	oír decir, oír hablar de..., se dice que	13
头	頭	(N)	tóu	cabeza	12

W

外		(N)	wài	extranjero	8
外国	外國	(N)	wàiguó	país extranjero	8
外婆		(N)	wàipó	abuela materna	3, 14
外语	外語	(N)	wàiyǔ	lengua extranjera	3, 8
玩儿	玩兒	(V)	wánr	pasarlo bien, jugar	11
晚		(A)	wǎn	tarde	5, 11
晚上		(N)	wǎnshang	por la tarde, noche	11
王小云	王小雲	(NP)	Wáng Xiǎoyún	(nombre de una estudiante china)	5, 8
为	爲	(Prep.)	wèi	para	11
为什么	爲甚麽	(PrI)	wèishénme	por qué	11
位		(Clas.)	wèi	clasificador para referirse a personas de manera educada	13
喂		(Exc)	wèi	¡hola!	13
文学	文學	(N)	wénxué	literatura	7
问	問	(V)	wèn	preguntar	4, 7
问题	問題	(N)	wèntí	pregunta	11
我		(Pr.)	wǒ	yo, me, a mí	1, 5
我们	我們	(Pr.)	wǒmen	nosotros, a nosotros	2

X

西		(N)	xī	oeste, occidente	12
西药	西藥	(N)	xīyào	medicina occidental	12
洗		(V)	xǐ	lavar	14
喜欢	喜歡	(V)	xǐhuan	gustar, preferir	8
系		(N)	xì	facultad, departamento	7
下		(N)	xià	debajo; próximo	9
下午		(N)	xiàwǔ	tarde, por la tarde	9
先生		(N)	xiānsheng	señor	4, 10
现在	現在	(N)	xiànzài	ahora	6
香蕉苹果	香蕉蘋果	(N)	xiāngjiāopíngguǒ	manzana con sabor a plátano	10
香蕉		(N)	xiāngjiāo	plátano	10
想		(V/V. Aux.)	xiǎng	añorar, echar de menos	12, 14

小		(A)	xiǎo	pequeño	8
小姐		(N)	xiǎojiě	señorita, chica joven	5
写	寫	(V)	xiě	escribir	11
谢谢	謝謝	(V)	xièxie	dar las gracias	5, 6
星期		(N)	xīngqī	semana	9
星期日		(N)	xīngqīrì	domingo	9
行		(V)	xíng	está bien	6
姓		(V/N)	xìng	apellido	4
休息		(V)	xiūxi	descansar	12
学	學	(V)	xué	aprender, estudiar	7
学生	學生	(N)	xuésheng	estudiante	4, 5
学习	學習	(V)	xuéxí	estudiar, aprender	4, 7
学院	學院	(N)	xuéyuàn	instituto, escuela, universidad	4, 7

Y

鸭	鴨	(N)	yā	pato	9
杨	楊	(NP)	Yáng	Yang (apellido)	4
药	藥	(N)	yào	medicina	12
要		(V)	yào	querer	2, 10
要		(V. Aux.)	yào	deber, querer hacer algo	12
也		(Adv.)	yě	también, además	1
(一)点儿	(一)點兒	(Nu. Clas.)	(yì) diǎnr	un poco	11
一共		(Adv.)	yígòng	en total	8
一起		(Adv.)	yìqǐ	juntos	12
一下			yíxià	(utilizado detrás de un verbo para indicar una acción rápida, breve, aleatoria, informal)	7
衣服		(N)	yīfu	ropa	12
医生	醫生	(N)	yīshēng	médico	3
医院	醫院	(N)	yīyuàn	hospital	12
音乐	音樂	(N)	yīnyuè	música	7, 10
应该	應該	(V. Aux.)	yīnggāi	debería	11
英国	英國	(NP)	Yīngguó	Inglaterra	4
英语	英語	(N)	Yīngyǔ	inglés (lengua inglesa)	11
影		(N)	yǐng	sombra	13
邮	郵	(V)	yóu	enviar, por correo	14
邮局	郵局	(N)	yóujú	oficina de correos	14
游泳		(VO)	yóuyǒng	nadar	6
有		(V)	yǒu	tener	6
有点儿	有點兒	(Adv.)	yǒudiǎnr	un poco	12

- 245 -

有名		(A)	yǒumíng	famoso	10
有意思		(EF)	yǒu yìsi	interesante	6
语法	語法	(N)	yǔfǎ	gramática	14
语言	語言	(N)	yǔyán	lengua, idioma	4
愿意	願意	(V. Aux.)	yuànyì	estar dispuesto de hacer algo	12

Z

再		(Adv.)	zài	de nuevo	5, 9
再见	再見	(EF)	zàijiàn	hasta luego	5
在		(V)	zài	estar(aquí, allí); estar(dentro, sobre, en)	5
在		(Prep.)	zài	en, dentro de, sobre	10
脏	髒	(A)	zāng	sucio	14
怎么	怎麼	(PrI)	zěnme	cómo	10
怎么样	怎麼樣	(PrI)	zěnmeyàng	¿Qué tal?, ¿Cómo está/s...?	6, 9
张	張	(NP)	Zhāng	un apellido	7
张	張	(Clas.)	zhāng	clasificador	8
找		(V)	zhǎo	casa	13
找(钱)	找(錢)	(V)	zhǎo(qián)	dar cambio	10
照片		(N)	zhàopiàn	fotografía, dibujo	8
这	這	(Pr.)	zhè	éste, ésta	3, 5
这儿	這兒	(Pr.)	zhèr	aquí	5
真	眞	(A/Adv.)	zhēn	realmente/real	8
知道		(V)	zhīdào	saber	5
中国	中國	(NP)	Zhōngguó	China	3
中文		(N)	Zhōngwén	lengua china, idioma chino	7
中午		(N)	zhōngwǔ	tarde	14
中学	中學	(N)	zhōngxué	escuela secundaria	14
中药	中藥	(N)	zhōngyào	medicina tradicional china	12
住		(V)	zhù	vivir	14
住院		(VO)	zhùyuàn	estar hospitalizado	12
祝		(V)	zhù	desear	9
祝贺	祝賀	(V)	zhùhè	felicitar	9
专业	專業	(N)	zhuānyè	carrera, especialidad	7
字		(N)	zì	carácter	11
租		(V)	zū	alquilar	13
昨天		(N)	zuótiān	ayer	6, 11
坐		(V)	zuò	sentarse	5
做		(V)	zuò	hacer	8, 10

补充词汇
Palabras Suplementarias

词条	繁体	词性	拼音	西译	课号
			B		
包裹		(N)	bāoguǒ	paquete	14
包括		(V)	bāokuò	incluir	13
杯	盃	(Clas.)	bēi	taza	10
本		(Clas.)	běn	clasificador para cuadernos	10
笔	筆	(N)	bǐ	lápiz	10
表	錶	(N)	biǎo	reloj de pulsera	11
			C		
茶		(N)	chá	té	9
唱歌		(VO)	chànggē	cantar (una canción)	11
车	車	(N)	chē	coche, vehículo	8
吃饭	喫飯	(VO)	chīfàn	comer (una comida)	11
春节	春節	(NP)	Chūn Jié	Fiesta de Primavera	14
词典	詞典	(N)	cídiǎn	diccionario	8
			D		
打的		(VO)	dǎdī	tomar un taxi	11
打针	打針	(VO)	dǎzhēn	ponerse una inyección	12
大便		(N)	dàbiàn	heces	12
电脑	電腦	(N)	diànnǎo	computadora	8
电视	電視	(N)	diànshì	televisor	14
肚子		(N)	dùzi	abdomen, estómago	12
			F		
方便		(A)	fāngbiàn	coveniente	13
份		(Clas.)	fèn	clasificador para periódicos	10
复活节	復活節	(NP)	Fùhuó Jié	Día de Pascua	14

G

| 感恩节 | 感恩節 | (NP) | Gǎn'ēn Jié | Día de Acción de Gracias | 14 |
| 工程师 | 工程師 | (N) | gōngchéngshī | ingeniero | 8 |

H

孩子		(N)	háizi	niño	8
汉堡	漢堡	(N)	hànbǎo	cerveza	9
合适	合適	(A)	héshì	adecuado	13
化学	化學	(N)	huàxué	química	7
化验	化驗	(V)	huàyàn	tener un chequeo médico	12
回答		(V)	huídá	responder	11
回信		(N)	huíxìn	responder (a una carta)	13

J

教育		(N)	jiàoyù	educación	7
经济	經濟	(N)	jīngjì	economía	7
惊喜	驚喜	(N)	jīngxǐ	grata sorpresa	14

K

开车	開車	(VO)	kāichē	conducir un coche	11
开刀	開刀	(VO)	kāidāo	operarse	12
可乐	可樂	(N)	kělè	Coca Cola	9
客厅	客廳	(N)	kètīng	comedor	13

L

礼物	禮物	(N)	lǐwù	regalo	11
历史	歷史	(N)	lìshǐ	historia	7
凉快	涼快	(A)	liángkuai	fresco	12
律师	律師	(N)	lǜshī	abogado	8
乱	亂	(A)	luàn	desordenado	14

M

卖	賣	(V)	mài	vender	10
米饭	米飯	(N)	mǐfàn	arroz	9
面包	麵包	(N)	miànbāo	pan	9

N

| 难 | 難 | (A) | nán | difícil | 11 |
| 牛奶 | | (N) | niúnǎi | leche | 9 |

P

| 啤酒 | | (N) | píjiǔ | cerveza | 9 |
| 便宜 | | (A) | piányi | barato | 10 |

Q

| 巧 | | (A) | qiǎo | casual | 13 |
| 晴 | | (A) | qíng | soleado | 14 |

R

热	熱	(A)	rè	calor, caliente	12
热狗	熱狗	(N)	règǒu	bocadillo	9
热心	熱心	(A)	rèxīn	entusiasta	13
日记	日記	(N)	rìjì	diario	14

S

生活		(N)	shēnghuó	vida	12
圣诞老人	聖誕老人	(NP)	Shèngdàn Lǎorén	Papá Noel	14
售货员	售貨員	(N)	shòuhuòyuán	dependiente	10
书店	書店	(N)	shūdiàn	librería	10
书房	書房	(N)	shūfáng	estudio	13
数学	數學	(N)	shùxué	matemáticas	7
水电费	水電費	(N)	shuǐdiànfèi	gasto de agua y luz	13

T

套		(Clas.)	tào	juego, serie	13
体育馆	體育館	(N)	tǐyùguǎn	gimnasia	10
跳舞		(V)	tiàowǔ	bailar	11

W

| 外公 | | (N) | wàigōng | abuelo materno | 8 |
| 晚上 | | (N) | wǎnshang | noche | 9 |

文化		(N)	wénhuà	cultura	7
卧室	臥室	(N)	wòshì	habitación	13
物理		(N)	wùlǐ	física	7

X

西餐		(N)	xīcān	comida occidental	9
吸烟	吸煙	(V)	xīyān	fumar	11
系主任		(N)	xìzhǔrèn	jefe de departamento, decano	8
下课	下課	(V)	xiàkè	salir de clase; acabar la clase	11
小便		(N)	xiǎobiàn	orina	12
血		(N)	xiě	sangre	12
新		(A)	xīn	nuevo	13
选修	選修	(V)	xuǎnxiū	escoger una asignatura opcional	7
雪碧		(N)	xuěbì	Sprite	9

Y

牙		(N)	yá	diente	12
爷爷	爺爺	(N)	yéye	abuelo paterno	8
音乐	音樂	(N)	yīnyuè	música	7
英文		(N)	Yīngwén	inglés	12
元		(Clas.)	yuán	yuan(unidad de moneda china)	10
元旦		(NP)	Yuándàn	Día de Año Nuevo	14

Z

哲学	哲學	(N)	zhéxué	filosofía	7
整理		(V)	zhěnglǐ	ordenar	14
支		(Clas.)	zhī	clasificador para utensilios de papelería, como lápices	10
中餐		(N)	zhōngcān	comida china	9
助教		(N)	zhùjiào	ayudante de profesor	8
作家		(N)	zuòjiā	escritor	10

汉字索引
Índice de Caracteres

A		长	7	冬	12	高	7	很	7	金	10
啊	7	常	10	都	3	糕	9	红	9	进	5
爱	8	厂	12	豆	13	告	13	候	6	京	9
		场	10	锻	12	戈	10	户	13	经	13
B		陈	11	对	10	哥	2	华	9	井	5
八	1	吃	9	兑	6	个	8	话	13	九	6
巴	7	斥	13	多	8	给	10	欢	8	酒	9
爸	7	虫	9			跟	10	回	11	局	14
吧	12	出	9	**E**		工	6	会	9	聚	9
白	4	厨	13	儿	5	弓	7	火	1		
百	8	穿	12	耳	9	公	13			**K**	
拜	11	床	11	二	5	共	8	**J**		咖	13
办	13	词	13			狗	8	机	11	开	7
半	11	寸	6	**F**		姑	13	几	8	看	7
帮	13			发	12	古	13	己	10	烤	9
报	10	**D**		法	14	挂	12	寄	14	可	2
北	9	打	13	反	13	光	10	加	7	刻	11
贝	3	大	2	饭	13	贵	4	家	8	课	9
本	10	诞	14	方	13	国	3	间	6	口	2
匕	3	蛋	9	房	13	果	9	见	5	块	10
病	12	当	8	啡	13			件	13	快	9
波	7	刀	2	分	10	**H**		蕉	10		
卜	8	到	11	服	12	还	8	叫	4	**L**	
不	2	得	13	父	7	海	14	觉	11	来	7
步	13	的	4	复	14	汉	4	教	14	老	3
		等	13	傅	10	好	5	节	3	了	9
C		弟	8			号	9	她	5	冷	12
才	14	点	11	**G**		喝	9	姐	7	礼	14
参	9	电	13	该	11	禾	8	介	7	里	11
厕	13	丁	2	感	12	和	9	斤	10	理	13
差	11	东	11	刚	14	贺	9	今	9	力	1

- 251 -

立	6	N		气	6	识	4	听	13	心	4
练	14	拿	7	钱	10	矢	3	头	9	星	9
炼	12	哪	3	欠	8	士	8	土	2	行	14
良	13	那	3	且	5	事	13			兴	7
梁	10	娜	3	青	5	是	3	W		姓	4
两	8	男	8	请	5	手	4	瓦	9	休	12
亮	9	南	14	去	6	寿	9	外	8	学	5
林	1	呢	2	全	12	授	7	玩	11	穴	10
令	12	能	11	犬	8	书	10	晚	11		
留	14	尼	2			舒	12	亡	6	Y	
六	2	你	3	R		属	9	为	7	鸭	9
楼	14	年	9	然	8	术	7	未	8	牙	12
旅	14	念	14	让	13	数	11	位	13	言	4
		娘	13	人	3	水	4	喂	13	炎	12
M		您	4	认	4	睡	11	文	5	央	11
妈	2	女	1	日	3	说	6	问	5	羊	7
马	1			容	10	厶	6	我	1	样	9
吗	2	O				司	11	五	9	药	12
买	9	欧	14	S		思	6	午	10	要	10
忙	6			三	6	四	5	勿	14	也	1
毛	10	P		散	13	宋	9	物		业	7
冒	12	盘	10	嗓	12	送	10			页	11
么	6	朋	4	扫	14	诉	13	X		一	1
没	8	皮	7	商	10	宿	13	夕	8	衣	12
每	12	片	7	上	9	岁	9	西	11	医	3
美	7	漂	9	烧	12	孙	11	息	12	以	11
妹	8	平	10	少	8	所	13	习	7	易	10
门	1	苹	10	绍	7			洗	14	意	6
们	3	瓶	9	舍	13	T		喜	8	音	10
米	9	婆	14	谁	7	他	3	系	7	应	11
免	11	葡	9	身	6	她	3	下	10	英	11
面	9			什	6	太	9	先	6	影	13
皿	10	Q		生	3	萄	9	现	12	用	5
名	7	七	4	圣	14	疼	11	香	4	由	14
明	6	期	9	尸	9	题	12	想	11	邮	14
母	12	其	9	师	3	体	6	小	6	友	4
木	1	乞	9	十	3	天	4	写		有	6
目	7	起	10	时	6	田		谢		又	2

租 13	住 12	至 11	占 11	乐 10	与 11
足 10	助 13	中 3	张 7	云 8	予 12
昨 11	祝 9	钟 11	找 10		语 4
作 8	专 7	舟 10	照 8	**Z**	玉 3
坐 5	子 5	州 14	者 3	再 5	元 7
做 8	自 12	洲 14	这 5	在 5	院 7
	字 7	竹 13	真 14	脏 14	愿 12
	走 10	主 12	只 9	怎 9	月 4

- 253 -

作者简介

刘珣 Liú Xún，北京语言大学教授，中国人民大学、北京外国语大学、哈尔滨工业大学兼职教授，国家汉语水平考试委员会顾问委员会委员，世界汉语教学学会理事。1997年任"国家对外汉语教学学术研究专家咨询小组"成员、1989年至1991年任美国纽约州教育厅中文教学顾问。曾在南斯拉夫、美国、新加坡、泰国及香港、澳门任教或讲学。从事汉语作为第二语言的教学、理论研究、教材编写、研究生培养及教师培训工作近四十年。主持或独立编写过《实用汉语课本》（第1~4册）、《儿童汉语》、《汉语初阶》、《交际汉语一百课》等对外汉语教材，出版论著《对外汉语教育学引论》、《对外汉语教育学科初探》、《汉语作为第二语言教学简论》、《对外汉语教学概论》，并发表论文多篇。

张凯 Zhāng Kǎi，北京语言大学汉语水平考试中心教授。自1989年从事语言测试研究至今。主要论文有"关于结构效度"、"对外汉语教学学科的基本问题和基本方法"。

刘社会 Liú Shèhuì，北京语言大学副教授。曾在法国巴黎第七大学和突尼斯布尔吉巴语言学院任教。参加编写对外汉语教材《基础汉语课本》和《实用汉语课本》。参与策划和编写《中国古代文学作品选》、《中国现代文学作品选》和《中国当代文学作品选》，并主持编写《世界汉语教学概况》和《世界汉语教学书目概览》，发表过多篇有关现代汉语句型研究和对外汉语汉字教学的论文。

陈曦 Chén Xī，北京语言大学副教授。曾在比利时国立根特大学任教。主要研究方向为汉语及对外汉语教学，主编中级口语教材《步入中国》，出版专著《汉字演化说略》，并发表"汉语形符内部系统初探"等学术论文多篇。

左珊丹 Zuǒ Shāndān，北京语言大学讲师。曾在日本东京大学、东洋大学和荷兰莱顿大学任教。参与编写对外汉语教材《桥梁——实用汉语中级教程》和大型工具书《中日辞典》。发表论文"论对外汉语中级阶段的教学原则与方法"、"汉语的活性与文学语言实验"、"文学语言的日常化"等，出版过小说集《水下有座城》。

施家炜 Shī Jiāwěi，北京语言大学副教授，主要研究领域为第二语言习得与语言教学。发表论文"外国留学生22类现代汉语句式的习得顺序研究"、"跨文化交际意识与第二语言习得研究"、"第二语言习得内在过程研究综述与展望"、"来华欧美留学生汉字习得研究教学实验报告"、"韩国留学生汉语句式习得发展的个案量化研究"等多篇，出版译著《跨文化交际：话语分析法》。